河合隼雄著作集

仏教と夢

9

岩波書店

序説　仏教と深層心理学

仏教との縁

仏教とこれほどの深い縁があるとは、まったく思ってもみないことであった。現在、私は仏教に私なりの関心をもって、書物を少しずつ読んだり、考えこんだりしている。子どものころから「死」について考えることが多かったが、仏教による救いということはあまり念頭に浮かばなかった。仏典を真剣に読むことになろうなどとは、まさに夢にも思わなかったのである。

最近、私と仏教との縁を強く感じさせられることがあった。アメリカにあるフェイ財団というのが毎年一度、心理療法家を招聘し、テキサス州のA&M大学で心理療法に関する連続講義をしたのをまとめて書物にする、という企画を続けている。私も招かれて一九九五年三月に講義をすることになった。そこで講義のタイトルをどうするのかということになって、私は私なりの題目を考えその内容について電話で説明していると、相手の人が、それなら「ズバリ、Buddhist Psychotherapy でどうでしょう」と言う。これを聞いた途端に、「私は仏教徒だった」と認識した。というと変な感じだが、私が自分なりに考えて一所懸命にやってきたことは、欧米人からみると「仏教」と思えるのだ、と自覚したのである。私のやっていることは、まぎれもなく「仏教」なのである。これは、まったく意外であったが、後で考えると「なるほどなあ」と感じるのである。

子どものころは、仏教による救いなどというよりは、自分のもっとも恐れている「死」と関連するものとして、寺や僧を不気味に感じていたのではなかろうか。それに青年期には、日本人の非合理性を極端に嫌に感じたものだが、仏教はその代表のひとつであって、どう考えても好きになれなかった。しかし、意識的にはこのようでありながら、日本に住んでいる、というだけで「仏教的」なものは、私の身体のなかに知らず知らずのうちに浸潤していたのである。このような力こそ、日本の仏教の特徴と言っていいだろう。

仏教に対して少し関心を向けるようになったのは、アメリカに留学してからである。恥かしい話だが、「曼荼羅」も「十牛図」も、私はアメリカではじめて見たものである。もちろん、どちらもユング派の人たちに紹介された。当時は、「曼荼羅」については未だ眉唾ものという感じをもったが、「十牛図」には感心した。それまで瞬時の体験と思っていた「悟り」が段階的に示されていることに興味をもった(もっとも、これは浅い理解だが)。

アメリカで、ユングが鈴木大拙の書物に序文を書いているのを知り、大拙の『禅仏教』を英文で読んで感激した。ユング派の集りで、禅と弓術についての素晴らしい本があるのを知っているかと訊かれ、それが中学生のときに読んだ、ヘリゲルの本であることがわかって嬉しく思った。これは中学生なりにも印象深かったもので、『影の現象学』の「影との対話」のところで引用した〔本著作集第二巻所収〕。「十牛図」については、分析家のシュピーゲルマン博士と随分と話合った。それに、当時、UCLAの哲学科の大学院生だった目幸黙僊氏と知合いになり、目幸氏からも少しずつ、仏教について教わるところがあった(目幸氏は東京大学宗教学科の卒業で、私に続いてユング派の分析家になった)。

こんなわけで皮肉にもアメリカでの体験が少しずつ、私を仏教に引き寄せたが、それでもあまり親近感をもつことはできなかった。京都大学に奉職すると、そこには上田閑照教授が居られ、「十牛図」についての深い解説を聞くことができたり、同教授の『禅仏教』を読んだりして、禅に対する関心を深めることができたのは非常に幸いであった。このような理解をもとにして、「元型としての老若男女」の論文では、「十牛図」とユングによる錬金術の図とを比較するような試みもすることができた〔本著作集第十三巻所収〕。

明恵の導き

仏教に対して以前に比して真剣に取り組むようになったのは、何と言っても明恵の導きによるところが大きい。一九七四年七月に、当時、湯川秀樹先生などが主宰しておられた『創造の世界』(小学館)という雑誌で、私は夢分析について話をした。夢分析の有効性について一般には未だあまり受けいれられていない頃だったが、湯川先生をはじめ参加された先生方が強い関心を示されて嬉しく思った。そのときに湯川先生が「明恵上人という人が夢をたくさん記録している」ことを指摘された。この会に参加していた梅原猛さんも、明恵の『夢記』を研究することを、私に強くすすめられた。しかし、当時は私は仏教に抵抗を感じていたので、せっかくの助言を生かせず、気にはしながらも長年にわたって放置していた。そして、本巻に収録されている『明恵 夢を生きる』を上梓したのが一九八七年なので、随分と長い期間が経過したことになる。

明恵の『夢記』をはじめて読んだときの感激は忘れることができない。「日本人で、自分の師と仰ぐ人を見出すことができた」と思った。既に本著作集第一巻の序説に述べたように、臨床心理学を学ぶ上において、自分の師と感じた人は、すべて欧米人であった。臨床心理学、あるいは、心理療法の場合は、学問上の師は人生の師と重なってくる。尊敬すべき人生の師を見出せたことは有難いが、それがすべて日本人ではない、というのは残念なことであった。しかし、明恵上人という師をとうとう見出すことができたのである。

『夢記』に続いて、早速、明恵の伝記などを読んだ。その結果、明恵に対する尊敬の念は高まるばかりであった。そこで、『夢記』をもとにして一書を書こうと思ったが、そのためには仏教について知る必要ができてきた。

夢のことに関しては、よく知っているという自負もあったし、これまでわが国で出版された『夢記』についての論文などは、あまり夢のことがわかって書かれているようには思えなかった。しかし、このことは逆に、私が仏教に対してあまりにも無知なために誤りを犯すことも多いのではないかと警告を与えられた。

そこで、少しずつ仏教について本を読むことになった。それらのなかで一番感銘を受けたのは『華厳経』であった。明恵が華厳に属しているので、それを理解するために読みはじめた。しばらくするとすぐに睡魔に襲われる。それを払いのけて読み進んでいると、さっき読んだのと同じことじゃないかな、などと思うところが出てくる。読み続けても茫漠として筋がつかみにくい、いったいどうなっているのかと思う。

こんなことをしているうちに気づいたことは、「お経は唱えるもので読むものではない」ということであった。同じようなことの繰り返しのなかで、それを唱えていると意識変容が起こり、日常意識とは異なる意識になってくる。つまり、眠っているような状態になる。そのような変性意識状態になってこそ、華厳に説かれている「光、光、光に満ちた世界」とでもいうべきことが実感されてくる。論理学の本を読むような読み方をしては駄目で、平たく言えば「よい加減」に読む方がいいのである。

『華厳経』のなかの「十字品」には、仏になってゆくための十の階梯が述べられている。これは一応十段階の段階的な記述であるが、西洋における成長や発達の段階のように直線的でないところが印象的である。最初の段階においてさえ、それは最高の段階ではないか、と思わせるような記述がある。このような考えは実に重要である。われわれは西洋近代の影響を受け過ぎて、人間の直線的、段階的な進歩成長というイメージを絶対的なことと思いがちである。十字品に説かれているような考えを、心理療法の実際に生かしてゆくことをもっと考えねばならない、と思った。

『明恵　夢を生きる』のなかにも引用しているが、井筒俊彦先生がエラノス会議に発表された華厳哲学に関する論考は、華厳理解の上で大いに参考になった。このような考えに触れなかったら、明恵の夢を読み解くことは到底不可能であったろう。また、井筒先生の説かれる「複眼の士」ということは、心理療法を行う上での大切な支えとなった。クライエントの述べるひとつひとつのことは、極めて「深い三昧のうちにある」と思うと共に、それらのことはすべてあまり大したことでもないのである。私は自分が経験的にいろいろと考えて、行なってきた心理療法の自分なりの在り方が、華厳の考えにそのよりどころを見出せることを知り、不思議と言えば不思議、当然と言えば当然というような感じがした。それにしても、これほどの古い時代に、これだけの知恵が語られているというのは、まったく凄いことだと思った。仏教に対する関心が徐々に高まってきたのである。

仏教の書物を読んで感じることは、それが極めて「深層心理学」的だということである。西洋においては心理学がなかなか現われず、十九世紀になってやっとその姿を現わすのと対照的である。これは、仏教が西洋においては、宗教、哲学、心理学、医学などと分化していったものをすべて混合しているような面をもっているためであると思われる。このことは仏教の長所としても短所としてもはたらいている。つまり、あいまいさと深い知恵が共存しているのである。しかし、これだけの深い知恵を現代に生きる上で生かさないという法はない。明恵上人のお陰で、私も長い間敬遠していた仏教に関心をもたざるを得なくなってきたのである。

仏教と夢

ユング派の分析家としての訓練を受けている間に、私は夢の重要性を認識するようになった。そして、その目で見ると仏教と夢とは実に密接な関係を有していることがわかる。人間の通常の意識の在り方のなかで、できる限り明確な区別を立てることに努力を払い、それを洗練してきた西洋近代の意識に対して、仏教の方はむしろその逆と言ってもよく、通常と異なる深い意識層で把握した現実について語ろうとするわけだから、夢を重要視するのも当然と言っていいだろう。

仏教ではそもそも釈迦の母、摩耶夫人が釈迦を身ごもるときに、菩薩が白象に乗って胎内にはいる夢を見たことが『過去現在因果経』に記されている。これらをはじめ経典には多くの夢が記されているので、明恵自身もそれらを抜粋して『夢経抄』という冊子を編集していた。仏典の夢については、本書に紹介しているのを見ていただくとして、それらについて私の考えたことを述べる。

仏教における夢の話で、まず注目すべきことは、ある宗派の祖師と仰がれるような僧の原体験ともいうべき宗教体験が夢想・夢告によってなされたという事実である。そのなかでも親鸞の六角堂における夢告は有名である。時宗の開祖である一遍にも重要な夢告の体験がある。これらの内容については、本文を見ていただきたい。親鸞の夢については、私も早くから知っていて、前述した湯川先生らに夢の話をしたときに、現代人と夢との関連で言及している。

祖師の原体験として夢告などがあることは、よく了解できる。既に述べたように、仏教においては通常の意識状態よりは深い層における現実認識が大切なので、これも当然のこととも言える。と言っても、そのような体験をするためには、本人の生き方全体がかかわってくるので、よほどの宗教的天才にのみ可能ということになる。そして、親鸞のように夢告を得るための参籠が行われたりする。

このようなことを踏まえて、夢のなかでの宗教体験を求めて、中世の僧たちが努力したことも想像に難くない。

夢のなかで菩薩像を見るような「好相」を得たいと願ったであろうし、そのような体験ができる僧は有徳の僧である、という考えもでてきたであろう。しかし、実際のところ、夢はなかなか覚醒時の願いのままには見られないものである。本文中に論じているが、多聞院英俊の夢の記録などを見るとそれがよくわかる。

ここに夢体験の問題点がある。夢は重要であることには違いないが、すべての夢が「そのまま」日常的に意味をもつわけではない。夢から覚めた後で、あれこれと考えているのは通常の意識においてなので、意識のレベルの混同を起こすと、夢からとんでもないナンセンスを導き出すことになる。一般に言う「夢占」や「夢判断」に、そのようなことが多い。中世においては、このような状況のなかで、夢はいろいろな意味合いをもって仏僧に取りあげられていたことと思われる。

そんななかで、明恵が今日の深層心理学の観点から見ても妥当な立場を夢に対してもっていたことは、特筆に値する。彼が法然を烈しく攻撃する『摧邪輪《ざいじゃりん》』を執筆した際に、いろいろと夢による体験をして、自分が支えられるのを感じるが、『摧邪輪』はあくまで論理的な論争を記し、自分の夢のことなど一切述べていない。つまり、夢体験によって自分が支えられているのを感じるにしても、それによって自分を正当化しようとはせず、論争はあくまで論争として行なったのである。現代人でもユング派の人などが、夢によって自分の正当性が「立証」されたようなもの言いをすることがある。それは意識レベルや現実レベルの混同をしているわけで、明恵の態度に見習うべきと思われる。

中世の説話集は仏教の影響を強く受けているが、そのなかに相当数の夢の話がある。これらについて、そのうちにまとめて発表したいと思っているが、今までは講演や講義で口頭で述べたことがあるのみである〔一部は本著作集第十二巻所収〕。これらの説話に語られる夢は、既に述べたような意識レベルの混同を伴うものであり、近代の意識からすればナンセンスとか迷信とか断定するのは簡単であるが、それを避けて、むしろそれらの話に含まれている深い知恵を探り出す試みをなすべきと思われる。

今後の課題

日本の中世の説話などにおける夢の研究の必要性を指摘したが、今後の研究課題として仏教は実に多くのものをもっている。まず第一に考えたいことは、仏教の世界観を深層心理学と比較検討するのみならず、新しい科学を考えてゆく上での重要な示唆を与えるものとして真剣に検討することである。ここに「世界観」という表現をしたが、これは広い意味で述べており、自分が今この生をいかに生きるか、ということのみならず、科学的に知り得た事実をどのように受けとめてゆくか、ということも含んでいる。

現代における「世界観」は困難な問題をはらんでいる。そのことは本文中のイデオロギーとコスモロジーに関する論を読んでいただくとわかることであるが、近代人は自分のもつ「世界観」が論理的整合性をもつべきである、と思いすぎたのではなかろうか。自然科学が近代に急激に発展するが、それは、自分と切り離した現象を客観的に観察し、そこに因果関係を見出し、論理的整合性をもったモデルをつくり出すことによってなされる。そうすると、それは普遍性をもち、テクノロジーに結びついてゆく。これは確かに効果的な方法なので、そのようなことを人間を含むすべてのことに当てはめようとしすぎたのではなかろうか。そして、それこそが「唯一の真実」などと思い込んでしまった。ところが、人間は「もの」ではないし、一人一人の人間は自分という存在を他とかけがえのないものと感じて生きている。

人間が「自分自身」のことを考えはじめ、自分のことを入れ込んで現象を考えはじめると、前述したような方法は通じなくなってくる。人間どころか、「自然」というものもそのなかに人間を含んで考えはじめると、話は簡単でなくなってくるのだ。近代科学の方法は人間にとって極めて有効な方法であるが、「唯一の真実」などというものではない。自然科学の研究においても、今後は方法論の反省を強いられてくるのではなかろうか。

　ここまでつきつめて考えてくると、近代科学の目から見るとナンセンスとさえ見える仏教の世界観が、むしろポストモダンな特性をもっているとさえ思えてくる。たとえば本文中に示したような華厳哲学についての、井筒先生の論などは、西洋近代の自我を超えて考えてゆくための有力なヒントを与えてくれる。また「常にすべてのものが、同時に、全体的に現起するのです。事物のこのような存在実相を、華厳哲学は「縁起」と言います」とある「縁起」の考えは、ユングの言う共時性の考えを深めてゆく上で大切なことである。

　井筒先生が絶筆として残された『意識の形而上学』(中央公論社、一九九三年)は、『大乗起信論』を読みといたものであるが、これを新しい科学論として読むことが可能ではないかと思う。『起信論』の思想のスタイルの特徴として、「思惟が、至るところで双面的・背反的、二岐分離的、に展開するということである。言い換えるなら、思惟の進み方が単純な一本線でない、ということ」と述べられている。「全体が、一分の隙もなく、ガッシリと論理的に組立てられ、一糸乱れず理路整然たる構造体の観を呈してはいるが、その内部に踏みこんでみると、強靱で柔軟な蛇行性を以て思惟が流れているのを、我々は見出す」とも言われる。

　論理的整合性にこだわらない、一本線ではない、現象の把握の方法を見出してゆく上で仏教は今後極めて重要な役割を担うのではなかろうか。そして、そのような普遍性をもったものとして世界の人々に示し、対話してゆくことが必要と思われる。西洋近代の力はまだまだ強く、また、それぞれの文化はその伝統に従った思惟の流れをもっている。そのような他の文化圏の人たちにも通じる形で、自分の考えを示すように努力することが、この国際化の時代に生きる者の役割ではないか、と思われる。私自身もそれを今後の大きい課題のひとつである、と考えている。ここに、少し片鱗について述べたことは、もっと詳細に検討を加え、まとまった論として提出してゆかねばならぬことであるが、それにはまだまだ多くの努力を必要とすることを自覚している。

ただ、仏教が大切と言っても、仏教の教説を現代に当てはめて説くような安易なことをしても無意味だと思われる。最近読んだ、山折哲雄『仏教とは何か』(中公新書、一九九三年)の冒頭につぎのような言葉があった。

「仏教とは何か。これは難問である。/しかし、それ以上に根元的な難問は、仏教をどう生きるか、ということではないだろうか。/仏教の意義を客観的に問うことよりも、仏教を主体的に生きることを問うことの方がはるかに重要なのではないか。今日の時代が、そのことをつよく要請しているとも思う。」

本質をついた言葉である。私は幸いにも人間の生きること、死ぬことに、相当に直接的にかかわる仕事をしている。しかし、仏教については既に述べたような状態で、あまりにも知識が不足している。これから少しずつ勉強してゆきたいと思っているが、それにしても、アメリカのフェイ財団は、なかなか時宜を得た要請をして下さったものである。何かにつけ、日本人は「外圧」によって行動を起こすものだ、などと考えると少し残念にも思えるが、この受動性こそが仏教的とも言えそうである。

河合隼雄著作集第9巻　仏教と夢　目次

Ⅱ

I

明恵　夢を生きる

第一章　明恵と夢

ながきよの夢をゆめぞとしる君やさめて迷へる人をたすけむ　（『明恵上人歌集』）

明恵房高弁《みようえぼうこうべん》は、承安三（一一七三）年に生まれ、貞永元（一二三二）年に六十歳（数え年。以下同じ）で没した、鎌倉時代初期の名僧である。彼の生きた時代は、平家から源氏へ、源氏から北条へとあわただしく権力の座が移り、その間にあって、法然、親鸞、道元、日蓮などが現われ、日本人の霊性が極まりなく活性化された時代であった。明恵はこれらの僧と共に名僧として崇められたが、他の僧のように「新しい」宗派を起こしたのでもなく、彼の教えを守る人たちが現代に至るまで大きい宗派を維持してきたというのでもない。しかし、彼は世界の精神史においても稀有と言っていいほどの大きい遺産をわれわれに残してくれた。それは、彼の生涯にわたる膨大な夢の記録である。

後に詳しく述べるように、彼は夢の記録を丹念につけているが、その夢は彼の人生の中に重要な位置を占め、覚醒時の生活と見事にまじり合って、ひとつの絵巻を織りなしているのである。彼の生涯は夢と現実とをそれぞれ縦糸横糸として織りあげた偉大な織物のようであり、分析心理学者のユングが個性化、あるいは、自己実現の過程と呼んだものの素晴らしい範例であるとさえ感じられる。このことが、仏教にはまったく素人である筆者をして、明恵について一書を書こうと思いつかせた強い動機なのである。もっとも、深層心理学とか臨床心理学などを研究しているものにとって、明恵を一個の客観的な研究対象として、その異常性や病理性に重きをおいて追究することも可能であるが、筆者はその点についてはあまり興味がないので、そのような観点からは論じることはないであろう。この点については、精神病理学者の小田晋による周到な論が発表されているので(1)、興味のある方はそれを参考にしていただきたい。

それではまず、明恵がどのような考えによって、どのような形で彼の夢の記録を書き残したのか、そして、夢ということを筆者がなぜ重要視するのか、などという点について述べることにしたい。

1 『夢記』

明恵と夢

明恵が自分自身の夢を書きとめた『夢記《ゆめのき》』のうち、推定でそのうちの約半分くらいが現在まで伝来され、われわれは幸いにもそれを読むことができる(2)。明恵は十九歳より夢の記録を書きはじめ、死亡する一年前までそれを続けた。それが『夢記』であるが、この他、聖教の奥書などのところに、彼が記した夢の記録が残されている。あるいは、明恵の伝記が残されているが、そこには外的事象と共に彼の多くの夢が記録されているので、『夢記』の欠損の部分についても、彼の夢について相当に知ることができるのである。

それでは明恵はなぜ、それほどまでに夢に固執したのであろうか。夢の記録の後に、彼は今日で言う夢の解釈に相当するものを書いている場合もあるので、それを通じて彼の夢に対する態度を知ることも可能である。ここに、そのひとつを示してみよう。ともかく、実例に接する方が解りやすいと思うのである。承久二（一二二〇）年二月十四日、明恵四十八歳のときの夢である。なお今後の便宜のために、主な夢には筆者が仮の呼び名をつけることにして、これは「禅観の夢1」と呼ぶことにする。

一、同二月十四日の夜、夢に云はく、一つの池を構ふ。僅かに二三段許《ばか》りにして、水少なくして乏し。雨、忽ちに降りて水溢る。其の水は清く澄めり。其の傍に又大きなる池有り。古き河の如し。此の小さき池に水満つる時、大きなる池を隔つる事一尺許りなり。今少し雨下らば、大きなる池と通ふべし。通ひ已《をは》りて、魚・亀等、皆小さき池に通ふべしと思ふ。即ち、心に二月十五日也と思ふ。今夜の月此の池に浮かびて、定めて面白かるべしと思ふ。

案じて云はく、小さき池は此《これ》禅観也。大きなる池は諸仏菩薩所証の根本三昧也。魚等は諸の聖者也。一々に深き義なり。之を思ふに、水少なきは修せざる時也。溢るゝは修する時也。今少し信ぜば諸仏菩薩通ふべき也。当時、小さき池に魚無きは初心也と云々。（「禅観の夢1」）

ここに「案じて云はく」以下に述べられているのが、明恵自身の「解釈」である。水の少ない小さい池がある。雨が降って水が溢れてきて、もう少し雨が降り続くと傍にある大きい池とつながるだろうし、大きい池に住んでいる魚や亀などが小さい池の方に通うだろう、という夢であるが、これを明恵は禅観のこととして解釈しているのである。すなわち、小さい池は禅観であり、大きい池は「諸仏菩薩所証の根本三昧」であり、修行することによって（夢では雨が降ることによって）、この二つの池がつながり、禅観が諸仏菩薩へと通うことになる、と明恵はこの夢を解いている。これはまったく、まさに水が低きにつくような自然な解釈で、われわれのような現在の夢分析の専門家もこれに従うのではなかろうか。もちろん、夢の解釈は一義的ではなく、夢を見た人にとって、それが意味あるものとなることが重要であるが、解釈が夢のコンテクストからはずれてしまうような感のあるものには、ついてゆくことができない。その点で、この明恵の夢解釈は見事なものと感じられる。

ここに、一例をあげたが、これにも見られるように、明恵は自分の夢をごく自然に記録し、このように時に自らの解釈や感想をつけ加えたりしている。そのときに、たとえば、「空中に文殊大聖現形す」というような、いかにも宗教的と思える夢も、先に示した夢のように、解釈はともかくとして、池に雨が降るというような極めて普通と思える夢も、わけへだてなく同列に記録しているのである。そして、明恵自身の解釈が既にそれを示しているように、仏像などが出てくると宗教的であり、俗人が出てくると世俗的な夢であるなどという浅薄な分類に、明恵自身はまったくとらわれていなかったことがよく解るのである。明恵は後に明らかにするような、夢の本質を非常によく知っており、それだからこそ、これらの夢を丹念に記録し得たのであると思われる。

本章の冒頭にあげた明恵の歌は、彼の出家を導いた叔父の上覚の次のような歌に対する返歌である。

みることはみなつねならぬうきよかなゆめかとみゆるほどのはかなさ

この歌で上覚が述べていることは、当時の僧侶、あるいは教養人としての常識とも言える考え、つまり浮世のことは夢のようにはかなく無常であるとのことだが、これに対して明恵は、既に示した歌のように、この世が夢と知るなら、そこから覚めて迷える人を助けては、と極めて積極的な態度を示している。この世は夢だ無常だなどと詠嘆しているよりも、そうと知ったのなら、その夢から覚めることだ。このような発言は、おそらく当時の仏僧のなかでは珍しいものではないだろうか。現実的で合理的な態度と言っていいだろうか。あるいは、速断する人はこの歌だけから推量して、明恵という人は夢に価値をおいていない人だなどと考えるかも知れない。しかし、実のところ、論を展開してゆくにつれて明らかになると思うが、このような合理的で積極的な態度をもってこそ、生涯にわたって夢の記録をつけるなどという稀有なことが出来たのだ、と筆者は考えているのである。この世を夢とみるような態度から、はっきりと覚醒し、その目ざめた目で、彼は自らの夢を見ていたのである。彼の夢について考察する上において、このことは決して忘れてはならないことである。

夢の記録

明恵が生涯にわたって夢を記録したのは、まったく稀有なことであると述べたが、果たしてそうであろうか。人類は極めて古くから夢に関心をもっていたように思われる。古代エジプトにおいて、夢は神のお告げと考えられていたようである。古代エジプトにおける夢のことは、旧約聖書の夢の話に反映されている。創世記第四一章には、エジプトの王が「七つの肥った牛と七つの痩せた牛」の夢を見て、それをヨセフが解釈し、七年の豊作の後に七年の凶作が続くと予言したことが記されている。そして、旧約聖書によれば、その通りのことが実際に起こったという。旧約聖書にはこの他に十例をこえる夢が記載されている。新約聖書にも夢の記載が数例あり、マタイ伝第一章には、マリヤがキリストを妊娠したのを知り、ヨセフが離縁しようとしたとき、彼は夢に主の使いを見て、それによってマリヤを妻とすることを決心したことが記されている。

わが国の古代の夢については後に述べるとして、インドや中国に目を転じても、古代における夢の記録には事を欠かないのである。摩耶夫人が釈迦を身ごもるときに、菩薩が白象に乗って胎内にはいる夢を見たという話もあるし、あの合理主義者の孔子でさえ、年老いて三日間も周公の夢を見なかったと嘆く有様である。このようにして、古代からの夢の記録をあげよと言われるなら、いくらでもあげることが出来るが、個人が生涯にわたって夢の記録をつけたということになると、近代になるまでおそらく例がないのではないかと思われる。筆者は夢分析を専門にしているので、そのような点については相当に気をつけているし、欧米に行ったときも、あちらの学者に問いかけてみるが、今までのところ、そのような例に接したことが無いのである。わが国には、後に少し触れるが、明恵に影響を受けたと考えられる多聞院英俊(一五一八—九九)が日記に多くの夢を書き残しているが、ともかく、世界を見渡しても、フロイトの『夢判断』にも引用されているが、十九世紀末になって、フランスのサン・ドゥニが長期にわたる夢の記録を残しているくらいしか、その例を見ないのである。サン・ドゥニの場合は、夢を「研究」するという立場が強く、明恵のように、生きることの本質にかかわる大きい意味を、夢に見出して書き留めているのとは、少し趣きを異にしている。

このような点から言っても、明恵の『夢記』がいかに重要なものであるかが理解されるであろう。生涯にわたって夢の記録を書き続けることは、思いのほかに心的エネルギーを必要とすることなのである。うそと思う方があれば、自ら試みられるとその困難さが解るであろう。これを行うには、まず夢の意味ということが相当に解っていないと、関心が薄らいでくるために続行できないであろう。それに、夢というものは、覚醒時の意識とは簡単につながるものでないので、それを覚えることは思いのほかに難しいことなのである。夜、夢を見たと思っても起きたときに忘却してしまう人が多いのは、このためである。たとえば、夢分析を受けている人でも、分析家の援助によって夢の意味を実感し得るので、夢を覚えておられるが、夢分析を中止すると、なかなか夢を覚えられないという人が多い。

時には、夢を非常に克明に覚えていて、記録もどんどん書いているという人もある。このような人の場合は、無意識の力が強すぎて意識的な制御をこえている場合があり、危険を伴うこともある。このような場合は、結局はそれが長続きすることが少ない。あるいは、その夢の内容に病的な要素が強く示されることもある。明恵の夢にはそのような点がほとんど認められない。

このような点から考えると、明恵があの時代に、夢の記録を書き続けたという事実は、彼の強靱な精神力が測り知れぬものであることを示していると言わねばならない。世界の精神史においても稀有な、と先に述べたことは誇張でもなんでもないのである。精神病理学者の小田晋がこのような点を踏まえ、「文化史的に、個人の異常ともいえる内的体験に主体的に取りくんだ本邦では最初の一人」という讃辞を呈しているのも(3)、まことにもっともなことである。「内的体験に主体的に取りくむ」には夢に頼る以外の方法もあるので、簡単に結論できないが、夢を用いてこの困難な課題に取りくんだという点では、「世界で最初の一人」という讃辞を呈し得ると思われる。

毎日のごとく現代人の「夢の記録」に接している筆者としては、明恵が十二、三世紀の頃に、何ら「分析家」という援助を必要とせず、生涯にわたって夢を記録し続けたことの偉大さが実感されるのだが、それをうまく読者に伝え得たかと思うと、もどかしい感じを抱かされるのである。

仏僧と夢

生涯にわたって夢の記録をつけることは、まったく稀有なことであるが、夢を大切にするということは、むしろ当時の人々にとっては当然のことであったと思われる。当時の仏僧たちは夢によって導かれ、重大な意志決定を行なったり、悟りの境地に至ったりしている。明恵の時代の前後に多く刊行された仏教説話集は、実に多くの夢に関する話を記録しており、これについてはまた機会を見て詳細な分析を行いたいと思っているが、菊池良一は、その中世説話の研究の一端として、仏教説話における夢の問題について既に興味深い論を展開している。(4)それを参考にしつつ、仏僧と夢との関連について少し申し述べておきたい。

まず仏教一般においては、夢に対して種々の論が認められ、一定していない。『大智度論』第六には否定的な見解が示され、あるいは『大毘婆沙論』には、菊池によれば「心・心所が縁によって転ぜられる」ものとして説明されているという。つまり、精神の相互作用によって生じてくるとでも考えられるのか。『大毘婆沙論』にはまた、病気、天神鬼神の誘引、前兆による、などの諸説が紹介されている。『過去現在因果経』には既に紹介した摩耶夫人の夢が記されている。また、『阿難七夢経』は阿難の見た七つの夢に対して、仏がその意味を述べたものであるが、仏教において、夢を前兆として考える態度がよく出ているので、ここにそれを紹介しておこう。阿難の夢は、一に池の火災の夢、二に日月星辰の没する夢、三に出家者が穴に落ち在家の白衣がその頭に登って出る夢、四に猪が栴檀林に突入する夢、五に須弥山を頭上に載せて重くない夢、六に大象が小象を棄てる夢、七に死せる獅子の中から虫が出てこれを食う夢、の七夢である。この阿難の夢に対して、仏はこれらはすべて仏法が衰微し、出家者が堕落することの前兆であると答えたという。

この『阿難七夢経』は明恵も読んでいたことが明らかであるが、衰微とか堕落のイメージとして、古代の仏僧たちがどのようなことを想い描いていたかが窺われて興味深い。このように、夢は吉凶いずれかの前兆を示すものとして読みとられることが多く、仏典にそれらの例が散見されるのである。

夢を前兆としてではなく、ひとつの宗教体験として評価する態度が認められるものに、中国の遼道殿の編著である『顕密円通成仏心要集』がある。明恵もこの書から思想的影響を受けているのではないかと思われるが、これは夢を観想に通じるものと考え、観想・夢想の功徳について述べている。この書は、仏教が本来目的とするところは成仏ということであり、顕教とか密教とかの差を言いたてるのはおかしいことであるとして、顕密それぞれの成仏のための心要を集め、成仏達成のための円通を得さしめようとの主旨で編集されたものである。その中で、夢想・観想の功徳が強調され、夢想のうちで功徳効験のあるものとして次のようなものがあげられている。(1)仏菩薩聖僧天女、(2)空中に自在に高くあがる様、(3)大河江河を浮かび渡る、(4)高楼や樹上に登る、(5)白山に登る、(6)師子白馬白象、(7)美味な果実、(8)黄衣白衣の僧、(9)白きものを呑み黒きものを吐く、(10)日月を呑む、以上である。

このようないわゆる「好相」を見ることが成仏につながるという思想は、夢を吉凶の前兆としてみるのとは異なり、このような夢を見ることそのことがその他の修行と等価と見なされることになり、夢に対する態度も異なってくるわけである。すなわち、夢を見ることが修行のひとつの重要な手段と見なされることになる。このことをもう一歩進めると、夢によっていわゆる「好相」を見るだけではなく、夢の体験がすなわち宗教体験となり、夢によって宗教的感得をすること、あるいは、夢告示現の現象を信じる態度になってくるのである。

このことは、高僧や祖師の伝記などにおいて、その原体験とも言うべき宗教体験が夢想・夢告によってなされたと語られる事実へとつながってくる。そのなかでも特に有名なのが親鸞の六角堂における夢告であろう。これは明恵の夢との関連で極めて重要と思われるので、第六章に詳しく論じるであろう。

鎌倉新仏教最後の祖師で、時宗の開祖である一遍も、その信仰の原体験を夢告によって得ている。(5) 一遍は明恵の没後七年目(一二三九)に生まれているが、彼も武士の家の出であり、子どものときに母と死別したりして、明恵の環境と似たものを感じさせる。とは言っても、一遍は明恵とは思想的にはまったく異なり、浄土教の流れに属している。一遍は南無阿弥陀仏の六字の名号を刷った札を人々に頒ち与えつつ旅を続けていたが、熊野権現へ参る途中に、その札の受け取りを一人の僧から拒絶され強いショックを受ける。信じる心が無いのかとあわてて問いかける一遍に対して、僧は「経説をうたがはずといへども、信心のおこらざる事はちからをよばざる事なり」と言い切るのである。そこで一遍は熊野の本宮に参籠し、夜更けて熊野権現(本地は阿弥陀仏)の夢告を受ける。

「融通念仏すゝむる聖、いかに念仏をばあしくすゝめらるゝぞ。御房のすゝめによりて一切衆生はじめて往生すべきにあらず」と、権現は告げた。つまり、往生はすべて仏の誓いによるところであり、一遍はただ「信不信をえらばず、浄不浄をきらはず、その札をくばるべし」ということであった。ここに一遍は、ひたすら六字の名号を刷った札を衆生に頒ち与える旅を続ける、遊行賦算《ゆぎょうふさん》の行為のゆらぐことのない基礎を得たのである。

明恵の存命した時代においては、夢をそのまま神や仏のお告げとして信じる人もあったであろう。あるいは、既にあげた仏教の経典などに従って、吉凶の前兆として受けとめる人々もあっただろう。このような点が多くの俗信と結びつき、たとえば、「歯の欠けるのは凶夢」式の夢占い、夢判じなどとなって、それを信じたり、夢判じを職業としたりする人もあっただろう。あるいは、夢想・夢告を修行と同等に見なして、それに修練を積む人もあったであろう。このようなさまざまな夢に対する態度のなかにあって、明恵はおそらく、彼独自の考えをもって、ただ一人で夢の記録を書きつけたのであろうと思われる。

明恵は先に示した『阿難七夢経』をはじめ、その他の経典に記された夢に関する記事を抜粋し、自ら『夢経抄』なる冊子を編集していた。従って、仏典に述べられている夢に関する知識は相当に持ち合わせていたと思われる。彼はそれらに強い関心を持っていただろうが、必ずしもそれらにとらわれていなかったことは、彼の『夢記』の記録の態度に示されている。そこに記録されている夢の内容や、彼の解釈などから察して、相当に自由な態度で夢に接していたと想像できるのである。その点については、以後に明恵の個々の夢について論じる際に明らかになってくると思うが、その前に、いったい夢というものは何なのか、筆者はそれをどう考えるのか、という点について述べておきたい。

2　夢とは何か

明恵の夢を論じる上において、夢とは何かという点について少し触れておく必要があると思われる。夢に対する関心は、最近になってわが国でも大分高くなってきたと思うので、とりたてて説明するほどのこともないだろうが、筆者の夢に対する立場を明らかにする意味でも、少しは夢に対する考えをここに述べておくのが適切と思われる。本書を読まれる方には、そのようなことはないと思うが、夢などというとまったく馬鹿げたことと思ったり、夢の中では人間は何でもできるので、別に夢の中で何をしようと大したことではないと思ったりする人があるので、そのような人に対しては、なおさら、夢についてのある程度の予備知識をもっていただくことが、明恵を理解する上で必要と思われる。

夢が人類にとっての大きい関心事であったことは、既に前節に述べたとおりである。それは超越存在からのメッセージとして受けとめられた。しかし、長い歴史の後に、西洋においては啓蒙主義の時代から、急に夢の価値が低落してしまう。それはまったく不合理なものと考えられ、夢判断の類は迷信であるとして退けられてしまったのである。このようにして忘れられた夢に再び焦点をあて、しかも、それを学問的な研究対象として取りあげたのが、周知の如く、フロイトである。彼はヒステリー患者の治療から、人間の心の無意識的な動きに注目することが重要であると考え、それを探索する手段として、夢が大いに役立つことを明らかにしたのである。まさに画期的な名著である『夢判断』が、丁度世紀の変わり目に出版されたのも、偶然とは思えない感じを与える。フロイトの『夢判断』は、一九〇〇年に出版された。

フロイトの説は原著を読んでいただくと解ることだが、ここに極端な要約を試みると、彼のもっとも主張したいことは、夢は荒唐無稽なものではなく、その夢を見た人の「(抑圧された)願望の、(偽装された)充足である」ということであった。フロイトにとっては、夢を顕在夢、潜在夢という形で区別することが必要である。人間の抑圧している願望が夢に顕われるのは、睡眠中であるので自我の抑圧する力が弱まるためであるが、それでも「検閲」する力が残っており、夢は検閲をくぐり抜けるために歪曲を蒙ることになる。従って、そのような歪曲を受けた夢は、それだけを見てもなかなか意味が解らない。そこで、その顕在夢からその基である潜在夢を見つけ出すことにより、抑圧されている願望をはっきりと意識化することが「夢判断」の役割ということになる。

フロイトはこのような考えによって患者および自分自身の多くの夢を分析し、人間の抑圧している願望としての「性」の存在を強調することになった。彼の「性」に対する解釈は広く、乳幼児期における性愛の存在をも認めるので、幼児期にもった性的願望が抑圧され、無意識下に追いやられているのを、夢分析によって明らかにすることが夢分析の仕事と考えられるようになった。彼はまた、夢のなかで、心的内容の圧縮や凝縮、あるいは視覚化、劇化、移動などの作業が行われることも主張した。

フロイトの『夢判断』を読んで感激したユングは、フロイトに接近し、両者は協調して精神分析学運動に力を注ぐが、一九一三年には、両者は決定的に袂を分かつことになる。ユングはその後に彼自身の独自の心理学を打ち立て、分析心理学と称したが、そこで彼が最も重要視したのが、夢分析である。これに比して、フロイトは夢よりも自由連想法を重要視することになり、夢はやや副次的な取り扱いを受けることになる。ユングの夢に対する考えはいろいろな点においてフロイトと異なるが、まず、夢そのものを大切にするという態度が強く、フロイトのように顕在夢、潜在夢という区別をたてないところが、特徴的である。

ユングが夢そのものを重視する背後には、人間の無意識に対するフロイトとは異なる彼の考えが存在している。彼は人間の無意識がその自我によって抑圧された心的内容のみならず、もっと広く深いものであると考え、それは単純にプラスとかマイナスの価値を与えられるものではなく、時としてはまったく破壊的であると共に建設的でもあり、創造の源泉であるとさえ考えた。ユングの考えに従うと、人間の自我はある程度の統合性をもっているが、それ自体で完結しているものではなく、ある程度一面的なものであり、無意識は常にそれに対して補償的、平衡的なはたらきをなしていると考える。ユングの言葉を用いると、「夢の一般的な機能は、微妙な方法で心全体の平衡性をとりもどさせるような夢の材料を産出することによって、心理的な平衡を回復させる試みなのである。これは、私が、われわれの心の仕組みにおいて、夢の補足的(あるいは、補償的)役割と呼んでいるものである(6)」。

このユングの考えに従うと、まず大切なことは、他人の夢を分析するときに、その夢を見た人の意識の状態を知らなければならないということになる。つまり、その人の自我を夢がいかなる方法で補償しようとしているかを見るためには、まずその人の意識の在り方について報告を受ける必要がある。従って、二人の異なる人がたといまったく同じ夢を見たにしても、その解釈は異なったものとなるだろう。ユング派では、夢を解釈するときに、その当人から夢を見たときの、その人の考えや気持などを聞くことが必要とされる。

この点から考えると、明恵がせっかく夢を書き残してくれていても、明恵と話し合いができないかぎり解釈はできないことになる。このことはある程度正しい。筆者にとっても、明恵の夢を読んでもほとんど意味の解らぬものが多くあることは事実である。しかし、後に示すように、明恵の伝記や著作、彼のおかれていた状況、他の夢との関連などによって、ある程度の類推が可能なものもある。本書では、もっぱらそのような夢を取り扱ってゆくことにする。

次に、大きい問題は夢における象徴の問題である。フロイトがいわゆる性象徴を重視したことは周知のことである。槍、ナイフ、ペンなどを男根象徴、箱、タンスなどの容器を子宮の象徴と考えるのであるが、これに対して、ユングはそのような対応がある程度言えることは認めつつも、必ず一対一に結びつけて考えることに反対している。ユングは象徴という用語を極めて限定したものとして用い、象徴は何か既知のものの単なる代用などではなく、何か未知のものを表現しようとして生じた最良のもので、それ以上適切な表現方法が見つからないもの、と定義している。たとえばペンを一本拾った夢を見ても、そのペンが男根の「象徴」と断定するのではなく(もちろん、それが正しい場合もあるが)、そのペンによってのみ表わし得るものとはいったい何か、ということについてよくよく考えてみることが必要なのである。

フロイトとユングの夢に対する考え方を、あまりにも簡単に示したが、その後、彼らとは異なる夢の解釈法、その他の研究が生じてきている。ここには触れないが、夢の生理学的研究も急速に進歩し、人間は大体一晩に五、六回程度の夢を見るのではないかと考えられている。ただし、既に述べたように、それを記憶することは一般には困難なことである。

なお、フォッシジとローヴはある患者の夢を、フロイト派、ユング派を含む六つの学派の分析家に解釈せしめ、その比較検討をする、という興味深い試みをしている。(7) それを見ると、フロイト派と、現存在分析学派とが、いわば両極端であり、他の学派は相当な類似度を示し、特に、先に述べた、夢が心全体の平衡性をとりもどさせる機能をもつ、というユングの説に対して一致を示しているのが印象的である。

フロイト派が先に述べたように、相当に固定的な性象徴理論を重視するのに対して、片方の極である現存在分析学派は、個々の夢の一回限りの個別性を極端に強調するので、夢の内容やテーマによっては、ある程度一般的に考えられる象徴理論をも受けいれないのである。他の学派はその中間に存在しているわけである。

夢分析

夢は心全体の平衡状態を回復させる機能をもつ、と先に述べた。個人が成長に伴って築きあげてきた自我は、ある程度の統合性や安定性をもっており、あまり事が起こらないと、そのままの状態で安定している。これは安定しているとも言えるが、停滞している、と言うこともできる。自我はそれなりに安定していても、異なる側面から見ればそれは何らかの意味で一面的であり、もっと高次の統合へと向かって変化してゆく可能性をもっている。従って、われわれが自分の夢に注目し、それを自分の自我の在り方と照合し、夢の告げるところの意味を悟り、自分の生き方をそれに従って改変してゆくときは、以前よりは高次の統合的な存在へと向かって変化してゆくことになる。このような変化の過程を援助する仕事をするのが、いわゆる分析家であり、その仕事のなかに夢分析ということが重要な役割を占めることになる。

ここで分析家は、相手の人格変容の過程を共にすることになるが、意識的な指導や助言によるのではなく、相手の無意識の世界にまで心をひろげ、その働きに身をまかせようとするときは、単なる観察者や助言者の役割にとどまっていることができず、自分自身もその渦中に巻きこまれ、自分も無意識の力の前に己を露呈しなくてはならなくなる。そのような状態になったときは、何かおきまりの方法や法則に従って解釈や助言を行うなどということではなくなり、全存在を賭けた個性と個性のぶつかり合いとなってくる。ユングは自分が若かったとき、フロイトに自分の夢を告げ、それに対するフロイトの解釈をめぐって葛藤を経験したことを晩年になって語り、「上に述べた争いは夢の分析についての重要な点を示している。それは、学びとられ、規則にしたがって適用されるひとつの技術ではなくて、ふたつの人格のあいだにおける弁証法的対話なのである(8)」と述べている。そして、それに続いて、「それが機械的な技術のように取り扱われるならば、夢を見る人個人の心の人格というものは失われ、治療的な問題は単純な問いかけに還元される。すなわち、ふたりのうちのどちらが——つまり、分析者か被分析者か——他方を支配しているだろうかということになってしまう」とつけ加えている。

もちろん、本書において筆者は明恵の「分析家」となるわけではない。しかし、根本的な点において、ユングのいう「ふたつの人格のあいだにおける弁証法的対話」を、明恵の夢をめぐって行わねばならず、そのような関係においては、分析家の方が被分析者に食われてしまうことをユングはしばしば警告している。つまり、被分析者の提出してくる夢のもつ課題があまりに大きく、分析家の器量をこえるようなときは、分析家の精神状態が不安定になったり、時には破壊的な体験をすることさえある。あるいは被分析者のために分析家がふり回されるということも生じてくるのである。しかし、夢を客観的な「研究対象」として取り扱うのではなく、筆者のような考えに従うかぎりその危険は避けられないし、明恵自身の夢に対する態度を知る限り、そのような「客観的」研究などを試みる気はあまり生じて来ないのである。

次に夢の解釈の多様性について一言しておきたい。以上に述べたような観点に立つかぎり、分析する者の個性を反映して、夢の解釈は一義的でないことが了解されるであろう。その上、人間の意識はある種の階層をなしているので、どのようなレベルにおいて、その夢を解釈するかに従っても異なってくるであろう。ただ実際の夢分析の場合は、分析家の言ったことが被分析者にとってどこまで「ピッタリ」と感じられるかに従って、ある程度の判定がつけられる。しかし、本書の場合は、明恵は生きていないので、読者の方々がどこまで、それを明恵という人格との関連において、ピッタリと感じ、自分にとっての意味をどれほど見出し得るかという点に、ある程度の判定規準をおいていただくより仕方がないであろう。あるいは、明恵の夢について各自がその解釈を考えられ、筆者のものとのぶつかり合いのなかから、また新たな発見をなされてゆくであろう。何も正しい解釈とか、唯一の解釈などというものは存在しないのである。

たとえば、先にあげた明恵の「禅観の夢1」(六頁)を例にとってみよう。それには既述したように明恵自身の解釈が付されていた。筆者はフロイト派ではないので単なる推察であるが、この夢をフロイト派の人は次のように解釈するかも知れない。二つの池が雨が降ることでつながるのは、男性と女性の性的結合を意味している。雨が降ることは日本語の「濡れ場」という表現につながるし、池と池とが通じて魚や亀が通うなどというイメージは、射精によって精液が子宮に達することを連想させる。明恵はこれを「禅観」などと言っているが、いかに名僧であっても性的な願望が強く、それが偽装されてこのような形で出てきたのであり、それを無意識的に悟った明恵がそれを隠そうとして、無理に宗教的なことを言ったのではなかろうか。

このような解釈が正しいか正しくないかは、もちろん立証の方法がない。ただ、後の方の推察はあまり当を得ていないことは言えそうである。それは、明恵は自分が性衝動を感じたことなどを隠すことなく弟子に語っているし、性的関心を示す夢なども何ら隠すことなく『夢記』に記しているからである(二一三頁の「性夢」参照)。つまり、明恵は性の問題を、後に述べるように、大きい課題としたが、それを隠蔽などしていないのである。ところで、以上の解釈が正しいとしても、未だ大切なことが残されている。それは「性」というイメージのもつ強烈な意味についてである。この夢は性的結合を示すと言った。しかし、それは次のように言いかえられる。異質のものの結合によって新しいものが生まれ、その結合をなし遂げるためには、心理的・身体的な強力なエネルギーの流出を必要としている。このように言いかえてみると、これはイメージとしては禅観の修行と本質的にはあまり異ならないのではなかろうか。

フロイトは何もかも性に還元すると批判されるが、それはあまりに浅薄な批判であることが多く、特に彼の生きた時代の文化のなかで、「性」ということのもったインパクトの強さと、その内包する意味の深さなどについて、われわれは思いを致すべきである。フロイトにとっては、性ということ自身が象徴であったのだ。このように考えると、夢の解釈の多義性といっても、一見異なって見える解釈も、あんがい通底するものを持っていることが多いことも解るであろう。夢の分析においては、なるべくその通底しているものを言語的に表現することに努力しなくてはならないのである。

夢の作用

夢は補償作用をもつと述べた。ここでユングが述べている補償的(kompensatorisch)と補完的(komplementär)なはたらきの区別について明らかにしておく。補完的というのは、ある存在に対して、あるものをつけ加えて完全なものにする場合で、半円に対して他の半円を加えて完全な円とするような場合である。これに対して、ユングが補償的という用語を用いるのは、それが何らかの意味で他の一面的存在を補うはたらきをもっているが、それは必ずしも完全になることを意味していず、その存在にとって受けいれやすい特徴をもつことを意味している。例をあげるならば、たとえば、外向性の極めて強い人であれば、それと対極にある強い内向性は補完的な存在と言えるが、おそらくそれはあまりにも差がありすぎて両者が統合されることはまず不可能であろう。これに対して、弱い内向的傾向は、外向的な人にとっても受けいれられる可能性があり、それは補償的であると言える。ユングが無意識は補償的にはたらくと言うのは、その提示する内容が、自我にとってある程度受けいれやすいことを示しているのである。従って、ある夢を見るということは、そのことが自我とある程度近いということも示していることになる。

このような点から考えると、夢は無意識の内容を示しているが、意識の状態とも大いに関係しているわけで、夢によってある程度、その人の意識の在り様を推察できるし、意識がある水準に達しなかったら、ある種の夢は見られない、ということもできるのである。つまり、ある程度の修練や努力なしに、意味深い夢を見ることは難しいと言える。

先にあげた明恵の夢にしても、話がうまくできすぎていると思われる人もあるであろう。自分の夢の体験から推察して、こんなにうまく夢が見られる筈はないから、明恵が夢をもとにして、意識的にまとまったものにしたのか、あるいは夢うつつの状態における思考を記したものか、などと考えられる人があっても別に不思議ではない。しかし、筆者の夢分析の長い体験からすると、このような夢は別にそれほど珍しいというものではなく――と言っても、しょっちゅう生じるものではないが――、夢を見る人の夢に対する態度によって、このように夢そのものも変化してくるのである。もちろん、夢はその人の個性を反映するものだから、夢分析をしてもすべての人が素晴らしい夢を見るわけではないのも当然のことである。

先に示した「禅観の夢1」を見た翌年に、明恵はこの夢の続きとも見なされるような夢を見ている。これは最初承久二年の夢とされていたが、奥田勲によって承久三年と変更された夢である。[9] これにもまた明恵は自分の解釈を示しているのでますます興味深いのであるが、次にそれを示す。

一、同日の夜、夢に云はく、清く澄める大きなる池有り。予、大きなる馬に乗りて此の中を遊戯《ゆけ》す。馬は普通に能《よ》く飼へる馬也。又、将《まさ》に熊野に詣でむとして出で立つと云々。

案じて云はく、此の前《さき》二三日前の夜、夢に、予戯れて云はく、「熊野に参らばや」と云ふ。真証房有りて云はく、「不実《ふじち》に此の如くに云ふ」とて之を呵《いさ》ふ。即ち、自らは「我、此の如くならず」と云ひて誓言を立つ。今此を翻するに、即ち、実《まこと》に詣でむと欲するは即ち吉相也。又、大きなる池は禅観にして、馬は意識也。之を思ふべし。(「禅観の夢2」)

前の夢は「水少なくして乏し」という小さい池があり、そこに大きい池から水が通ってくるというのであったが、今度の夢は「清く澄める大きなる池有り」と大きい池が登場し、明恵自身が馬に乗ってその中を遊行している。前の夢はそのなかに明恵が登場していない。いわば、明恵はその夢を「見ていた」のであり、彼は観客席に居たのである。ところが、今度は彼は観客ではなく、演技者、それも中心人物として登場している。これは明恵自身の自我の関与の深さを示している。夢の中に自分が登場しないときは、その人の自我がそれにあまり関与していないと見なすべきである。先の夢に対して、この夢では明恵自身が登場し、馬を乗りまわしている。ここで精神分析を少しでも勉強した人は、フロイトが自我とエス(英語のときはラテン語の「イド」を用いる。フロイトによれば、本能エネルギーの貯蔵庫であり、無意識の領域である)を騎手と馬にたとえたことがあるのを思い出されるであろう。フロイト的に言うと「馬は無意識なり」と言うべきところ、明恵が「馬は意識なり」と言っているのは変に思われるかも知れないが、これは重要な問題なので、もっと後に明恵の思想などが明らかになった時点で論じることにする。ともかくこのように、同様の主題が夢のなかで繰り返され発展してくるという事実を知っておくべきである。

夢を生きる

明恵の「夢を生きる」とでも言うべき態度は、この夢に対する彼のコメントのなかに、より一層明確に表現されている。すなわち、この夢のなかで彼は馬に乗って、「将《まさ》に熊野に詣でむとして出で立つ」のだが、これについて彼は次のように述べている。これより二、三日前の夢で、戯れて「熊野に行こう」と言ったら真証房にそんなうそを言ってはいけないと叱られた(ここでうそをなじる坊さんの名が真証房というのも面白い。夢はときに、このようにユーモラスな選択をすることがある)。ところで、今実際に熊野に夢のなかで詣ろうとしているのは吉相である、と明恵は考えるのである。前節において仏教における夢の考えについて簡単に述べ、それらについて明恵は相当の知識をもっていたことを明らかにした。しかし、明恵の夢の解釈を読むと、彼は仏典の記述にとらわれず、彼独自の立場で解釈を行なっていたのではないかと思われる。つまり、ここで、「吉相也」と判断しているのは明恵独自の考えのように思われるのである。

既に前節において『阿難七夢経』の夢や、あるいは他の仏典に記されている功徳のある夢想などについて簡単に例示しておいた。そこに示されているように、当時としては、どのような夢内容を見ると吉か凶か、という類の判断が一般的であったと思われる。ところが、既に示した明恵の解釈はそのような形に縛られていない。しかも、後の夢の場合のように、それ以前に見た夢との連続性を認め、前の夢で言ったことを次に実現するのは「吉相」だと述べている。もちろん、ここで熊野という、当時の霊的な中心地とも言える所に向かって行くことも、吉相と判断したことの理由のひとつであろう。しかし、先に述べたような夢に対する態度は、明恵が当時、彼独自の考えとして開拓したものではないかと思われる。そして、このような態度は、現在のユング派の夢分析の立場とまったく一致するのである。

夢の連続性とか、夢を生きるなどというとまったく馬鹿げたことと思う人に対しては、人類学者スチュアートが発表した、マライ半島に住むセノイ族の夢分析の方法について、少し触れておきたい(10)。セノイ族は少なくとも数世紀にわたって、警察、監獄、精神病院の類を一切必要とせず、すべての成員が平和に暮らしてきた極めて珍しい部族である。この部族の生き方を長年にわたって丹念に調査した人類学者スチュアートは、その秘密が彼らの夢分析の能力にあることをつきとめたのである。

セノイ族は夢を非常に大切にする。朝食の時間に、年長者は幼少の者たちの語る昨夜の夢について耳を傾けて聴いてやる。そしてたとえば、小さい子が、どんどん落下してゆく夢を見て恐くて目が覚めてしまったなどと語ると、父親は「それは素晴らしい夢を見たものだ。ところで、お前はどこへ向かって落ちていった？　途中でどんな景色を見た？」と聞く。子どもが恐くて何も見ない前に目が覚めてしまったと言うと、それは残念なことなので、次に機会があれば、もっとリラックスしてよく見てくるようにと励ますのである。そんなことをしても何にもならないと思われるだろうが、実際に、その子は次に落下の夢を見たときは、睡眠中でも前に言われた父親の言葉がどこかに残っていて、落下を恐れず、それをより十分に「体験」できるようになるのである。そして、その内容を報告すると、年長者はそれを詳しく聴いてくれ、次の体験へとつなぐような助言を与えてくれる。まさに、セノイ族の人たちは「夢を生きる」ことを文字どおり行なっている。

夢に対するこのような態度は、自分の夢を傍観者として「見る」のではなく、それを主体的に「体験」し、深化して自らのものとするもの、ということができる。このような「体験」の蓄積によって、セノイ族の人々は精神の健康を保つことを可能にしたのである。

これと同様のことは、ユング派の夢分析で行われ、筆者もはじめは分析家が「それは惜しいことをした。次はもっとよく見てくるように」などと言うと奇異な感じをもったのだが、だんだんとその要領が解ってくるし、体験的に学ぶことができたのである。ユングが報告したという夢分析の例に次のようなのがある。戦争神経症の人が「一軒屋の中で、夜に窓を一つしめ忘れているのに気づき、どこか知らんと探しているうち、最後の一つを開けると大爆発が起こり、恐ろしさで目を覚ました」という悪夢を繰り返し見て困ると訴える。これに対してユングは、大爆発が起こったときにそれほど恐がらず何が起こっているのかをよく観察するように、と助言する。次に同じ夢が繰り返して生じたとき、その人はユングの言葉を思い出し、よく観察しようとすると、爆発が起こらずライオンが吼えているところになり、恐ろしくて目を覚ました。これに対してユングはさらに、そのライオンをよく見るようにと助言する。ところが、次にはライオンではなく恐ろしい人間が侵入してくるところに変わり、次にその人間と対決しようと待ったが、それ以後は悪夢が生じず、戦争神経症による不安も収まったという。この例においても、一般に考えるような「解釈」が行われるのではなく、分析家は夢を見る人が夢内容に対して避けることなく直面してゆくことを援助し、それを通じて問題の解決が行われているのである。

意識の在り方がある程度夢に影響を与えるし――と言っても自分の見たい夢を見るなどというものではないが――、夢が意識の在り方に影響を及ぼす。意識と無意識の相互作用によって、そこに意識のみの統合を超えた高次の全体性への志向が認められてくる。このような過程を通じてこそ真の個性が生み出されてくると考え、ユングはこのような過程を個性化の過程、あるいは自己実現の過程と呼んだ。従って、彼の考えによると、夢を記録し、夢を生きることは自己実現のための極めて重要な手段となるのである。事実、彼が晩年に発表した『自伝』を読むと、そのなかで彼の自己実現の過程に夢が重要な役割を担っていることがよく了解できるのである。ユングは夢と自己実現ということとの関連を身をもって体験し、それを示したと言えるのだが、それと同様のことを、明恵が既に十三世紀に行なっていたということは驚異的なことと言わねばならない。いったいどうしてそのようなことが可能であったのか、明恵の夢は、どのような自己実現の過程を示しているのか、その点についてだんだんと明らかにしてゆきたい。

3　日本人と夢

明恵の『夢記』は、世界の精神史のなかにおいても稀有なものであることは既に述べた。しかし、明恵のこのような業績がいかにユニークなものであるとは言え、歴史の流れと関係なく突然に出てきたものでないことも事実である。その点を明らかにするために、この節においては、日本人の夢に対する態度、考え方などについて考察することにする。日本の文化と夢とは密接に関連しており、既にいくつかの著作が発表されているように、これについて詳細に論じるならば、また別の著作を書かねばならないであろう。従って、個々の豊富な素材について論じるのではなく、日本人の夢に対する基本姿勢とでも言うべきものに焦点をあて、それについて論じることにしたい。

古代人と夢

先に聖書のなかの夢について言及したが、日本の記紀にもかなりの夢に関する話が記されている。そのなかで『古事記』にも『日本書紀』にも記載されている夢を次に示す。カムヤマトイハレヒコの命(神武天皇)が兵を率いて熊野に来たとき、そこに現われた怪しい熊のため、自分も兵士も共に気を失って倒れてしまう。このとき熊野のタカクラジという者が太刀を献呈に来る。カムヤマトイハレヒコの命がそれを受けとると、自分もその軍隊も目覚め、熊野の悪神たちも自然に打ち倒されてしまった。どうしてそのような太刀を献呈に来たのかと仔細を尋ねられ、タカクラジは自分の見た夢を語る。「夢に天照大神と高木の神が現われ、カムヤマトイハレヒコが困難に出会っているので、タケミカヅチにそれを助けるように命令される。タケミカヅチは自分が出かけなくとも、自分の太刀を授けることにします。そのためには、自分の太刀をタカクラジの倉の屋根に穴をあけてそこに落とし入れますからと言う。そして、タケミカヅチが私に対して、目が覚めたらその太刀を取って天つ神の御子に奉るようにと言った。朝起きて倉に行ってみると、ほんとうに太刀があったので、この太刀を奉るために持ってきた」とタカクラジは報告する。

この話では、夢のお告げについて語られているだけでなく、夢の話と外的事実とがつながっているところにその特徴が認められる。つまり、タケミカヅチが太刀を倉に落とすというのは夢のなかのことであるが、翌朝に目覚めてから倉に行ってみると、実際にそこに太刀があったわけである。もちろん、こんなことは実際には起こりようもないことだが、このような話が伝えられている事実は、日本の古代人がどれほど夢を大切にし、それを信じていたかを反映しているものと思われる。このような夢の世界と現実界との交錯の話は、中世にまで持ち越され、たとえば、『平家物語』には、平清盛が厳島に参詣して通夜したとき、夢のなかで天童に小長刀を賜わり、目覚めてみると枕上に実際にそれがあったことが記されている。

このような例を見ても、日本人にとって夢とうつつの世界の境界は稀薄であり、夢によって神のお告げを受けるという考えは相当に強かったことがわかる。ただ興味深いのは、『古事記』でも『日本書紀』でも、神代には夢の話がなく、人の世になってから夢がでてくることである。夢が「神のお告げ」と考えるなら、神自身は夢を見る必要もない、というよりは、神は夢とうつつの区別のない世界に住んでいると言うべきかも知れぬが、ともかく、神代に夢のことが語られぬのは話の辻褄が合っていて納得がゆく。

奈良から平安時代になっても、夢を神のお告げと受けとめる姿勢は変わらず、この時代に書かれた物語、日記、あるいは仏教説話などにおいて夢は重要な役割を占めている。それらについてはすべて省略するより仕方がないが、ひとつだけ『今昔物語』の巻十九第十一話、「信濃国の王藤《わとう》観音、出家の語《こと》」は、当時の人々の夢に対する態度を端的に示しているものとしてあげておきたい。ある人が夢を見て、翌日の午時《うまのとき》に観音様が湯浴みに来られると言う。しかもその年齢や容姿なども詳しく告げられる。そこで人々がその湯のところで待っていると、まさに夢のとおりに、言われた時間に言われた姿の人がやってくる。そこで皆は礼拝するが本人は何のことか解らない。どうして皆が自分を拝むのかと尋ねると、そこに居た僧が夢の由来を告げる。ここからの話の展開が素晴らしいのだが、それを聞いた男は「そういうことなら、私は観音なのだろう」と言い、そこで出家をする。そして、その後、比叡山に行き覚朝僧都の弟子となったという。この話は、他人が自分について見た夢を聞き、「我ガ身ハ然《さ》レバ観音ニコソ有ルナレ」と納得するところがなんとも印象的である。日本の古代人の夢の受けとめ方について、本質をついた論議を展開した西郷信綱もこの話を取りあげ、南方熊楠のユーモラスなうちに急所をついた評言を引用している。(11) あまりにも面白いのでここに再引用させていただく。

星移り時更《かは》りて、観音と言れて自身を観音と確信する人こそ現代に無らめ、色男と呼ばれて、鏡と相談もしないで、自分を色男と有頂天に成て確信する者は、滔々皆是れだ。確信さるゝ物が時と共に変つたばかり、確信が古と今と其力を異にするのではない。

現代人も昔の人は夢を信じていたとは何と不合理な、と笑ってばかりもおれない。南方熊楠が喝破しているように、現代人も現代人なりに、いわれのない確信に支えられて生きているものなのである。それにしても、他人の夢を告げられて、「そういうことなら、私は観音なのだろう」と納得するところは、さわやかと言うか何と言うか、古代の人が無意識の世界と切り離されることなく、自然に全体性のなかに生きているのが端的に感じとられ、見事というほかはない。

夢が神や仏からのメッセージであるとしても、以上にあげたような例の場合はいいとして、どう考えてもわけのわからぬ夢が存在することも事実である。そこに夢判断の問題が生じ、夢判断を職業とする人たちも生じてくる。そうなってくると、まやかしや偽者のはいり込む余地が十分となって、夢に対する日本人の態度も、それほど簡単には述べられない状況になってくる。

夢判断ということに対して、古代の人が考えた興味深いことに、夢判断の誤りはその夢自体の効力をさえ歪めてしまうという考えがある。典型的な例として、『宇治拾遺物語』にある伴大納言の話をあげることができる。伴大納言はせっかく「西大寺と東大寺とを跨《また》げて立ちたり」という夢を見たのに、その妻が「そこの股こそ裂かれんずらめ」と、とんでもないことを言ったため、大納言になったものの罪を蒙って流されてしまったと言われている。つまり、せっかくの夢も誰かが誤った判断を下してしまうと、その判断の方に事象が引きつけられてゆく、と考えるのである。

多聞院英俊の夢

既に示した『今昔物語』や『宇治拾遺物語』などは、明恵以前、もしくはほぼ同時代のものであり、おそらく、明恵はここに示されているような夢についての話をよく知っていたであろう、と推察される。このような物語ではなく、ここでは触れないが、『更級日記』や『蜻蛉日記』などのなかにも、夢が記され、それについて夢を見た人は、いろいろと考えてみたり、感動したりして、それも書きつらねているのである。しかし、それらの夢は数も少なく、明恵の『夢記』のように夢そのものが記録されたというものでもないし、夢が日記の中心というのでもない。それらに対して、多聞院英俊の残した『多聞院日記』は、実に多くの夢を記録しており、英俊が日々の出来事として夢をいかに大切にしていたかを如実に示している。おそらく、生涯にわたってこれほど丹念に夢の記録を残した人は、近代になってからの例を除くと、おそらく明恵に次ぐものと思われるので、ここに一言しておく。

多聞院英俊は永正十五(一五一八)年に生まれ、慶長四(一五九九)年に八十二歳で没した興福寺の僧である。『多聞院日記』は六部にわかれ、第一部、第二部は他の僧によって書かれたものであるが、第三部以下は英俊の記したものであり、彼は二十二歳から七十八歳までの間にそれを記しており、そのなかに彼の多くの夢と、彼なりの解釈が記されているのである。多聞院英俊の夢に関しては、芳賀幸四郎が丹念な研究を既に発表している[12]。多聞院英俊がどんな夢を見たのか、芳賀は、「この分類は便宜的なもので、相互に重複し関係しあっている面もあるから、その点は考慮にいれておかねばならないが」と断った上で、次のように分類している。「多聞院日記にみえる夢の記録を拾いあげると、二つないし三つの夢の複合とみられる場合もあるので計算しにくいが、約五百六十余件をかぞえることができる。これは各種の観点から分類できようが、その内容の主たるモチーフによって分けると、宗教に関係あるもの二三六件、動物に関係あるもの五三件、知人に関するもの四九件、財貨に関係するもの四二件、政治や社会の動きにつながるもの三六件、抜歯の夢三二件、天文現象に関するもの二五件、文芸に関係あるもの二三件、植物に関するもの二一件、自身の運勢に関係するもの一一件、その他二五件、それに他人のみた夢の記録一三件となる。」このような分類はまさに「便宜的」で、夢の本質とはそれほど関係のないことだが、それでも多聞院英俊の夢の概観が少しは得られるであろう。

ここで英俊の個々の夢について考えることは割愛し、彼の夢に対する全般的な姿勢について考えてみることにしたい。英俊の夢に対する態度について敢えて極論すると、それは悪しき夢判断の犠牲というべきである。このため、彼がせっかく生涯にわたって多くの夢を記録しながら——もちろん、そこには意味深いことも生じているが——、そこから彼はあまり多くを得ていないし、われわれが読んでも興味深いものが少ないという結果になっている。これは、彼の夢の記録を明恵のそれと比較すると、実に明白にその差を感じさせられる。

一例をあげてみよう。天正十四(一五八六)年正月元旦の条に、「昨夜夢ニ発句、誰トモ知レズニ、花ちりて色も香もなき梢哉、とありしニ、愚、おとづれ帰るかりの一つら、ト付ケ了《をは》ンヌ。夢ノ如クンバ、三月末ニハ当国衆古里へ帰ルベキカト解キ了ンヌ」とあり、その下に小さい字で「後日云、少シモアワズ、雑夢々々」と書き加えてある。これは天正十三年に、豊臣秀長が大和に入り、筒井氏は伊賀に国替えされたのだが、英俊は秀長を嫌って筒井氏が帰ってくることを願っていたことと関係している夢である。夢のなかで誰かが「花ちりて色も香もなき梢哉」と言うのに対して、英俊は雁が訪れ帰ることをイメージする。ところで、彼はこの夢を解釈して、筒井氏が帰ってくることだと極めて具体的なことに結びつけてしまうのである。夢は極めて多義的であり、この夢を英俊の心の状態のまったく他の側面に関係することとして見ることもできるであろう。しかし、たとい、これを彼の筒井氏復帰の願望と関連させるにしても、夢の告げているところは、英俊が筒井氏の復帰を雁の姿に託して願っている、という事実であり、それは筒井氏が実際に帰ってくるかどうかについては何も言っていないのである。真に夢分析を行う場合には、この夢から筒井氏復帰のことを連想するならば、その現実的可能性について検討してみて、そのなかで、筒井氏復帰を一連の雁の姿として見たことが意味をもつかどうかを考えてみる。そして、現実的可能性が極めて少ないと判断したなら、この夢を筒井氏と関連のない夢として、もう一度考え直すか、あるいは、それほど可能性の少ないことに対して、このようなイメージに托してなお願望している自分というものの在り方について、考え直す必要がある。「少シモアワズ、雑夢々々」では、夢の方を非難して、夢を見る主体としての自分に対する反省を免れているのである。それでは夢分析の本質をまったくはずれていると言わねばならない。夢分析ということは、極めて倫理的な仕事を強いるものである。

もちろん、英俊にとって夢は「雑夢」ばかりであったのではなく、二十八、九歳のころ信仰生活に危機が訪れ、寺を離れようと決意するまでになったとき、それを思いかえすことになる夢幻的な体験をしている。彼は寺を出ることを決意し、神恩に謝し暇乞いをする意味で春日社頭に百日の参籠をしたが、結願に近い夜、夢うつつのうちに、誰の声とも知れず、「受ケヨナヲ時雨ハツラキ習《ならひ》ナレド、月ノ宿カル紅葉バノ露」と吟ずるのを聞く。この夢によって、英俊は自分のようなものでも、神のはぐくみに与ることはあるのだと思いかえし、このような寺社であれば留まることにしようと考え直すのである。このときは、夢が彼の倫理的決定に大きい役割を演じたものということができる。

若い時にこのような夢の体験があったことも動機となって、英俊は夢を記録し続けたのだろうが、残念ながら既に述べたように、あまりにも具体的に夢のメッセージを受けとめようとし、自分の願望と現実との区別も定かでなくなるような態度をもったために、せっかく夢を記録しつつ、明恵のような個性化の過程を歩むことができなかったのであろう。

彼の書いた『多聞院日記』は、文禄五(一五九六)年七十九歳のときをもって終わりとなるのだが、その一年前の文禄四年二月に見た夢を次に示す。

過夜夢ニ、愚身大ナルワラヤノヤネニ上リテ、ノキノハシニ下リ居テ、下ヲナガムレバ数丈アリ、ハシノキワニアリテ既ニ落チナントス、アサマシク悲シクテ、取リツク所モフマユル所モ、前後悉ク朽チタルワラノヤネ也。トラユレバ其ノマヽヌクル間、何トシテ助カルベシトモ覚エズ、足手モクルイ、心モ消エ入ル計《ばか》リニテ夢覚メ了《をは》ンヌ。是レ則チ露命既ニ究《きは》マル。何トスルトモ命ハ死ニ決定。朽チタルワラノヤネノハシニアリテ取リツク所モナキト同ジ事也。死期既ニ究マリ、一命刹那ノ間也。之ヲ知ラシメ玉フ大聖ノ御方便忝《かたじけな》キ事也。偏《ひとへ》ニ出入リノ息ノ間ヲ待ツ計リ也。

この夢で、英俊は藁屋根の端に居て、まさに落ちそうになり、しかもそれが朽ちているのでつかまっても危ない状態にあり、肝を冷やしつつ目を覚ましている。これに対して、さすがに僧侶としての彼は、これは死期がまさに近づいていることとして受けとめ、このようなことを知らして下さる大聖の方便を有難いことだとしている。もっとも、英俊が死ぬのは、この夢を見た五年後なので、この夢は直接的に死を予告した夢ではない。

人間にとって死ということは、簡単に測り難いことであり、それであればこそ、死をどのように受けとめるかが、その人の生き方に大きい影響を及ぼすのである。英俊の見た死のイメージは、朽ちた藁屋根からの落下というあまりにも即物的なものであり、これをしも知らしていただいてかたじけないというのは、さすがとは思うものの、長年にわたって修行した僧のもつ死のイメージとしては、物足りなさを感じさせることは事実である。

歯が抜ける夢というのは誰しも時に見るものだが、英俊の夢の三二件というのは多すぎる感じを受ける。俗信では歯が抜けるのは凶兆とされており、それだからこそ英俊は気に病んでいるのであるが、このことは次のように考えられないだろうか。歯の抜けることは多様な解釈が可能であるが、歯によって咀嚼することを考えると、彼の咀嚼力の弱さ、あるいは彼の咀嚼法の急激な改変の必要性ということが考えられる。そして、この際、咀嚼ということは夢をいかに咀嚼するかに関係しているように思われる。つまり、既に述べたような彼の夢に対する解釈の姿勢はあまりにも単純で表層的であり、夢の方からは、夢をもう少しうまく嚙みくだいて自分のものに出来るように、歯の抜ける夢によって再々にわたって英俊に警告を発したのだが、とうとう気づいて貰えなかったのではなかろうか。われわれの夢分析の経験から言えば、夢のもつ意味を夢を見た人が確実に把握しないと、その夢が何度も繰り返されるものだが、英俊の歯の抜ける夢の繰り返しは、そのような類のものであると思われる。

天正八(一五八〇)年十二月、六十三歳のときに、彼は次のような歌を日記に書き記している。

夢の世にゆめをたのむハおろかなる憂身の常のならひなりけり

英俊はもちろん、この世ははかないもの、夢のようなものという仏教的世界観をもっているので、このような歌をつくることが即ち、夢の価値をおとしめているものとは受け取り難いが、長い生涯にわたって夢を記録し続けながら、この歌がその帰結として生じていると考えると、それはあまりにも残念な気がするのである。夢はもっと積極的な意味をもっており、そのことは明恵の夢において、だんだんと明らかにされるであろう。

合理と非合理

多聞院英俊は、多くの夢を記録したが、それをあまりにも外的現実と直接的に結びつけようとし過ぎたため、せっかくの努力を建設的な方向に生かすことができなかった。彼の態度は夢に密着し過ぎていた、と言えるであろう。これに対して、夢をもっと突き離しクールな態度で見た人の典型としては、一般によく知られているように、青砥左衛門尉藤綱がある。『太平記』のなかに語られるその話は周知のことだが、ここに一応繰り返し述べておこう。あるとき、相模守が鶴岡の八幡宮に通夜をして、夢の中でひとりの老翁から、青砥藤綱を賞翫することが世のためになると教えられ、目覚めた後に、近国の大庄八箇国を青砥藤綱に与えようとした。藤綱は驚いてその理由を尋ね、夢によって決めたことを知り、それは受けられないと主張する。もし夢に従って事をなされるのなら、「もし私の首を刎ねよという夢を見られたら、咎はなくとも夢のとおりに行われるのでしょうか。報国の忠が薄いのに莫大な賞にあずかることはできません」というのが藤綱の論旨である。

『太平記』のなかには、青砥藤綱が河でなくした十文銭を探すために、五十文を費やした有名な話も記載されているが、現在の研究では彼の実在に疑問を呈する人もある。実在性が疑わしいとなれば、ますます彼が武士の一種の理想像として提出されていることが推察される。幕吏の理想としての剛直廉潔性が強調されており、おそらく「報国の忠が薄い」という自覚のもとに、いわれのない恩賞を受け取らなかったところに主眼があると思われるが、ともかく、彼の夢に対する態度は明確であり、夢のことをすぐに前兆として信じた英俊の態度とは対極をなすものと思われる。

青砥藤綱の態度は、啓蒙期を経た後の近代人の夢に対する態度と一致するものである。それでは現代になって、われわれはどのような考えや立場に立って夢を問題とするのか。それは一言にして言えば、近代合理主義に対する反省の上に立っていると言えるだろう。合理主義によって武装された自我は強力であるが、それは完成したものではなく一面的存在であることを免れ得ない。現在の自我の状態に安住することなく、常にその成長を願うならば、現在の自我の状態に対して何かをそれにつけ加えようとし、あるいは、それに対する批判を加える存在を必要とする。そのような存在がわれわれの無意識であり、夢は無意識からのメッセージを睡眠中の自我がそれなりに意識化したものと考える。従って、夢の内容を自我の合理性に固く縛られてみるかぎり、ナンセンスと思われることが多いのであるが、その内容を自我を少し超え、現在の自我をより高次なものへと引きあげるための異質な世界からのメッセージとして見るときは、大きい意味をもってくることがある。もちろん、それは覚醒時の自我意識とは異なる意識内容であり、しかも、自我の盲点と何らかの意味でかかわるものであるから、そこから意味を引き出すことは容易ではない。既に述べたような夢の内容は、見方によってはひとつの啓示としても受けとめられることもあり、一度そのような深い体験をすると、夢内容に対して自我意識の立場から検討することを放棄し、単純にそれを「信じる」ようなことにもなる。これが英俊の陥った落とし穴である。

このように考えると、夢分析を行おうとするものは強力な合理性を身につけ、なおそれを超えて、敢えて非合理の世界と向き合う姿勢をもっていることが必要であることが了解されるであろう。強い合理性をもっていないと無意識の餌食となってしまうし、合理性にのみ固執しているときは、夢の意味を見出すことは難しい。明恵はその点で、夢分析を自ら行なってゆくのにふさわしい能力をそなえた、稀有の人であったと考えられる。

日本の高僧について、精神医学の観点から——と言ってもこれに加えて深い仏教理解が伴われているが——分析を行なった小西輝夫は、明恵についての論考のなかで、明恵の合理性を明確に指摘している(13)。まず、明恵の父、平重国が「合理的、現実的感覚の持ち主」であったことを指摘しているが、明恵はこの父親の資質を充分に受けついでいる。後に第五章に詳しく論じるが、明恵はいわゆる超能力者的な資質をもち、弟子たちは明恵を神仏の化身ではないかと噂し合ったりするのだが、これに対して彼は極めて覚《さ》めた対応をしている。すなわち、明恵はそのような超常現象も、教えのままに行を積んでゆくと自然に生じることであって、特別に不思議ではなく、「お前たちが水の欲しい時に水を飲み、火にあたりたい時火の傍へ寄るようなものだ」と述べているのである。

『夢記』には、夢がいわゆる前兆夢的なはたらきを示したことも記しているが、その記述は淡々としている。元久元(一二〇四)年二月十□日の記録に、「此の郡の諸人、皆馬に乗りて猥雑《わいざふ》す。糸野の護持僧と云ふ人二人馬より堕《お》ち、倒れ堕ち了《をは》んぬ。余人もおちなむずと思ひて見れども、只護持僧二人許り堕ちて、余は堕ちず。心に思はく、護持僧の堕つるは不吉の事かと思ふ。然りといへども、余人は堕ちず。糸野の御前、上人の御房の居給ふを瞻《み》る。上人の御房等も大路におはしますと見る」(「護持僧落馬の夢」)とある。「此の郡」というのは明恵の生まれた和歌山の有田郡のことである。夢で、そこの人が乱暴に馬に乗っていると思うまに、二人が落馬して倒れてしまう。明恵には珍しくそのことを「不吉の前兆」として受けとめる。夢には上人の御房、すなわち、文覚も現われ、明恵の不吉な予感が文覚にもかかわっていることが示されている。事実、この夢の三日後に、文覚は宣旨を受けて対馬に流され、有田一郡の地頭職が違乱の由をもって職を失い、関東に召し下される。このとき明恵の母方の湯浅一族もこのために職を失うのである。かくて、明恵が夢から感じた「不吉」の予感はそのまま現実となるのだが、彼が『夢記』に記している文は、「已上《いじやう》、未だ此の事を聞かざる以前の夢想也」とあるのみで、まさに淡々としたものである。夢が前兆的にはたらくときがあるという事実は、明恵にとってごく自然のことであったのだろう。そして、彼は時にこのようなことがあったからと言って、すべての夢を前兆として考えるようなことは少なく、その場合に応じて彼なりの判断をはたらかせているのである。

先に示した多聞院英俊は、明恵とは態度を異にし、時に夢と外的事象との一致などを体験すると、「扨《さて》モ夢ハ不思議第一也。此ノ如ク新タニ合フ事ハ希《まれ》也」などと浮き浮きと書き足している。このような態度であるからこそ、既に示したように、夢が合わないと言って嘆かねばならないのである。

夢合わせのアハスということについて、西郷信綱は実に的確にその意味を指摘している。[14] 夢アハセのアハスは、「鳥を狙い、機をはかって鷹を放つのをアハスといった」のと同義であり、「その本義は、適確な判読によって夢をその夢で見た現実に的中させることにあった」のである。鷹をもっとも適切なときに放つためには、極めて合理的な判断と、長い経験によって鍛えられた直観力とを必要とする。夢判断の場合もこれと同様であり、明恵はこのような能力を十分にそなえていたと思われる。彼の伝記を読むと、彼の合理的思考力は当時の他の人々と比較にならぬ高さをもっていたことが窺われるのである。それでこそ、生涯にわたって夢を記録し、その意味を悟りつつ、それに溺れこむことを避けられたのであろう。

4　明恵の夢の概観

明恵がその生涯にわたって夢を記録し続けたこと、および、彼の夢に対する態度は、今日の深層心理学の知識や立場から見て、まことに卓越した精神の高さを示すものであることを、夢というものをどう考えるか、日本人は夢をどのように受けとめて来たか、などの諸点について論じながら明らかにしてきた。それでは、明恵は実際どのような形で、どれほどの夢を書き、それらがどれほど現在にまで伝わってきているのか、その概観を一応明らかにしておきたい。

『夢記』資料

明恵は十九歳以後没年近くまで約四十年にわたって書き続けた夢を、示寂する前年に弟子の空達房定真に預けたという。この『夢記』は時代と共に相当に散逸するが、幸いにも約半数が高山寺に現存し、その他まとまったものとしては、陽明文庫、京都国立博物館、上山勘太郎氏蔵がある。明恵の字が能筆であること、明恵が茶を栽培したことなどから、明恵の書いたものが茶人によろこばれ、『夢記』の断簡が掛軸などにされ、個人蔵となっているものもある。これらは「夢之記切」と称せられるが、その夢の日付を確定できないものが多い。

高山寺所蔵の『夢記』は、近年に高山寺典籍文書綜合調査団によって高山寺所蔵の多くの文書に関する調査が詳細に行われた際に、奥田勲によって研究がなされ、その全貌が明らかにされたのは、まことに有難いことである。前記の調査団編による『明恵上人資料第二』には、『夢記』の影印本文、翻字本文に極めて詳細な目録と語彙索引が付されて発表されているので、研究者にとっては得難い資料である。ただ、これは極めて大部な書物であるので、『夢記』をもう少し手軽に読もうとされる方は、久保田淳・山口明穂校注『明恵上人集』(岩波文庫)を見られるといいだろう。同書には『夢記』に加えて、明恵上人歌集、梅尾明恵上人伝記、梅尾明恵上人遺訓も上載されている。また、表記法も原文よりは読みやすくしてある点も便利である。

高山寺所蔵の『夢記』は、「木秘本」と称される経函に納められていたが、これには明恵に『夢記』を預けられた定真の弟子、仁真が記録を付しており、それによって、本来どのくらいのものであったかを窺うことができる。それには次のように列挙されている。

建久九年第二年以後、三巻各三紙、又三紙
正治二年　雑御記雙紙奥ニ有之

建仁三年　四巻四紙
元久二年　四巻三紙　造紙二帖
建永一年　造紙二帖切紙　又二紙
承元四年　造紙一帖　又一紙
建暦二年　造紙一帖大二巻一紙
建保六年　建暦御記ノ奥ニ有之
　　已上一結
承久三年　造紙一帖大
貞応二年　二巻三紙、又承久御記ノ造紙ノ奥ニ有之
元仁一年　貞応御記ノ奥ニ有之元仁元年云々
嘉禄二年　一巻三紙
安貞二年　一紙
寛喜三年二年マテ　一巻一紙
又無年号六紙有之
　　已上一結
右自建久二年至于寛喜二年、都合四十ケ年之御夢御日記、皆御自筆也、

これを現存のものと対比して、奥田勲が表示を行なっている。それを次頁に引用させていただく。

この表によって明恵の『夢記』の概観が得られると思うが、本書では高山寺所蔵のものに、陽明文庫、京都国立博物館、上山勘太郎氏蔵のものを加え、他の研究書に発表されている「夢之記切」などを参考にして、明恵の夢についての考察を行う。夢之記切は、白洲正子、北村謹次郎、佐藤正憲、小川広巳の諸氏所蔵のものであるが、これらのうち前三者とも、夢の記録に明恵自筆の絵が付されている。おそらく掛軸にするときに絵がある方が価値が高いので、絵のある部分が切り取られたものなのであろう。明恵が芸術に深い関心を持っていたことはよ

			木秘目六	高山寺現存	高山寺本推定	山外現存	山外本推定
建久	元	1190					
	2	91	○				
	3	92	○				
	4	93	○				
	5	94	○				
	6	95	○	○			
	7	96	○				
	8	97	○				
	9	98	○				
正治	元	99	○				
	2	1200	○				
建仁	元	01	○	○			
	2	02	○				
	3	03	○	○		○上	○
元久	元	04	○	○	○	○上	○
	2	05	○	○			
建永	元	06	○	○			
承元	元	07	○			○京	
	2	08	○				
	3	09	○		○	○京	○
	4	10	○				
建暦	元	11	○			○京	
	2	12	○	○			
建保	元	13	○				
	2	14	○				
	3	15	○				○
	4	16	○				
	5	17	○				
	6	18	○	○		○	
承久	元	19	○	○			
	2	20	○	○			
	3	21	○	○			
貞応	元	22	○				
	2	23	○	○			
元仁	元	24	○				
嘉禄	元	25	○				
	2	26	○				
安貞	元	27	○				
	2	28	○				
寛喜	元	29	○				○
	2	30	○	○		○	
	3	31					

「上」は上山本，「京」は京博本．(『明恵上人資料 第二』より)

く知られているが、これらのスケッチから推しても、明恵自身、相当に絵心があったものと思われる。

夢の記録には、夢を見た日に書かれたものや、後で思い出してまとめて書かれたものなどがある。誰に見せるつもりもなく、ひたすら自分の修行の一助として書きとめたものだけに、字が読みにくかったり、文意のとおりにくいようなところがあったりする。時には、いつ見たのか日付が不明であるとか、後日に記したものだから不分明であるとかの但し書きもある。彼自身の「解釈」がつけ加えられているときもあることは、既に述べたとおりである。

その他の夢

明恵の『夢記』は、その全貌が現在に伝えられているわけではない。しかしながら、明恵は自分の弟子たちに夢をよく語っており、しかも、それが彼自身の生き方や宗教性と深く結びついているので、彼の伝記中に多くの夢が述べられており、大いに参考になるのである。もっとも、明恵が自ら書き記したものと異なり、聞き伝えなので、資料的価値は少し減じると思われるが、これによって『夢記』の欠損を相当に埋めることができる。特にこの場合は、明恵が夢を見たときの外的状況なども解りやすいという利点をもっている。

明恵の伝記に関しては、詳しくはそれについての研究書に譲るとして、主なものとして『高山寺明恵上人行状』(以後『行状』と略記)と『梅尾《とがのお》明恵上人伝記』(以後『伝記』と略記)の二つがある。(15)どちらも、明恵の生涯について述べつつ、多くの夢を記録しているところが特徴的である。夢を抜きにして明恵の生涯は語れない、と言うべきであろう。前者の『行状』の方は、明恵に一生随従した義林房喜海によって書かれたことが確実であり、記録的に信頼性が高いとされている。上、中、下三巻に分かれているうち、中巻を欠いているが、『行状』の漢文訳がすべて現在まで伝えられており、中巻の部分は漢文訳によって補うことになっている。『伝記』の方は、これも義林房喜海によって書かれたようになっているが、その後の研究により、喜海によるものではないとされている。このために資料的には『行状』よりは低い評価を受けている。

『行状』に比して『伝記』はこのように低く評価されているが、読み物としては、むしろこちらの方が面白く、『行状』にはない貴重な話をよく伝えている。このためもあってか、『伝記』の方が一般にはよく読まれ、江戸時代にもたびたび版を重ねたという。『伝記』に述べられていて、『行状』にはない貴重な話に、明恵が九歳のとき家を出て高雄に入山した夜の夢に関するものがある。『伝記』から引用してみる。

其の夜、坊に行き着きて、臥したる夢に、死にたりし乳母、身肉段々に切られて散在せり。其の苦痛夥《おびたた》敷《しく》見えき。此の女、平生罪深かるべき者なれば、思ひ合せられて殊に悲しく、弥《いよいよ》能き僧に成りて、彼等が後生《ごしやう》をも助くべき由を思ひとり給ひけり。(「乳母の死の夢」)

この夢については第三章に論じるが、明恵にとって極めて重要な夢と思われる。この夢が現存の文献に見る限りでは、明恵の最初の夢であり、この記録を『伝記』が残してくれていたことはまことに貴重なことである。入山してすぐ、明恵は仏典についての勉学をはじめ、不明なところを当時の碩学、賢如房律師尊印に尋ねるが彼も答えられない。ところがその夜、明恵の夢に一人の梵僧が現われて、不審なところをひとつひとつ説き明かしてくれた。この夢については『行状』も『伝記』も共に伝えている。覚醒時に解らなかったことが夢のなかで明らかになるという体験は、時に生じるものであるが、九歳の頃から仏典の不明の箇所についての答を得るとは、明恵の非凡さを端的に示している。ここで答を与えてくれるのが、インドの僧であることも注目すべきである。明恵の仏教は直接に釈迦に結びつくような性質を本来からもっており、日本の国内において、おそらく真の師とする人を見出すことができなかったのであろう。「梵僧」は、この後も明恵の夢のなかで重要な役割をもって、大切なときに出現するのである。

明恵の伝記中に述べられた夢については、今後の論述のなかで、『夢記』の夢と同様に取りあげてゆくことにする。この他、明恵の夢が記録されている特殊な場合として、聖教の奥書等に記された夢がある。これは、明恵が聖教というものを極めて丁重に取り扱い、聖教の上に数珠などを置いてはいけない、あるいは、聖教の上を越えてもののやりとりをしてはならない、などと細かく弟子に注意を与えている点から考えると、矛盾しているかのように見えるが、むしろ、それだけ明恵が夢を大切なものと見なしていたことを示すものであろう。あるいは、明恵の書いた夢と聖教の内容、およびそこから彼の感得したことなどに深い関連があるために、特にそれを書いたのではないかとも考えられる。たとえば『後夜念誦作法向南修之』の紙背に、次のような記載がある。

去夜夢想云　冬天トオホシキニ暁更ニ東方／ヲ見遣ハ明星天子出現其光殊赫奕立傍／人告云汝可奉仕虚空蔵井云々爾今日自始／抜見此書心中成不思議思／于時建久二年六月十日記之　（「虚空蔵の夢」）

これは建久二(一一九一)年、明恵十九歳の夢であるから、既に『夢記』をつけ始めているのだが、この頃の『夢記』は現在に残されていないので、果たしてこの夢が『夢記』にも記載されていたのか、確かめることはできない。この夢は虚空蔵菩薩信仰にかかわるものだが、『大方等大集経』第十四虚空蔵品によると、虚空蔵菩薩は東方大荘厳世界の一宝荘厳仏の所に在り、とされているので、この夢において東方に現われた明星天子を明恵が虚空蔵菩薩に結びつけて考え、これを大層な吉夢として、敢えて聖教に書きつけたのではなかろうか。あるいは、この聖教の内容との密接な関連があるためかとも思うが、推察の域を出ない。

明恵の夢に関する研究

明恵に関する研究は、最近『明恵上人と高山寺』[16]という書物が出版され、それに明恵・高山寺関係参考文献目録が付されており、それによって詳細を知ることができて便利である。そのなかで「夢・夢記」として分類されているものは、あまり多くない。これらにそれ以後発表されたものや、筆者の目に触れたものを加えて、簡単に紹介しておく。

明恵の夢について、もっとも丹念に継続した研究を行なってきているのが、奥田勲である。既に述べたように、高山寺の『夢記』を読み下し、詳細な注釈を加えて出版したので、われわれはその恩恵によって、明恵の夢を極めて容易に読むことができる。奥田は論文も発表しているが、全体をまとめた形で、『明恵——遍歴と夢——』[17]が出版されている。これは明恵の生涯について述べながら、副題が示すように、相当に彼の夢に比重をかけて語っているものである。明恵の夢についての概観を得るのにもっとも適した本である。『夢記』についての奥田の表を先に引用したが、以後もいろいろと引用することがあるだろう。

白洲正子『明恵上人』[18]は、明恵について述べつつ、その夢の本質についてもっとも鋭い切り込みを行なっている。明恵について白洲は次のように述べている。「明恵の夢は夢ではない、覚めている時の生活の延長であり、そういう意味では、やはり過去の記憶と呼べるかも知れません。ただ、心理学者と違う所は、彼の夢は生きていることです。研究の材料ではなく、信仰を深めるための原動力なのであって、夢と日常の生活が、不思議な形でまじり合い、からみ合って行く様は、複雑な唐草文様でも見るようです。」このような考えは、筆者の明恵の夢に対する考えとほとんど変わらないことは、既に筆者が述べてきたことからお解りいただけるであろう。ここに白洲が「心理学者」として述べていることは、そのような心理学者もおり、それはそれで存在意義もあるだろうが、筆者の場合は（一応「心理学者」のなかにはいるかも知れぬが）、まったくそれとは異なる立場で夢を見てきていることをつけ加えておかねばならない。筆者の立場は、本章の2節に既に述べた。

次に堀池春峰の論文[19]は短いものであるが、小川広巳氏所蔵の夢之記切を紹介している点で、貴重な資料を提供している。

山田昭全の論文[20]は、明恵の夢を正面から取りあげて論じたわが国では最初の論文ではないかと思われる。これも佐藤正憲氏所蔵の夢之記切を紹介しているが、貴重な資料である。明恵の夢に対する態度、夢の概観が適切に述べられている。『夢記』には、多くの仏・菩薩が現われるだろうと想像するのだが、それが案外少なくて、実在した人々の出現率の方がはるかに高い、というコメントも見られる。なお最後に明恵の歌として、

旅の世にまた旅眠して草枕夢の中にも夢を見るかな

を引用して論じているが、これは明恵の歌ではなく、彼と同時代の慈円の歌（『拾玉集』）である。慈円は『愚管抄』の著者として有名である。興味深いことに、彼も不思議な夢を見て、記録し、それは今日まで伝えられている。慈円の夢に対する態度を、明恵のそれと比較することは意義あることと思われるが、それについては他日を期す

ることにしたい。

なお、山田昭全は、本書に既に「禅観の夢2」としてあげた夢について、明恵自身の解釈などを示して、「こうみてくると、明恵は夢をただ見るにとどめたのでなくて、日常生活の規範として生かしていたことが知られるわけである。ただ生かすというだけでなく、むしろ平常の意識面における思惟よりも、夢中にあらわれる映像とその映像の象徴する意義の方を価値的には上位に置いていたのではないかとさえ思われるのである」と述べている。これは、明恵の夢に対する態度の本質を捉えている言葉と思われる。確かに、以後に示すように明恵は夢を大切にし、平常の意識よりも夢の価値の方を重く見ていたとさえ言えるのである。しかし、一方では、本章の最初に示した歌に見られるように、「夢から覚める」ことの重要さも強調しているわけで、このようにバランスのとれた態度をもって夢に接していたところが、明恵の特徴である、と言うことができる。

桶谷秀昭が『夢記』について論じた評論がある。[21] 筆者とは立場が異なり、文芸評論家から見た明恵の夢に対する論が展開されている。

明恵の夢に対して、フランス人からの研究発表がなされたことは驚きであり、また嬉しいことであった。F・ジラールは前記の奥田勲らの指導を受け、「明恵上人の『夢の記』——解釈の試み」という論文を一九八四年に発表している。[22] 彼の試みは、明恵の依拠した根本経典とも言うべき『華厳経』の理解を基にして、明恵の夢を華厳の教義との関連において理解しようとしたものである。もちろん、その前提として、明恵の夢に対する態度や、禅定と夢との関係なども周到に論じられている。ジラールは明恵の夢を仏典の教えと関係づけて解釈しており、筆者が後に示すように、むしろ明恵の人間の方に焦点づけて夢を解釈するのと、相補的な関係にあるということができる。また、彼は、明恵が通常の睡眠中の夢よりも禅定の間に見る夢想に、認識としてより高い価値を与えていたこと、および、夢は単に過去のことのみならず、「未来に関する象徴的なイメージをも明かす」と考えていたことを指摘しているが、傾聴すべきことである。ジラールはこの論文の前に発表した小論において、陽明文庫蔵の『夢記』のなかのひとつの夢を取りあげて論じている。[23] これは難解な夢ながら筆者も強い関心をもった夢であり、これについては後に論じるときに、ジラールの意見も紹介するであろう。

一応、これまでに筆者がみることの出来た明恵の夢に関する研究について、ごく簡単に触れた。なお、古川哲史『夢　日本人の精神史』は、日本人の夢について古代から現代に至るまでの多くの資料を集めているが、明恵の夢に関しては、まったく触れていない。「日本人の精神史」として夢を考えるのなら、ぜひとも明恵の夢について考察すべきであると思われるのだが。

なお、これは明恵の『夢記』の研究ではないが、タナベの論文[24]には『夢記』の英訳が付されており、これは『夢記』の本文がなかなか理解できないときに、それを解決するために役立つことがあった。この点もここに付記しておきたい。

注

(1)　小田晋「明恵」、『からだの科学』62、一九七五年。

(2)　明恵の『夢記』は、現在、京都の高山寺の所蔵になっているが、次の二つの資料によって読むことができる。
「明恵上人夢記」、高山寺典籍文書綜合調査団編『明恵上人資料　第二』東京大学出版会、一九七八年、所収。
「明恵上人夢記」、久保田淳・山口明穂校注『明恵上人集』岩波書店、一九八一年、所収。
前者は影印本文や周到な索引も付された資料である。後者は文庫本で、読者の手に入りやすいことも考え、本書の『夢記』は特に断らないかぎり、後者によっている。

(3)　小田晋、前掲注(1)論文。

(4) 菊池良一『中世説話の研究』桜楓社、一九七二年。
(5) 小西輝夫『精神医学からみた日本の高僧』牧野出版、一九八一年、の第八章「一遍」による。
(6) ユング他、河合隼雄監訳『人間と象徴』河出書房新社、一九七五年。
(7) フォッシジ／ローヴ、遠藤みどり監訳『夢の解釈と臨床』星和書店、一九八三年。
(8) ユング、前掲注(6)書。
(9) 奥田勲は『夢記』についてもっとも詳細な研究を行なっている。それらについては後に触れるが、この夢を承久三年と決定したことは下記の論文に論じられている。奥田勲「明恵上人関係典籍の奥書・識語について――附・明恵上人夢記第十篇錯巻考――」、高山寺典籍文書綜合調査団編『高山寺典籍文書の研究』東京大学出版会、一九八〇年、所収。
(10) スチュアート、迫田信訳「マラヤの夢理論」。中沢新一「夢と密教」、『現代思想』11―9、一九八三年、に収録されている。
(11) 西郷信綱『古代人と夢』平凡社、一九七二年。
(12) 芳賀幸四郎「非合理の世界と中世人の意識――多聞院英俊の夢――」、東京教育大学文学部紀要『史学研究』一九六二年。
(13) 小西輝夫、前掲注(5)書。
(14) 西郷信綱、前掲注(11)書。
(15) 「高山寺明恵上人行状」は、仮名まじり文、漢文のものとも、高山寺典籍文書綜合調査団編『明恵上人資料　第一』東京大学出版会、一九七一年、に収録されている。
「梅尾明恵上人伝記」は、久保田淳・山口明穂校注『明恵上人集』岩波書店、一九八一年、に収録されている。本書における『伝記』の引用は同書によった。また、平泉洸訳注『明恵上人伝記』講談社、一九八〇年、は『伝記』の原文、およびその口語訳を掲載している。なお、明恵の伝記については下記の書物も参考にした。田中久夫『明恵』吉川弘文館、一九六一年。
(16) 明恵上人と高山寺編集委員会編『明恵上人と高山寺』同朋舎出版、一九八一年。
(17) 奥田勲『明恵――遍歴と夢――』東京大学出版会、一九七八年。
(18) 白洲正子『明恵上人』新潮社、一九七四年。
(19) 堀池春峰「明恵上人『夢の記』について」、奈良地理学会編『奈良文化論叢』一九六七年、所収。
(20) 山田昭全「明恵の夢と『夢之記』について」、『金沢文庫研究』一七七号、一九七一年。

(21) 桶谷秀昭「明恵、数寄と菩提心　『夢の記』」、『国文学』28巻4号、一九八三年。
(22) F・ジラール「明恵上人の『夢の記』――解釈の試み」、『思想』七二一号、一九八四年。
(23) F・ジラール「明恵上人の『夢之記』について」、『明恵讃仰』12・13号、明恵上人讃仰会、一九八一・八二年。
(24) G. Tanabe, Myoe shonin (1173-1232): Tradition and Reform in Early Kamakura Buddhism, University Microfilms International, 1983.

第二章　明恵とその時代

前章においては、明恵が残した『夢記』がわが国における、というよりは、もっと広く世界的に見ても、精神史上の偉大な遺産であることを述べた。彼の残した夢の意味を探ってゆくことが本書の目的であるが、そのためには明恵という人のこと、明恵という人が生きた時代のことをある程度知っておく必要がある。前章において、夢を解釈するためには、夢を見た人の意識状態を知っておく必要があると述べたが、それに相当することを、まず本章において概観的に行なっておこうとするものである。つまり、後の各章において、明恵の夢の流れに沿って、その自己実現の過程を明らかにしてゆくのであるが、そのつど、明恵のそのときの意識状態との関連は、できるかぎり言及してゆくつもりではあるが、もちろん、それがどのくらい可能であるかは不確かなことである。そこで、明恵の生涯をここに概観しておくことによって、今後の夢の理解に役立つようにしておきたいと思うわけである。

明恵の夢を理解するためには、明恵という人の生涯について大体を知っておくだけではなく、明恵の生きた時代について、特に精神史的な意味において、ある程度知っておくことも必要であると思われる。そのことは、明恵がどのような精神的な「課題」と直面し、それを背負ってゆこうとしたのか、それがその時代においてどのような意味をもったのかを、ある程度心得ておくことになるであろう。特に明恵の生きた時代は、わが国の精神史上、注目すべきときであり、外国から伝えられた仏教が日本人の魂との触れ合いのなかで変貌してゆくときと考えられるので、なおさら、そのような点をおさえておく必要が感じられるのである。

正直なところ、筆者は明恵の夢に惹きつけられて、その理解のために、あるいは、それの理解を通して、鎌倉時代のわが国の仏教の変容の軌跡に触れることになったのであるが、法然、親鸞、道元、日蓮などの名僧が次々と現われ、お互いに影響し合ったり、批判、攻撃し合ったりして、それぞれの説を築きあげてゆく様に触れ、すぐに思い起こしたのは、今世紀の初頭に、フロイト、アドラー、ユングという三人の巨人が互いに同様の接触を重ねつつ、「無意識の発見」の仕事に力を尽くしてゆく過程であった。実は『無意識の発見』とは、その過程を見事に描写したエレンベルガーの名著の題名であるが、「日本仏教の発見」に貢献したこれらの僧たちの在り方は、多くの点でエレンベルガーの記述する深層心理学者たちの姿と重なり合うところがあり、筆者は深層心理学の流れのなかに属する一人として、非常に興味深く、また一種の共感をもって、日本仏教の発展に大きい寄与をした僧たちの関係を見ることができた。エレンベルガーの名著が相当な大著であるように、「日本仏教の発見」も、もし書かれるならば相当な書物であろうし、筆者の力量からしても、この書物の範囲内においても、とうてい可能なことではない。しかし、明恵の夢を理解するのに、最小限必要な程度において、その点についても触れておきたい。

1　明恵の生涯

明恵の生涯について、ごく簡単に紹介することにしよう。しかしそのためには、既に述べたように明恵の生きた時代のことを心に入れておく必要があるので、その点についてまず述べておきたい。

明恵の時代

明恵が生きた時代は、わが国の歴史において重要な転回点となった時代であった。それまで続いてきた天皇を中心とし、それを取りまく公卿たちによって行われてきた政治が、武士の行う幕府へと移ったときである。文治元(一一八五)年、朝廷に対して絶対優位の立場となった源頼朝は、自分の意のままに朝廷の改造を意図した要求書をおくるが、そのなかで「天下の草創」のときであることを何度も強調しているという。確かに彼にとっては、新しい天下が開けるという意識があったろうし、当時の人々にとっても、「天下の草創」とまでは言わぬにしても、有史以来の大変革という意識はあったであろう。それは相当に明確な中心点の移動として――ある人にとっては喪失として――感じられたことであろう。

このような政治的大変革に呼応するかのように、思想界においても大きい変革が生じた。明恵の生きた時代の前後、約一世紀たらずの間に、法然、栄西、親鸞、道元、日蓮、一遍という、わが国の仏教思想を語る上において決して無視することのできない名僧たちが、それぞれの新しい思想をもって活躍するのである。政権が天皇から武士へと移ってゆく流れに沿うように、それまでは天皇をとりまく上流社会のものであったと考えられる仏教が、はっきりと民衆の心のレベルにまで根をおろした――それだけに、それにふさわしい変貌を必要としたが――時代であった。

明恵の生きた時代の概観を得るために、簡単な年表をつくってみた(五八頁)。これで見ると、明恵がいかに激動の時代に生きていたかが一目瞭然とわかるであろう。明恵の生まれたのは、承安三(一一七三)年であり、その頃は平家の全盛時代で、一応、世の中は安定していたのではなかろうか。と言っても、平家の政権獲得までには、保元の乱(一一五六)や平治の乱(一一五九)があり、このときは親子、兄弟、友人たちが敵味方になっての戦いがあったわけだから、世の常ならぬこと、人間の我執の恐ろしいことなどについての認識は、それまでよりもよほど強くなっていたと推察される。それでも、平家全盛時代を迎えると、これで世の中も安定したという感じがあったろうし、その上、明恵の父、平重国は平家に属する武士であったので、明恵が生まれたときは、家庭内は安心感に満ちていたのではなかろうか。ところが、おそらく絶対とさえ感じられていたであろう安定も、明恵が八歳になったときに破られてしまい、その後、驚天動地の変化が続くのである。つまり、治承四(一一八〇)年、明恵八歳のとき、源頼朝が伊豆で挙兵し、その戦乱のなかで父親が戦死する。その少し以前に母が病死していたので、明恵は家庭内の安定をまず失うのである。

頼朝の挙兵から五年後の文治元(一一八五)年には壇ノ浦合戦があり平家が滅亡してしまう。僅か五年の間にこのような大きい変化が起こったのだから当時の人々は大変だったことと推察される。一般民衆にとっては政権を誰がとろうと別に関係ないとも言えそうだが、何度も戦火に巻きこまれ、それに治承四年には、西日本は大凶作になって、餓死する人が相ついだという。鴨長明が『方丈記』に述べているところによると、京都の道端には飢え死んだ人々が数知れず放置されており、河原は死骸の山で馬や車さえ通れない。仁和寺のある坊さんが、道端の死者を成仏させるため、額に「阿」の字を書いてまわったところ、四、五の二か月の間に、京都の左京の町だけで四万二千三百あまりになったという。仏教のいう「無常」ということが、すべての人に実感をもって迫ってきたことであろうと思われる。

この激動の五年間、明恵は最初の年に父母を失う大きい痛手を受けるが、次の年からは神護寺に入山していたので、一般の人々に比べると直接的な被害は受けなかったかも知れないが、世間の有様を見て、人生について深く感じるところがあったであろう。彼の伝記の類には、別に何らのことも書かれてはいないが、彼のその後の内面的発展の過程に大きい影響を与えたものと思われる。

頼朝が義経を討ち、天下を平定して幕府をひらいたとされる建久三(一一九二)年、明恵は二十歳になっている。この前年より彼は『夢記』を書きはじめている。世の中の激しい動きとは別に、彼の内面への下降がこのあたりから本格的になりはじめるのである。興味深いのは、建久六年、頼朝が東大寺再建供養のため上洛した年、明恵は二十三歳になっていたが、神護寺を出て、紀州栖原の白上の峰にこもることになる。父親を討った敵の大将である頼朝に対して、明恵がどのような感情をもっていたかは、伝記などに頼るかぎり知りようのないことである。当時、明恵は華厳の勉学にいそしみ、東大寺にはよく行っていた。平家の破壊した東大寺の再建に力をつくすことによって、頼朝は自分の文化的な理解度を示そうとしたのであろう。明恵としては、自分の勉学の場である東大寺の再建を頼朝が行うことに対してどのように感じたのか。ちょうどそのとき、彼は東大寺での学問も棄てて、白上の峰に引きこもるのであるが、これは後で見るように、彼の内面的な発展の過程としてでてきたことで、別に頼朝の行為とは無関係の出来事と思われる。それにしても、同じ年に生じたこととして興味深い。

ここで仏教関係の方に目を転じると、何よりも、承安三年、明恵誕生の年に親鸞も生まれている事実に心を惹かれる。両者の比較については後に第六章で触れることになるが、この二人は仏教に対する考えは正反対と言ってもいいほどの立場を取りながら、日本人にとっての大きい課題、仏教における女性、あるいは、日本文化における女性の問題に、それぞれがその個性をもって直面してゆくことになるのである。この両者が同年に誕生していることに意義深いものを感じさせられる。

明恵とその時代　略年表

承安三年（一一七三）	一歳	正月八日、紀州有田郡石垣庄吉原に誕生。同年、親鸞生まれる。
治承四年（一一八〇）	八歳	正月、母死す。八月、源頼朝挙兵。九月、父平重国、上総にて敗死。
養和元年（一一八一）	九歳	母方の叔父上覚を頼って神護寺に入山。この年、平清盛没。諸国大飢饉。
元暦元年（一一八四）	一二歳	神護寺出奔を決意するが、夢告により思い止まる。一月、源義経入京、木曾義仲敗死。二月、一の谷の戦。
文治元年（一一八五）	一三歳	二月、壇ノ浦合戦、平氏滅亡。この年、捨身を試みる。
同　四年（一一八八）	一六歳	上覚について出家。前年、義経、陸奥へのがれる。翌年、頼朝、奥州を平定。
建久元年（一一九〇）	一八歳	『遺教経』に接し、釈迦の遺子たることを自覚。十月、頼朝上洛。
同　二年（一一九一）	一九歳	仏眼仏母尊を本尊として、つねに仏眼法を修す。『夢記』を書きはじめる。栄西、宋より帰国、臨済禅を伝う。翌年、頼朝、幕府をひらく。
同　六年（一一九五）	二三歳	三月、頼朝入洛、東大寺再建供養。秋、一両年来の東大寺出仕を止め、神護寺を出て紀州白上の峰にこもる。
同　七年（一一九六）	二四歳	白上で右耳を切り、文殊菩薩の示現にあずかる。
同　九年（一一九八）	二六歳	八月、高雄に戻り、秋、再び白上へ帰り、生地に近い筏立に移る。この年、法然『選択本願念仏集』、栄西『興禅護国論』成る。
建仁二年（一二〇二）	三〇歳	筏立近傍の糸野において、天竺行を計画。前年、親鸞が法然の門に入る。
同　三年（一二〇三）	三一歳	正月、春日明神の神託により天竺行を中止。九月、源実朝、将軍となる。
元久二年（一二〇五）	三三歳	再び天竺行を計画するも中止。貞慶「興福寺奏状」（念仏停止の訴状）を起草。『新古今和歌集』成る。

建永元年（一二〇六）	三四歳	十一月、後鳥羽院より高山寺の地を賜う。同月、九条兼実邸にて修法。
承元元年（一二〇七）	三五歳	二月、法然・親鸞配流。秋、院宣により東大寺尊勝院の学頭となる。
建暦二年（一二一二）	四〇歳	正月、法然没。十一月、『摧邪輪』を著わす。鴨長明『方丈記』成る。
建保四年（一二一六）	四四歳	十月、石水院を建立。この年、実朝、大船を造り育王山参詣を企てて挫折。
承久元年（一二一九）	四七歳	正月、実朝暗殺され、源氏滅亡。秋、高山寺金堂落成。
同　二年（一二二〇）	四八歳	七月より一向に仏光観を修す。この前後、禅中の好相、好夢多し。九月、『華厳修禅観照入解脱門義』成る。
同　三年（一二二一）	四九歳	五月、承久の乱起こる。六月、幕府軍入京、後鳥羽院以下、三上皇配流される。この間、六波羅探題北条泰時に対面。
貞応二年（一二二三）	五一歳	善妙寺を建て、朝廷方貴族の子女を収容。この年、道元入宋。
元仁元年（一二二四）	五二歳	六月、泰時、執権となる。冬、楞伽山にこもり坐禅入観につとめる。親鸞『教行信証』成る。
安貞元年（一二二七）	五五歳	『光明真言加持土沙義』を著わす。道元帰国、曹洞宗をひらく。
寛喜二年（一二三〇）	五八歳	二月中旬より「不食の病」をわずらう。泰時、見舞いの歌を送る。
同　三年（一二三一）	五九歳	四月、紀州施無畏寺本堂供養に下向。十月、前年来の病状悪化。大飢饉。
貞永元年（一二三二）	六〇歳	正月十日、重態。十九日、示寂。この間、多くの人々が予知夢を見る。八月、泰時、「貞永式目」を制定。
建長五年（一二五三）		道元、『正法眼蔵』を完成し、没す。日蓮、鎌倉で布教を開始。
弘長二年（一二六二）		親鸞没。前後して『歎異抄』成る。
弘安二年（一二七九）		一遍、踊り念仏をはじめる。翌々年、蒙古襲来（弘安の役）。

明恵誕生の頃、法然は既に専修念仏を唱えはじめている。明恵が十九歳のとき、栄西が再度の入宋より帰国し臨済禅を日本に伝えようとする。建久九(一一九八)年には、法然の『選択本願念仏集』、栄西の『興禅護国論』が出され、わが国における新しい仏教の台頭が感じられる。親鸞も比叡山における修行の後、建仁元(一二〇一)年に、有名な六角堂参籠の体験をし、法然門に入ることを決意している。この頃の明恵は白上の峰での体験を経て、外界との接触が増加してきているが、その外向性が一挙に噴きでて、建仁二年、渡天竺を企てる。なお、明恵が再度にわたる渡天竺の計画をあきらめたとき(元久二(一二〇五)年)から約十年後に、実朝が渡宋計画をたて、こちらの方は大きい船まで作らせたのだが、やはり挫折してしまっている。日本の現状のあまりにも末世的な様相を見て、国外に救いを求める心情が一般的にも強まったのであろうか。

元久二年に、明恵も親しくつき合っていた貞慶が「興福寺奏状」を提出、念仏停止の訴えをする。二年後の承元元年には法然、親鸞ともに流罪が決定、新仏教は大きい困難に出会うが、これに抗して、だんだんとその力を強くしてくる。流罪のとかれた建暦二(一二一二)年、法然は死亡するが、この年に、強烈な法然批判をこめた『摧邪輪《ざいじゃりん》』を明恵は著わしている。この点についても後述するが、ここに至って明恵と法然・親鸞の軌跡が明確に交錯したと考えられる。

明恵とは比較的よい関係にあった臨済禅の栄西は、その後もその教説を大いに広めてきたが建保三(一二一五)年、七十五歳で示寂している。承久元(一二一九)年実朝が暗殺され、北条氏の優位が確立される。五十年にもならぬ間に、平家、源氏、北条氏と政権が目まぐるしく移動したのである。

一二二〇年代になると、保元、平治、平家などの物語類ができあがり、過去のことは過去のこととして「物語り」、鑑賞する余裕も一般のなかに生じてきたと思われる。烈しい戦いを描写しつつ、「無常」をそこに感じさせることに、これらの物語は焦点を当てていたとも言えるが、仏教的世界観を支える無常を目のあたりに見る想いを、当時の人々は持ったのではなかろうか。

承久三(一二二一)年の承久の乱は、明恵にとっても大きい関係をもつこととなった。後鳥羽院以下三上皇が配流され、北条政権の朝廷に対する優位が明白にされる。このことも当時の人々、特に京都の住人にとっては極めてショッキングなことであったろう。何のかのと言っても天下の中心と思われていた朝廷が、明白に北条氏の支配によって動かされることを実感させられたのである。このとき、明恵は朝廷方の多くの落人や、子女をかくまい、そのために北条泰時と会うことになる。戦乱のなかで、宗教人としてなすべきことを毅然として行なった明恵の態度は、真に立派なものである。

安貞元(一二二七)年、道元が宋より帰国、鎌倉仏教にまた新しい一石を投じることになる。貞永元(一二三二)年には、北条泰時が「貞永式目」を制定、さすがに長びいた戦乱も収まり、日本の国が武家政治のもとに安定にはいり、形が明確になってくる。その年、明恵は示寂する。享年六十歳であった。

明恵の死後も親鸞は活動を続け、当時としては驚異的な長寿を保ち、弘長二(一二六二)年に九十歳で示寂する。その二年前、文応元年には日蓮が『立正安国論』を出して戦闘的な布教活動をする。鎌倉仏教の掉尾を飾る一遍が踊り念仏をはじめたのは弘安二(一二七九)年、明恵の死後四十七年である。このようにして、法然以来、外来の宗教である仏教をわが国においてどのように受容し、わがものとしてゆくかという課題に正面から取り組もうとした、数々の祖師たちの活動が続いたのだが、一遍をもってその終わりとするのが妥当であろう。このような時代に、明恵は一般にはむしろ、古い派を守る人の代表として存在し続けたとされているのであるが、その判断の当否はともかくとして、宗教的に極めて意義深い時代に彼が生きていたことは、誰しも認めるところであろう。

明恵の生きていた時代について、まったく勝手な概観を試みてきたが、年表を眺めて読者はそれなりの感想を持たれるであろう。いずれにしろ、政治・社会的にも宗教的にも極めて大きい変動の時に明恵が生きたことは、たしかである。

明恵のライフサイクル

人間の一生は一様で平板なものではなく、起伏を伴い重要な節目をもっている。明恵のライフサイクルも年表に示されているとおり、見事な軌跡を描いているが、その深い意味は夢との関連で見てゆくので、ここではごく簡単に明恵の人生の概観をつかむ程度にしておきたい。

明恵の父は平重国という高倉院の武者所に仕えていた武士であった。母は紀州有田郡一帯に勢力をもっていた武士の湯浅宗重の娘である。明恵がこのように武士の血を引いていることは、彼の生き方を理解する上において心に留めておくべきことと思われる。

明恵の誕生にまつわる両親の夢が報告されているのは興味深い事実である。父の重国は法輪寺に参り息子の授かることを祈ったところ、夢に、法輪寺の内陣から人が出て来て、汝の所望をかなえようと言って針で右の耳たぶを刺す、というのを見た。母親はその妹の崎山の女房と共に寝ていたときに、ある人から柑子を貰った夢を見た。このことを妹に告げると、妹も夢を見ていて、自分は大柑子を二つ誰かに貰ったが、姉(明恵の母)が見て、それは自分に賜わったものだと言って奪いとった夢だったと話した。その後に母は懐妊して明恵を産む。後日、明恵はこの夢を解釈し、中国の故事などを引用しつつ、この二つの柑子は、明恵が学んだ華厳と真言の二宗を表わしていると述べているのは興味深い。

明恵は両親の愛を受けて成長してゆくが、幼少時より宗教心の深さを示すエピソードが多く語られている。その中で注目すべきものは、明恵が四歳のとき、父が明恵が美貌なので大臣に仕えさせればとたわむれに言ったのに対して、自分は僧になるのだからと自分の顔を傷つけようとした話である。明恵はこのため縁から落ちようとしたり、焼け火箸で顔を焼こうとしたりした――どちらもやってしまうまでには至らなかったが――のだから、僧になろうとする意志の強さが実感させられる。

明恵が八歳のとき母が病没し、続いて父も戦死する。偉大な人で親との縁が薄い人が多いが、明恵の場合もそうである。もっともこの時までは両親の愛を大いに受けていたと思われるが。ともかく、両親との縁の薄い人は、父なるもの、母なるもの、とでも呼びたい元型的な両親像との接触が増えることになり、それによって破壊されると不幸になるが、それに耐えてゆくときは普通の人と異なる偉大さを身につけることになるのであろう。明恵の場合はその点が特に明瞭に認められる。両親の死後、母方の叔母に引きとられるが、九歳のときに、叔父の上覚の導きによって京都の神護寺に入山する。まだ幼い明恵にとっても、これが人生における重要な節であることは、十分に自覚されていたことであろう。

入山後、明恵は真言や華厳の教えを熱心に学ぶ。十三歳のとき「今ハ十三ニナリヌレバ、年スデニ老イタリ、死ナムズル事モチカヅキヌ」と思い、同じ死ぬのなら仏が衆生のために命を捨てられたように、人に代わって虎狼に喰われて死のうと思い、一人で墓所に行き一夜を明かしたが、狼に喰われることもなく残念に思いつつ帰ってきた。この点については後に詳しく論じるが、明恵の生き方の根源にかかわる出来事であると思われる。十三歳より十九歳まで毎日一度、高雄の金堂に入り祈請することを続けたということであるが、おそらく十三歳の「死の体験」によって、一歩深く宗教的な世界に踏みこむ決意をあらたにしたのであろう。

十六歳のとき上覚について出家し、東大寺戒壇院で具足戒を受けた。これで幼少時よりの念願がかない、僧としての生活を送ることになる。当時の僧侶が学者として、あるいは祈禱師として生きていたのに対して、明恵は純粋に聖教の教えのとおりに修行して、仏の道を究めようとする姿勢を強くもっていたようである。東大寺に『倶舎論』を学ぶために出かけていったときは、経論を数枚、あるいは十枚も暗誦して帰り、その後で抄写したという話も伝わっている。

十九歳のときから『夢記』を記録しはじめる。この頃より仏眼尊を本尊として仏眼法を行うようになる。仏眼尊は仏眼仏母尊とも言われ、時代や宗教圏によって規定の仕方が異なり、明恵の信仰する仏眼の内実は必ずしも明らかではないようであるが、明恵の仏眼尊に抱いた夢想から推して、母性像をそれに抱いていたことは明白のようである。「先立っていった」父母に対する思慕の情は、明恵の場合、宗教的に高められてゆき、すべてのものの母とも言うべきイメージとして仏眼仏母尊を崇拝することになったと思われる。

二十三歳のときに神護寺を出て、紀州栖原の白上の峰に草庵を構え、隠遁生活にはいる。当時の僧たちが戒を破り、名利を求めて行動するのを見るにつけ、若い僧である明恵としてはたまらぬ思いがして、隠遁生活にはいったものと思われる。俗世界のことをいとい、ひたすら仏の道を究めようとする明恵の態度が、直截的に示された事例として、彼が二十四歳のときに自らの耳を切ったことをあげねばならない。もともと仏僧が剃髪し、染衣を着けているのは、驕慢心を避けるためのものであるのに、当時の僧は逆に美しく頭をまるめることや衣を派手にすることに心をくだき、仏陀の本来の意志を踏みにじっている。従って、剃髪着衣は既に意味を失っているので、それ以上に形をやつす必要があるとして、自ら右の耳を切ったのである。ここに明恵の一途に思いこむ態度と、武士の血を引いた強い気魄が感じられるのである。

十九歳のときから既に『夢記』をつけていたが、耳を切った翌日、文殊菩薩の顕現する夢想を得たことは、明恵にとって大きい意義のあることであった。『夢記』は最初の部分が散逸してしまい、現存する『夢記』は二十四歳のときのものからであるが、その最初にこの文殊顕現が書き留められているのは、偶然とは言い難い感じさえ受けるのである。

一、同廿五日、釈迦大師の御前に於いて無想観を修《しゆ》す。空中に文殊大聖現形《げんぎやう》す。金色《こんじき》にして、獅子王に坐す。其の長《たけ》、一肘量《いつちうりやうばか》許り也。（「文殊現形の夢」）

ここには単純に文殊の出現の事実のみ記されていて、明恵の感想や解釈はない。しかし、この短い文のなかに、耳を切るという思い切った行為に出た後に、文殊の像の顕現をみた明恵の感動がこめられていて、それが伝わってくるのが感じられる。これによって明恵は自分の信仰に自信を得、他の僧たちと離れ、ただ一人で経文を頼りとして、ひたすら内的な世界へと没入してゆくことになったと思われる。ここで明恵の青年期は終わり、一人立ちの僧としての修行がはじまるのであるが、耳の切断と、文殊の顕現は、成人となるためのイニシエーションの儀式にふさわしいものであった。

これより後、三十四歳のときに後鳥羽院より高山寺を賜い、京都に出てくるまでは、明恵の集中的な内向の時代であると思われる。この間に明恵は後に論じるような意味深い夢や夢想を多く見ている。華厳の研究に励み、少数の弟子たちに、それについて講じることも行なっている。二十九歳のときに『華厳唯心義』を著わしている。これは『華厳経』のうちでもよく知られている「如心偈」を解釈したものである。その偈の最初の四句を左に記してみる。

心の如く仏も亦しかり
仏の如く衆生しかり
心・仏及び衆生
この三、差別なし

これを見ると、世俗のみならず、他の僧たちも避けて、ただ一人求道に励んでいた明恵が、だんだんとその目を外界に向けてくることがよく理解される。そこでは内界、外界などという区別はなく、すべてのことは「仏」のこととして受けとめられるようになっていたのであろう。

内界と外界が一体化してくるなかで、明恵の仏陀を慕う気持は、実際に仏陀の生きた地を訪ねようとする決意となって結実してくる。このことに関しても後に詳しく論じるが、彼は三十歳のときと、三十三歳のときと二度にわたって渡天竺を企てるが、中止しなくてはならなくなる。明恵はひたすらに仏陀を慕う気持が強かったので、自らを仏陀の「滅後のみなし子」とみなして悲しみを述べているが、これは幼くして父母を失った悲しみが、昇華されてこのような気持になったのであろう。

天竺行きを思いとどまったときから、明恵は、仏のところにゆくのも日本の衆生のために尽くすのも同じであるという認識をもつようになったのではなかろうか。ちょうどその頃に後鳥羽院より高山寺を賜うことになったが、それを受けて京都に住み、俗界との接触も増えてくるのである。このとき、明恵は三十四歳であるが、以後晩年に至るまで、彼はそれまでに得た内的経験を基礎とし、さらにそれを深めつつ、他の人々にその成果をわかち与えてゆくのである。

三十五歳には院宣によって東大寺尊勝院学頭となり、華厳宗の興隆につくすことになる。この年に、法然と親鸞が流罪となっている。彼らの説く新しい仏教の勢いがだんだんと強くなり、いわゆる旧仏教との間の確執が急激に強くなってきたのである。明恵は四十歳のときには『摧邪輪』を著わし、法然を激しく批判する。明恵と法然については後に論じるであろう。

明恵は俗世界の人々ともかかわりつつ、なお厳しい禅定の修行を続けた。彼は「すべてこの山の中に面の一尺ともある石に、我れ坐せぬはよもあらじ」と語っているが、相当な修行であったと推察される。承久二(一二二〇)年、四十八歳のときに百余日にわたる仏光観の修行をして、多くの好相を得た。この頃は『夢記』にも重要な夢が相ついで記されている。その後に主著とも言うべき『華厳修禅観照入解脱門義』を著わして、仏光観についての教理を解説している。このときの明恵の夢については後に詳しく論じるが、明恵がこの書を完成したときに、そのことを全く知らない他人がそれに関する夢を見たとして、『行状』に記録されている。興味深いので紹介しておこう。それは明恵の禅房から二町ほど離れた所にいた、もと関東の武士だった発心房という老僧が見た夢である。発心房は明恵が著作を完成した九月三十日夜に、「明恵が奉行して一大堂を建立し、大堂の前に大門を建て、門から堂に至る数段の階段を造った。堂は東に向かい、その中で明恵が諸人に話をしており、口中から大光明を放っている。その後、よそから聖教を運び、七人の了角童子がこれを受け取って堂内に安置する」という夢を見る。明恵はこの夢を解釈して「大門は入解脱門であり、階段は五十二位(菩薩修行の段階)である。堂が東向きというのは如来の説法が東を向いてなされたからである」などと言っている。相当に直接的な解釈をしているが、夢に時に生じる共時的な現象の一例であろう。『行状』にわざわざ記されているところを見ると、明恵としては、多くの好相を得て書いた主著の完成と、それをあずかり知らぬ他人が共時的な夢を見たということが、相当に嬉しかったのではなかろうか。

その翌年、承久三年には承久の乱が起こり、京都は騒然となる。明恵は朝廷方の多くの落人や家族をかくまったので、北条方の武士に六波羅に引き立てられてゆく。明恵はむろん平然としていたが、ここで北条泰時に会ったことは、むしろ、泰時にとって大きい意味をもつことになった。泰時はたちまち明恵に心服し、両者はその後も親交を重ねることになる。前年の深い宗教体験を基にして、明恵としては、政変が起ころうと、己の生死が問われようと、まったく泰然たるものであったと思われる。

二年後、五十一歳のとき高山寺境内に善妙尼寺を建て、朝廷方貴族の多くの子女を収容する。晩年の明恵は、多くの帰依者を得て講義をする一方、ひたすら隠遁し坐禅をする気持も失わず、五十八歳のときには亡父の追善のため一夏の籠居を企て、周囲の人々をあわてさせている。多くの人の願いによって、結局はこの企てを放棄したが、明恵としては、ただ一人で籠る生活を送りたくてたまらなかったのではなかろうか。

翌年、五十九歳の十月には年来の痔が再発し、また食事が喉を通らなくなり臨終かと思われるが、なんとか回復した。明恵は既に死の近いことを予感し、翌貞永元(一二三二)年の一月十一日には置文《おきぶみ》(遺書)をしたため、弟子たちにねんごろに後事を託した。一月十九日に明恵は入滅するが、彼の臨終はまことに見事としか言いようのないもので、さながら涅槃図を見る思いがする。彼を心から敬愛する弟子たちに見守られ、最後の最後まで弟子たちに教えを説き、右脇に臥す姿で静かに逝った。最期の言葉は、「我、戒を護る中より来る」であった。彼の死後、異香が常に匂う奇跡が生じ、人々は明恵が兜率天へと至ったと信じたという。また、その死にあたって、僧俗多くの人が予知夢を見たことが伝えられている。まさに夢にはじまり、夢に終わる見事な人生であった。

2　仏教史における明恵

以上、極めて簡単に明恵のライフサイクルについて記述した。後に彼の夢との関連で、その内面を探りつつ詳しく見てゆきたいが、夢を検討する前に、明恵の歴史上、特に仏教史上における意義について簡単に触れておきたい。既に述べた簡単な生涯の記述から見ても、明恵が類い稀なる名僧であることが了解されたと思うが、日本の歴史のなかに位置づけるとすると、それはどのように見られるだろうか。

明恵の史的意義

手もとにある高等学校の「日本史」の教科書を見ると、明恵については、鎌倉時代の新仏教の台頭に対して、貞慶などと共に、奈良仏教の復興に力をそそいだ、と一行だけ記されている。これが明恵に対する一般の歴史的に見た評価ではなかろうか。つぎつぎと日本人的な新しい仏教が興り、それらは後の世にまで引き継がれ、現在でも強い勢力をもつ宗派として存在しているのだが、それらの新しい勢力に対して、旧派を代表するものとして明恵が捉えられているのである。

筆者はもちろん仏教に詳しくないので、これも手もとにある大野達之助『日本仏教思想史』(1)という書物を覗いてみたが、これには明恵については一言も述べられていない。考えてみるとこれも当然で、「思想史」としてみるとき、いわゆる南都の六宗にはじまり、天台・真言を経て、鎌倉時代になり俄然新しい仏教思想が興隆する。

法然をはじめとするそれぞれの祖師の思想について述べることによって、日本の仏教思想史は完結され、確かにこの流れのなかで明恵の占める位置は微々たるものである。

このような一般的な説を承知の上で、筆者としては異なった視点から、明恵の史的意義について述べてみたい。まずここに思い出されるのは、ブラームスが「自分は音楽史的に見る限り、ケルビーニと同程度くらいの評価を受けるだろう」と言ったという事実である。ブラームスが大作曲家であることは今日誰も疑わないし、ブラームス自身もそのような自覚をもっていたであろう。その彼がケルビーニなどというあまり知られていない作曲家と同程度の評価を受けるだろうと言い、わざわざ「音楽史的には」と注釈しているのは、音楽史というものに対する疑問、あるいは皮肉をこめて言っていると考えるべきであろう。

歴史的意義という場合、われわれはどうしても、そこにどのような新しい変化がもたらされたかを問題とする。そのような観点でみるとき、ブラームスは確かに目新しい変化をもたらしてはいない。しかし、彼が言いたいのは、そんなことよりも自分の音楽性そのものを評価すべきだ、ということなのであろう。何が新しいか、形式がどうかなどというのではなく、自分の音楽そのものを聴き、評価して欲しい、とブラームスは言いたかったのではなかろうか。

明恵についても、筆者は同様のことが言えるように思う。明恵が日本の宗教史のなかで何か新しいことをもたらしたか、という観点からではなく、彼の宗教性そのものに注目すべきではなかろうか。そうすることによってこそ、明恵を本当の意味で、わが国の仏教思想史のなかに位置づけることが可能であろうと思う。明恵にとっては、何も新しいことなど必要でなかった。彼にとっては仏陀の存在がすべてであった。仏陀には及びもつかぬという自覚はあっても、何か新しいことを見出そうなどとは考えても見なかったであろう。明恵はこのような自分の考えを、非常に明確な言葉で次のように述べている。

「ワレハ天竺ナドニ生マレマシカバ、何事モセザラマシ。只、五竺処々ノ御遺跡巡礼シテ、心ハユカシテハ、如来ヲミタテマツル心地シテ、学問行モヨモセジトオボユ」(『却廃忘記』(2))

釈迦の生きた地である天竺に生まれていたら、もうそれだけで満足で、学問や修行などしなかったであろうというのである。この明恵の態度に対して、白洲正子が「明恵が信じたのは、仏教ではなく、釈迦という美しい一人の人間だったといえましょう(3)」と述べているのは、まことに的確な言葉であると思われる。

このような明恵の宗教性の在り方を、思想史との関連において言うと、次のような言い方ができるであろう。鎌倉時代につぎつぎと現われた祖師たちは、仏教におけるある一面を切りとって、尖鋭なイデオロギー的教義を打ち出して独自の宗派を形成していったと言うことができる。「これが正しい」ということは、「これ以外は誤り」ということになりがちであり、そこに極めて明白な主張が可能となり、多くの人をひきつけることになる。イデオロギーは善悪、正邪を判断する明確な規準を与える。イデオロギーが変わればその規準も変化するわけであるが、それがどのように変化したか、なぜ変化したかなども論じやすいので、思想史というとどうしてもイデオロギーの変遷を追うことになる。

しかし考えてみると、人間存在、あるいは世界という存在は、もともと矛盾に満ちたものではなかろうか。もっとも、矛盾などと言っているのは人間の浅はかな判断によるものであり、存在そのものは善悪とか正邪とかを超えているのではなかろうか。そして、仏教こそは、もともとそのような存在そのものを踏まえて出現してきた宗教ではなかろうか。従って、仏教は本来イデオロギー的ではなくコスモロジー的な性質を強くもっている。

コスモロジーは、そのなかにできるかぎりすべてのものを包含しようとする。イデオロギーは、むしろ切り棄てることに力をもっている。イデオロギーによって判断された悪や邪を排除することによって、そこに完全な世界をつくろうとする。この際、イデオロギーの担い手としての自分自身は、あくまでも正しい存在となってくる。しかし、自分という存在を深く知ろうとする限り、そこには生に対する死、善に対する悪、のような受け容れ難い半面が存在していることを認めざるを得ない。そのような自分自身も入れ込んで世界をどうみるのか、世界のなかに自分自身を、多くの矛盾と共にどう位置づけるのか、これがコスモロジーの形成である。

コスモロジーは論理的整合性をもってつくりあげることができない。コスモロジーはイメージによってのみ形成される。その人の生きている全生活が、コスモロジーとの関連において、あるイメージを提供するものでなくてはならない。明恵にとっては、何を考えたか、どのような知識をもっているか、などということよりも、生きることそのものが、深い意味における彼の「思想」なのであった。その点については、本書全体を通じて論じることになるが、このような視点において明恵をみるとき、彼がわが国の仏教思想史においてというよりも、思想史において占める位置は俄然重きをなしてくるように思われる。イデオロギーよりコスモロジーへの変換が現代において生じつつあると思われるので、明恵に対する評価は急激に変化するのではないかと推察される。そのような動きは、これまで鎌倉時代の祖師たちよりも一般に注目されなかった空海に対して、急激に関心が高まってきたことにも示されている、と筆者は感じている。

コスモロジーはイデオロギーのように歯切れよくはいかない。しかし、その歯切れの悪さのなかに、その人の人となりがよく表わされているものである。たとえば、白洲正子も指摘しているところだが、修行のために山に籠るのがいいか悪いかという点で、明恵はまったく矛盾する態度を示している。すなわち、井上の尼という女性に宛てた手紙には、「やまでらのいわゐ(岩居もしくは岩井)根性」が尊いと述べ、「やまでらにかがまりゐての上のことに候」と山籠りの必要性を説いている。しかし、一方では『伝記』に述べられているように、彼の弟子の喜海が、一人で深山幽谷に籠りたいという望みをもったときには、その修行上の危険性について例をあげながら説き聞かせている。二人の人にそれぞれ相反する意見を述べているわけで、論理的に明恵は「矛盾している」のであるが、井上の尼への手紙、それに喜海に対してじゅんじゅんと語っている内容を見ると、それぞれの人に対する明恵の優しさがよく表われていて、まさにそこに明恵の生き方が示されていて、それを非難しようなどとはまったく感じないのである。非難どころか、そこにこそ明恵の人間が感じられ、尊敬の念が生じてくるのである。

また、『伝記』には、「末代には真正の知識もなし。若し自宗において明らめ難き理あらば、禅宗において正しなんど聞き得ん禅僧に相談せば益あるべし。或るは法により、或るは人に依りて、偏執我慢あるべからず」という明恵の言葉が記されており、極めて自由な立場が示されている。「義ノ同ズル所ハ、顕密差別アルベカラズ」(『却廃忘記』)とも言い、とらわれのない態度を示しているのである。ただ、このような明恵が、法然の『選択集』に対しては痛烈に批判を加えているのだが、この点については後に詳しく論じるであろう。

このように見てくると、明恵がわが国の仏教思想史においても、相当に重要な人物であることが明らかになってくるのだが、明恵の歴史的意義について、山本七平が見事な論を展開している。(4) これは明恵その人をこえて、日本の歴史、文化を考える上において極めて興味深い論義なので、詳しくはぜひ原著を読んでいただきたいが、ここではわれわれの興味との関連において、ごく簡単に要旨を紹介する。

山本七平によれば、北条泰時が制定した「貞永式目」は、画期的などというより一種の「革命」とも言うべきものであるが、その思想的支柱として明恵が存在したというのである。既に述べたとおり「仏教史」の通説では、明恵は新仏教に対する「保守主義者」という判定を下されるのだが、ここでは日本においては珍しい「革命」の理論的支柱とされている。このような両面をもつところに明恵の特徴が見出される。明恵は保守的でもあり、革新的でもあるのだ。このことは、わが国の新仏教の祖師たちが、イデオロギー的にラディカルなのに対して、明恵はコスモロジー的にラディカルであったと言えるだろう。山本は泰時に対する明恵の強い影響を指摘しつつ、「泰時が受けた影響は、〝教義的〟というよりむしろ〝人格的〟であったと思われる」と述べている。確かに、泰時が明恵に依存すると言っても、彼の打ち立てた体制が仏教体制になったとか、聖武天皇が華厳宗を用いたような意味で、華厳宗を彼の統治のための支柱にしたというのではない。確かに明恵の華厳思想は、「貞永式目」制定のなかに生かされているが、それがあくまで明恵という人を通じてなされたところが特徴的なのである。

「貞永式目」はそれまでの律令体制を根本的に変革するものであったが、山本はこの制定を「世界史上の奇妙な事件」とまで呼んでいる。というのは、これほどの変革を行いつつ、泰時が「貞永式目」は何ら法理上の典拠に基づいたものでないことを明言しているからである。「このように明言した立法者はおそらく、人類史上、彼だけであろう」と山本は指摘している。典拠がないとするといったい何によっているのか。これに対して泰時は「ただ道理のおすところを被記《しるされ》候者也」と述べて泰然としているのである。

この「道理のおすところ」の背後に、明恵の主張する「あるべきやうわ」(あるべきようは)が存在していると、山本は推論するのである。この「あるべきやうわ」は、明恵思想の根本であり、この点については詳しく後に論じるであろう。ただ、ここではそのような生き方を体現していた明恵という人格に触れ、泰時がそれを支えとして変革を行なったという事実を重要視したい。明恵の「あるべきやうわ」は、もちろん華厳思想と無縁ではない。しかし、それが宗派的教義ないしはイデオロギーとなり、泰時の政治体制に「統治神学」的に役立ったのではない。明恵の思想は全人的な生き方として示されており、それだからこそ、泰時は明恵に支えを得つつ、宗教的には自由な立場でその変革を行なったのである。

山本七平は泰時の「貞永式目」が、発布されてから明治時代に至るまで、六百年以上の長きにわたって日本人に受けいれられてきた事実を重要視している。「貞永式目」のように「長く庶民にまで読まれた法律書・日常生活規範の書は他になく、これを手習いの教本として子どものときから読みかつ筆写したことは、日本人の秩序意識に大きな影響を与えていると見なければならない」と彼は指摘し、それと共に、その基礎となった明恵の思想と生涯を記した『明恵上人伝記』が、ひろく長い間日本人に読まれ続けてきた事実に注目している。

このような観点からすれば、明恵の日本思想史における重要性は極めて明らかなことである。しかし、明恵の思想を明確なイデオロギーとして提出することが困難であったために、思想史においても長らく無視され続けてきたと思われる。そして、明恵の思想を知るためには、彼の『夢記』を理解することが極めて重要であり、そのような意図をもって『夢記』を見てみたいと思っている。

日本人と戒

明恵は既に述べたように、一般の仏教史においてはあまり評価されず、その宗派が後世になって栄えたこともないので、現代ではあまり知られていない。しかし、現代においても、宗派的ではなく明恵個人を尊崇する人々が相当に居ることは興味深い。彼の人間的魅力がそうさせるのであろう。明恵の尊敬者の一人、辻善之助がその理由として、明恵こそはわが国の名僧のなかで、生涯不犯であった唯一の僧であると述べたことは、よくあちこちに引用されている。唯一の清僧、などという表現がなされているものもある。

仏教は本来、戒律を守ることの厳しい宗教である。しかしながら、現代のわが国の仏教界を見てみると、仏僧で仏教における戒を守っている人は極めて少ない。おそらく皆無と言ってもよいほどであろう。哲学者の上山春平は、この点を重視して、わが国の仏教の大きい特徴であることを指摘している。(5) 戒の第一である婬戒を陰で破るなどというのではなく、公然と破ってしまっているのだから、驚くべきことなのである。上山は「僧職世襲というのは、これは公然と婬戒を犯すことを前提としているわけでして、こんなものが制度化している国は世界中の仏教国のどこにもないのではないでしょうか。ここまで至って、なおそれでも仏教なのかと言いたいくらいです」と語っている。

上山は、仏教において日本人が戒を破棄したのみならず、儒教においても「礼」を守らなくなってしまった事実を指摘し、これを日本人の特性を考える上での重要な視点として提出している。この点については、ここでは論じないが、今後の論をすすめる上において、心に留めておきたいことである。

仏教における戒は、「戒・定・慧」の三学のひとつとして大変に重要なものである。戒を守り、禅定によって精神集中を行い、最高の知恵を獲得するのが仏教である。仏教固有の思惟を「全人格的思惟」として捉える玉城康四郎は、(6)「原始仏教以来、戒・定・慧の三学が強調されていることは周知のごとくである。この三学こそ、仏教に固有の思惟を表明するものである」と明言し、これに対していわゆる「研究者の研究的思惟はけっして全人格的な働きになっていない」ことを指摘している。つまり、仏教を真に理解するためには、戒・定・慧の三学が伴うことを必要条件として主張しているのである。

出家した僧が守るべき戒は実に多く、男性は二百二十七戒、女性は三百十一戒を守らねばならない。現代においても、ビルマ、タイなどの南方上座部の仏教においては、この戒はちゃんと守られている(ただし、現代は男性のみで女性の正式の僧は居ない)。自らも三か月間、僧侶生活をおくった石井米雄は、自分の体験を基にして、戒の問題を論じており、非常に興味深いが、彼の説に従って、仏教における戒の問題を少し考えてみよう。石井は仏教の特徴を「神を立てない宗教」として捉え、「神を立てる宗教」であるキリスト教の十戒と、仏教における戒とは根本的に異なることを指摘している。少し長くなるが重要なことなので、石井の言葉を引用してみよう。(7)

我々はさきに、モーセの「十戒」が神の命令であることを見た。しかし、これまでの考察からすでに明らかなように、仏教における「シーラ」つまり「戒」は、それを破ることが神に対する不従順であり、罪となるような絶対者の命令ではない。それは「苦」からの解放を願う者が、ブッダの教説の正しさを確信し、その実践を決意したとき、自らに課すところの、自律的な行為の準則にほかならない。自らが、自発的に自らに課す命令であるがゆえに、そこには、かつてイエスによって白く塗った墓と叱責されたパリサイ人の偽善はありえない。「破戒」は、自らの決意の放棄にすぎないからである。その結果は、自らのみを傷つけ、他を傷つけることがない。そこには「罪」は存在しないのである。

このような戒に対する考えの差を、われわれはよく認識しておかねばならない。仏教の場合、キリスト教のように絶対者によって戒が与えられるのではないが、戒を守ることなくして、涅槃に至ることがないのであるから、それを守ることは絶対に必要である。その内容についてみると、二百二十七戒のうち、もっとも重いものは、「性交」、「盗み」、「殺人」、「虚言」の四つを禁じる戒である。第四の虚言は単なる嘘ではなく、解脱に達していないのに達していると言ったり、超能力を体得したような嘘を言う場合である。これに加えて、女性に触れてはならないとか、自慰をしてはならぬなどのこまごまとした戒が続くのである。

このような戒をあくまで守り切るところに南方上座部の仏教の特徴があるが、これに対して、仏教が自分自身の涅槃に至る道のみを考えていることにあきたらなく思い、他人を救済することに重きをおく、いわゆる菩薩道を重視して、大乗仏教が生じてくる(大乗仏教は南方上座部の仏教を小乗と呼ぶようになるが、大乗・小乗というのはそもそも大乗仏教の観点からの呼び名である)。この大乗仏教が中国にわたり、それがわが国にもたらされるが、その間に戒へのかかわりが変化してくるのである。

仏教がわが国に渡来してきた頃は、わが国の僧も戒を守ろうと努めたものと思われる。もちろん、そこにはタテマエとホンネの使い分けも行われたであろう。戒について正面から考え、画期的な改革を行なったのは最澄である。

ここでは詳論しないが、最澄はいわゆる小乗戒を棄て、大乗戒をとることを彼の主著『顕戒論』において主張した。大乗戒は小乗戒に比してその数が著しく少なく、十重戒とそれに加えて四十八の軽い戒があるのみである。その上、十重戒は先に示した四戒を含むものであるが、そこではそれらよりもむしろ、自分のことをよく見せようとするな、とか、物を惜しむな、他人に教えることを惜しむな、三宝を謗《そし》るな、などという精神的な在り方に関する戒の方が重視されるのである。こういう改革を経て、小乗仏教と比べると戒の重みがぐっと軽くなるのである。

それ以後、わが国の僧の戒に対する態度はだんだんと甘くなり、タテマエとしては大乗戒をたててはいても、裏でそれを破る者の方がむしろ普通のようになってきた。婬戒に対して、後白河法皇の「隠すは上人、せぬは仏」という言葉がよく知られているように、上人たちは「隠れて」女性と交わっていたのである。わが国の精神的風土が、戒を守り抜くという点となじまぬものを持っていたのか、あるいは、男女の交わりを絶つことに対して著しい抵抗があったのか、ともかく、婬戒は有名無実の状態になってしまったのである。

このようなときに、この問題を正面から受けとめて悩んだのが、明恵と親鸞である。石井が指摘しているように、仏教の戒はキリスト教の戒と異なり、絶対者との関連をもたないので、深く悩まずにやり過ごそうとすれば、破戒は大きい悩みにはならないのである。それを明確な悩みとして取り組んだということは、二人の宗教性の深さを示していると思われる。もっとも二人がそこから得た方向は、まったく異なるものとなったのであるが、この点については後に詳しく論じることにしよう。

周知のように、親鸞はこの問題と取り組んだ結果、戒を破ってもなお救われるという信仰をもつことになる。親鸞自身は「弟子一人ももたずさふらふ」と言っているし、上山が指摘しているように「僧侶としての意識を持っていたかどうか、教団をつくるという意思もあったかどうか」(8)わからないが、ともかく、彼の考えは日本の大衆に受けいれられ、大きい教団へと発展した。他の宗派もこれに便乗したのか、戒に対する何らの論議も反省もなく、なしくずしに戒を放棄してしまって、今日のような状況になった。なんとなく御都合主義的に便乗してゆく日本人の心性がここに端的に示されており、日本は大乗仏教を発展させて便乗仏教をもつに至った、などと冗談を言う人も現われてくる始末である。

日本人の心性という点から言えば、戒についてもう一つ考えねばならぬことがある。それは、日本人が戒や礼を受けいれなかったことについて、上山があるシンポジウム(9)で発表したとき、参加者の一人、ドナルド・キーンによって提出された疑問である。キーンは欧米文学の立場から見ると、日本文学ほど礼とか戒律の多い文学はないと言い、たとえば、連歌における極めて細かい規則の存在を指摘した。能や茶などにおいても、ひとつひとつの動作が細かく規定されていることは周知のとおりである。

これは、明恵の戒に対する態度を考えてゆく上においても考慮しておかねばならぬことだと思うが、一般論的に少し言及しておくと、次の二点が考えられる。まず、シンポジウムにおいて中根千枝の指摘したことであるが、日本人は普遍的な形での礼や戒は否定したが、特定の分野とか集団内においては細かい礼や戒律が存在するのではないか、という意見である。次に筆者の考えは、日常生活において、あるいは倫理的な面では礼や戒を受けいれなかったが、芸術の世界においてのみ、一種の補償作用のように、礼や戒が重んじられたのではないか、というのである。このように論じはじめると日本文化論のようになってくるので、このあたりで切りあげるが、明恵という個人の生き方を追究してゆくと、多くの点で日本文化の根本問題につき当たってくるのである。このことは、明恵という人間そのものが、わが国の思想史の上において極めて重要な地位を占めていることを示していると思われる。

注

(1) 大野達之助『日本仏教思想史』吉川弘文館、一九五七年。

(2) 『却廃忘記』は、明恵の教訓・談話などを、その弟子の長円が筆録した書で、現在、高山寺蔵となっている。高山寺典籍文書綜合調査団編『明恵上人資料 第二』東京大学出版会、一九七八年、所収。

(3) 白洲正子『明恵上人』新潮社、一九七四年。

(4) 山本七平『日本的革命の哲学』ＰＨＰ出版社、一九八二年。

(5) 上山春平「礼と戒律」、天城シンポジウム事務局編『'80天城シンポジウム記録 日本と中国』日本アイ・ビー・エム、一九八一年、所収。

(6) 玉城康四郎『冥想と思索』春秋社、一九八四年。

(7) 石井米雄「戒律」、上山春平・梶山雄一編『仏教の思想』中央公論社、一九七四年、所収。なお、石井による下記の書は、仏教における戒の意義について、具体的によく説明しているので参考になる。石井米雄『戒律の救い　小乗仏教』淡交社、一九六九年。

（8）　上山春平、前掲注(5)論文。

（9）　前掲『'80天城シンポジウム記録　日本と中国』、参照。

第三章　母なるもの

これからいよいよ明恵の夢について論じることになった。夢の解釈までに実に多くのことを述べてきたようであるが、それは夢を解釈するために最小限度必要なことを述べたと言ってもよいくらいである。既に第一章において明らかにしたように、われわれ分析家が実際に夢を扱うときは、その夢を見た人の性格、そのときのその人のおかれている状況、夢の内容に対する連想などについてよく知ることが必要である。夢だけを取りあげて、あれこれ言うことは危険なことが多い。この場合、明恵自身の連想をきくことは不可能なので、特に注意しなくてはならない。従って、明恵の伝記や手紙などを通じて、彼の性格についてある程度知っておくことや、彼の生きた時代についても少しは認識しておくことが必要なのである。本当はもっと多くのことを書くべきかも知れないが、それだとそれはそれで一冊の本になりそうだし、ともかく前置きはこの位にして、夢の解釈に移ることにしたい。

既に述べたように、明恵の夢は『夢記』以外にも記録されているので、随時それらも取り入れて論じることにする。出来る限り、年次的に取りあげてゆくようにするが、主題との関連で相前後するときもある。

1　最初の夢

幼い頃に見た夢で一生忘れられない、というのがある。われわれのところに来談される方からそれらを聞くことがあるが、多くは、その人の生涯において極めて重要な意味をもっていることが明らかになるものである。ユングも後述するように、三、四歳頃に見た夢を覚えていて、それが彼の人生にとって意味深いものであったことを、彼の『自伝』に述べている。明恵の見た夢で最初にあげられるものは、『伝記』に記載されている。早速それについて考察してみることにしよう。

乳母の死の夢

『伝記』によると、明恵は父母を亡くした後、九歳のときに親類をはなれて高雄山に登るが、その当日の夜に夢を見ている。『伝記』によると、「其の夜、坊に行き着きて、臥したる夢に、死にたりし乳母、身肉段々に切られて散在せり。其の苦痛夥敷《おびたたしく》見えき。此の女、平生罪深かるべき者なれば、思ひ合せられて殊に悲しく、弥《いよいよ》能き僧に成りて、彼等が後生《ごしやう》をも助くべき由を思ひとり給ひけり」(「乳母の死の夢」)と語られている。

乳母の体が切りきざまれて散在していた、というのだから、まことに凄まじい夢である。この夢は明恵が寺に入山した最初の日に見たものだから、その点においても極めて重要なものである。体が切られてバラバラになるという身体切断の主題は、多くの神話や宗教に認められ、象徴性が非常に高く、ユングは随所でこの点について論じている。エジプトの神話においては、オシリスがその弟セットによって殺され、身体切断されバラバラにされる。また、ディオニソスの宗教においても、狂宴の果てに、犠牲となる動物の身体切断が行われる。これらのことを踏まえて、ユングが錬金術との関連において、身体切断の主題の意味について論じていることを紹介する。

ユングは中世における錬金術の多くの本が、金をつくり出すための過程そのものを記述しているのではなく、そのような記述によって、人間の人格の発展の過程——彼によると個性化の過程——を述べているのだと考え、そのような観点から錬金術の本を読み解く作業を行なった。錬金術の過程はいろいろと記述されているが、一般によくあるものとして、最初のまったく未分化な原料が、次に「分離」あるいは要素への分解の段階にすすむことが述べられている。そして、この「分離」の段階は身体の切断、動物の犠牲などによって示される、というのである。(1) これは、母親の手や、ライオンの足の切断などによっても示される。このような錬金術における象徴的表現は、明恵の乳母の身体切断の夢に通じるものを感じさせる。

錬金術における身体切断のイメージの意味を、なまなましく伝えるものとして、三世紀の錬金術師でありグノーシス派であったパノポリスのゾシモの幻像《ヴィジョン》がある。(2) ゾシモの幻像《ヴィジョン》についてはユングの注釈が付せられて発表されているが、その最初の部分を見てみよう。ゾシモの見たヴィジョンは真に凄まじいものである。最初、十五段の階段の上にある祭壇の傍に司祭の立っているのを見るが、その司祭によって刀で身体を切断され、頭の皮を剝がれ、肉も骨も焼かれて身体が変容し霊《スピリット》になってしまうという、限りない苦悶の体験をする。このような凄まじい幻像体験を、ユングは前述したような錬金術における「分離」の段階として解釈している。このヴィジョンにおいて、身体が切断されるとき、それは「調和の規則」に従って切断されたと述べているが、これは身体が四分される、あるいは四要素に分解されることを意味し、この切断の刀は、ロゴスの力を示していると、ユングは考え、聖書の「神の言《ことば》は生きていて、力があり、もろ刃のつるぎよりも鋭くて」(ヘブル人への手紙、第四章12

節)を引用している。なお聖書に語られる、もろ刃のつるぎは犠牲を切り殺すためのものであると言う。ユングはゾシモのヴィジョンの解釈において、そのなかの犠牲を供するもの、犠牲となるもの、それを切る刀の間に密かな同一性が存在していること、そこに苦悶、苦行ということが重視されていることを明らかにしている。

ゾシモのヴィジョンに関するユングの注釈を参考にして、明恵の夢を考えてみよう。この夢には明らかに、身体切断、犠牲、苦悶などの点において、ゾシモのヴィジョンの主題に関連することが見られる。そして極めて重要なことは、身体を切断されているのが乳母であるという事実である。切断されるべきもの、犠牲に供されるべきもの、として乳母が現われている。ユングの言う密かな同一性ということに想いを致すと、乳母は明恵自身でもあると言えるだろう。

日本文化における母性原理の優位性については、これまでよく論じてきたので、ここに再び繰り返すことは避ける(3)。簡単に図式化した言い方をすると、母性原理は「包む」機能を主とするのに対して、父性原理は「切る」機能を主としている。すべてを包みこんでひとつの全体にするということと、ものをあくまでも切って分割してゆくということは、まったく対立した機能である。もっとも、このような対立した機能など考えるということ自体が、父性原理に基づく発想であり、本来的に母性原理に従えば、すべてはひとつであらゆる対立は超えられてしまうわけだが、そこまで徹底してゆくと人間は言葉を失ってしまう。いろいろと分割し、分類するから言語表現が可能となるのであり、従って、言葉に頼って説明しようとするかぎり、ある程度の父性原理の使用は避けられぬことである。このようなことを心に留めておきながら、一応、父性と母性の対立を考えるのである。

このように考えると、欧米文化に比較すると日本文化は母性原理が優位であると判断される。何もかもが包みこまれて一体化することをよしとする傾向は、現代日本においても続いており、最近において西洋文化との接触が烈しいために、改変のきざしがある程度認められるとは言っても、その根本的な様相はなかなか変わらぬものである。

西洋における父性原理の強さを支えるものとしてキリスト教が存在することは、明らかである。天に存在する唯一の男性神は、父性原理の体現者である。もっとも、旧約から新約へ、そしてカトリックにおけるマリアの被昇天など、父性原理を補償する母性原理のはたらきがそのなかに認められてくるのであるが、唯一の男性神を天にいただくという、その本質構造は、まことに厳しいものがある。これに比して、仏教を父性、母性のどちらに位置づけるかは、なかなか簡単にいかぬ問題である。それは、インドに生まれた仏教が、長い年月を経るうちに多様に変化し、中国を経て日本へと伝わってきたときには、大いに変容してしまい、「仏教」という場合に、どのような時代のどの派を指すかによって、まったく異なっていると言っていいほどになっているからである。

ここでは、そのような困難な問題にかかわるのを避けるが、ともかく、わが国に伝来されてきた仏教は、相当に母性的な面が優位であったとは言うことができるであろう。明恵自身も、この夢を母性的観点から受けとめているようである。つまり、乳母の苦しみに同情し、それに乳母が平生から罪深い人間であったことなどを思い合わせて、その後生を助けるために精進したいと考える。いかに罪深いものであっても、その苦しみから救い出してやりたいし、救い出すことは可能であると考えるところに、母性原理のはたらきが見出されるのである。

ここで興味深いエピソードを紹介しておこう。明恵の夢についてヨーロッパで筆者が話をした際に、この夢を英訳するとき、「平生罪深かるべき者なれば」というところを、「罪深い女性だから、その後生を助けたい」というように考えて、because という言葉を使って訳していると、英語をチェックしてくれていたアメリカの友人が、「これはおかしい、罪深い女性だけれども助けるのではないか」と言って、because を although と直したのである。確かに「平生罪深かるべき者なれば」という言い方を、because を使って訳すのも浅薄であるが、さりとてこれを「罪深いものであるけれども」と言い切ってしまうのも、大切なニュアンスが抜ける感じがする。言ってみれば、父性原理の体系でできている英語に、ここのところを移しかえるのは難しいということになるだろう。筆者は友人に抗弁して、説明を試みたがこの際は成功せず、結局は、「けれども」とすることで妥協してしまった。罪深い女だ。だからこそ助けてやらねば、という母性原理に基づく感じは、簡単には西洋人にとって理解しにくいのかも知れない。

話が横道にそれたが、この夢において大切なことは、明恵自身はこれを母性的観点から受けとめているけれども、「身肉段々に切られて」という「切断」のテーマが存在していることである。前述したゾシモのヴィジョンに対するユングのコメントを参考にすると、九歳の明恵にとって、既に「分離」あるいは「切断」という父性的な機能が強くはたらいていることが、この夢から読みとれるのである。明恵のようにこの夢のなかの乳母を、そのとおりに乳母のことを示していると考えるのもひとつの解釈であるが、このイメージを母性一般として置きかえるなら、母性の切断、分析などという、日本人にしては極めて稀有な主題が、明恵には既に与えられていた。父性と母性との相克、共存などに伴う苦悶、苦悩ということが予定されていた、とも言うことができるであろう。明恵は日本人に珍しく、父性原理においても強い人であったと思われる。

九相詩絵

明恵の「乳母の死の夢」と関連して、また、彼のその後の生き方を考える上においても、ここで「九相詩絵」に触れておきたい。

九相詩絵　噉食(たんしょく)の相

ともかく、「九相詩絵」とはどのようなものか、上の図を一覧していただきたい。一人の臈たけた女性が死に、その死骸がだんだんと腐爛して、果ては犬や烏にまで喰い荒されてゆく様相を、凄まじい迫真性をもって描いたものであるが、このような絵がどうして何のために描かれたのであろうか。このような絵が存在する基に、仏教においては「九想観《くそうがん》」というのがあり、それを絵画的に表現したのが「九相詩絵」なのである。

「九想観」は『望月仏教大辞典』によれば、「九種の想をこらす観の意で、また単に九想(または相)ともいう。いわゆる観禅不浄観の一種にして、すなわち五欲の法に貪著《どんじゃく》し、美好耽恋の迷想を起こせる者をして、人間の不浄を覚知し、その情欲を除かしむる観想をいう」と述べられている。この世の欲に迷う者に対して、「人間の不浄を覚知」させるために、このような観想を行うのである。「九想観」および、ここに示した「九相詩絵」などについての詳細な考証などは省略するが、明恵の夢および、その後の夢の展開との関連において述べるならば、このような女性の死の相について、明恵は「乳母の死の夢」を見たとき、既に知っていたことが推察されるのである。

この九想観は仏典の説くところに基づいており、『大智度論』(巻第二十一、九想義)などに説かれている考えによるものと思われる。空海が「九相詩」という詩をつくり、死相が九段階に変化してゆく様をよんだものが、現在まで伝えられている。この詩は実際に空海作であるかどうか疑義をはさむ人もあるが、ともかく、明恵の時代においてはよく知られていたと思われる。このような九想観を絵画によって示すことが、いつ頃から行われたか定かではないが、ここに示した絵巻も鎌倉時代のものと考証されており、おそらく明恵もこのような九相詩絵を見る機会をもったのではなかろうか、と思われる。幼少時より極めて宗教的感受性の強かった明恵のことだから、このような絵を一度でも見た限り、決して忘れることはなかったであろう。

空海の「九相詩」について述べたこの機会に、明恵が非常に印象的な空海の夢を見ているので、それをここに紹介しておこう。この夢は明恵が十四歳頃に見た夢として、『行状』にも『伝記』にも記載されている。それによると、「納涼房の長押《なげし》を枕にして弘法大師が寝ており、その二つの眼の水精の玉のようなのが枕もとにあった。それを給わって袖につつみもち、宝物をいただいたと思って目覚める」(「弘法大師の夢」)という夢である。弘法大師の眼を貰って宝物と思うというのは、空海のものの見方を自分のものとして引きつぐ、というようにも解せられる。実際に、明恵は空海の影響を受けているところが大と思われるが、明恵自身にとっても、この夢は空海との結びつきを示すものとして意義深く感じられたであろう。

さて、話を「九相詩絵」の方にかえすと、明恵はおそらくこのような絵を見て、そのイメージを心のなかに強く留めていたことと思われる。しかし、「九相詩絵」と明恵の「乳母の死の夢」は二つの点で決定的に異なっている。もちろん、この点について明恵がどれほど意識していたかは定かではないが、やはり、その差異は極めて重要と思われる。その差異は、まず「九相詩絵」では、死体の腐爛の姿が示されるのに対して、明恵の夢では、

「切断」の方に強調点がおかれている。第二に、前者の絵では、若い女性の死が描かれるのに対して、明恵の夢では、乳母という母性的な像の死がイメージされているのである。

「切断」の意味については、既に述べた。次に、若い女性と母としての女性像の差については、後に女性について述べる際、もっと詳しく論じるが、ここで最も重要な点について少し触れておきたい。もっとも、これから述べることは、明確な論理による考察というのではなく、「九相詩絵」を見たときに筆者の心に生じた連想、あるいは直観とも言うべきものである。しかし、それは筆者にとっては、日本人の自己実現の過程を考える上で、極めて重大なことであり、それは本書で取りあげる明恵の自己実現の問題とも深く結びついているので、ここに述べておくことにした。

「九相詩絵」を見て観想を行うことは、人間の「情欲を除かしむる」ために行うのであるから、もっぱら男性の僧が行なったものであろう。従って、この観想によって僧たちは、自分自身の死について観想しているのではなく、若い女性の死について観想しているのである。西洋の中世においても、「死」の主題が多く絵画にとりあげられ、「死を忘れるな《メメント・モリ》」の標語が叫ばれたときがあったが、これはもっぱら「自分自身の死」に関することで、他ならぬ自分が死んでゆく存在であることを、決して忘れないように、という警告としての意味が強かったと思われる。これに対して、「九相詩絵」では、女性の死が観想されるのである。

男性が女性を、母としてみるか、自分と対等の相手としてみるか、によって、その認識の仕方や接し方は随分と異なってくる。わが国においては、既に述べたように母性が非常に高く評価されるので、女イコール母という定式が成立するほどである。極端な表現をすると、女は母になることによって、男は息子になることによって安定するとさえ言える。現代においては、西洋の文化の影響を受けて、相当に変化してきているようではあるが、日本人の心の少し深層に注目すると、変化は遅々たるものと言ってよいであろう。

日本人男性のよく見る夢に、自分が若い女性と親しくしようとしていると、母親が急に現われて驚かされる、というのがある。既婚の男性もこのような夢を見ることが多く、なかには、自分は別に親しい女性も好きな女性も居ないのに、といぶかる人もあるが、これはあくまで内的世界のこととして見るとよく了解できるであろう。われわれ日本の男性は、母なるものとの結びつきがあまりにも強いので、少しの間でも若い女性との関係を結ぼうとすると、母なるものの強い妨害を受けることになるのである。

日本の男性は従って、結婚しても相手の女性を妻としてではなく、「お母ちゃん」にしてしまうことが多い。また、女性の方もそのような地位に立つ方が安泰なので、そうなってしまうことが多いのである。日本人男性の行う「浮気」は、二人の女性に対する葛藤としてではなく、しばしば母親の目を盗んで行う子どものいたずらのようなものとして体験されるのである。そこには「母なるもの」の無限の許しを前提とする甘さがつきまとう。

内的に見るとき、この「母なるもの」との葛藤を生ぜしめる「若い女性」は何ものなのであろうか。この点については後に仏教と女性について論じる際に、もう少し詳しく述べるが、ここでは、西洋の分析家ユングが、男性の夢に生じてくる若い女性を、アニマ像と呼んだことに触れておきたい。アニマはラテン語で「魂」を意味する。ユングにとって、若い女性のイメージは文字どおり魂の像と感じられたのである。だからこそ、西洋においては、男性と女性の結合ということが極めて高い象徴性をもち、それは「魂との結合」を意味するのだと彼は考えるのである。

ユングの考えをそのまま受け入れてみると、どうなるだろう。若い女性像の死の過程について観想している仏僧たちは、「身体」のことではなく、「魂」の消滅を体験していることになるのだろうか。仏僧たちは、この世の無常、人間の体の不浄などについて知る修行を行うなかで、実は魂の否定、あるいは拒否を行なってきたのであろうか。「九相詩絵」を最初に見たとき、筆者が強い衝撃を感じたのは、その絵があまりにもリアルに死の過程を描いていることもあったが、ユングの考えに親しんでいるものとして、上述のような考えがすぐに心のなかにひらめいたからである。これを端的に言えば、日本の文化は魂の否定を前提としているのか、という考えである。しかし、このことはより厳密に言うと、次のように言えるのではなかろうか。ユングが魂のイメージとして女性像で表現しているような側面の否定を前提として、日本の仏教あるいは日本の文化は栄えてきたのではないか、と。

「魂」への接近の方法は無数にあるであろう。従って、人間の描く魂のイメージも無数にあると思われる。しかし、ある文化、時代にとって優勢なイメージがあり、何かが強調されるときは、反動として他のものが否定されることもある。わが国においては、魂は母なるもののイメージを仲介として知られることがあまりにも多かった。母なるものの道を強調しすぎるあまり、一見それと矛盾したり葛藤を起こしたりする若い女性の道は否定されがちであったと思われる。

仏僧たちが修行の過程において、若い女性像の腐爛を観想している時代のなかで、明恵は彼の記憶している最初の夢として、母性的存在の切断のイメージを見たのである。彼が背負っている課題が、いかにその時代の文化と関連し、また、それを超えるものであったかが、この短いひとつの夢に示されている。彼は同時代の他の仏僧とは異なり、母なるものの膝に抱きしめられることのみを救いと感じることに、満足できない運命を背負っていたのである。母なるものを腑分けすることによって、そこから生じてくる新しい女性像とどう対処してゆくか。明恵の課題は極めて重く、かつ、困難なことであった。

明恵の最初の夢として記録されているものは、既に述べたとおり、乳母の身体が切断されているものであった。次節に述べるとおり、明恵はほどなく捨身によって自殺を遂げようとする。彼にとって「身体」ということは大きい課題であったのだ。その点を考慮して、ここでは少し身体ということについて考えてみたい。

身体とは何か

身体について考えるにあたって、ユングが三、四歳頃に見た夢として『自伝』に記しているものを示してみる。(4) 明恵の夢と対比してみるのにも意義があると感じられる。

牧師館は、ラウフェン城の近くに全くぽつんと立っていて、寺男の農家の背後には大きな牧場が拡がっていた。夢で私はこの牧場にいた。突然私は地面に、暗い長方形の石を並べた穴をみつけた。かつてみたことのないものだった。私はもの珍しそうに走り出て、穴の中をみつめた。その時、石の階段が下に通じているのをみたのである。ためらいながらそしてこわごわ、私は下りていった。底には丸いアーチ型の出入口があって、緑のカーテンで閉ざされていた。ブロケードのような織物で作られた、大きな重いカーテンでとてもぜいたくにみえた。後に何が隠されているのかを見たくて、私はカーテンを脇へ押しやった。私は自分の前のうす明りの中に長さ約一〇メートルの長方形の部屋があるのを見た。天井はアーチ形に刻んだ布で作られていた。床は敷石でおおわれ、中央には赤いじゅうたんが入口から低い台にまで及んでいた。台の上にはすばらしく見事な黄金の玉座があった。確かではないのだが、多分赤いクッションが座の上にあった。すばらしい玉座でおとぎ話の本当の王様の玉座だった。何かがその上に立っていて、はじめ、私は四―五メートルの高さで、約五〇──六〇センチメートルの太さの木の幹かと思った。とてつもなく大きくて、天井に届かんばかりだった。けれどもそれは奇妙な構造をしていた。それは、皮と裸の肉でできていて、てっぺんには顔も髪もないまんまるの頭に似た何かがあり、頭のてっぺんには目がひとつあって、じっと動かずにまっすぐ上を見つめていた。

窓もなく、はっきりした光源もなかったが、頭上には明るい光の放散があった。微動だにしないにもかかわらず、私はいつそれが虫のように、玉座から這い出して、私の方へやってくるかもしれないと感じていた。私はこわくて動けなかった。その時、外から私の上に母の声がきこえた。母は「そう、よく見てごらん、あれが人喰いですよ」と叫んだ。それが私の怖れをさらにいちだんと強めた。目が覚めると、私は汗びっしょりでもう少しで死なんばかりだった。その後幾晩かにわたって、それに似た夢をまた見るのではないかとそれがこわくて眠れなかった。

この夢と明恵の既述の夢とを比較すると、なかなか興味深い。一方は乳母の体、他方は巨大なファルロスを見ているのだが、どちらも広義における「身体」ということが課題となっている。明恵が母性的な像を見、ユングが男根を見ているのは、日本と西洋の文化の母性的、父性的な特徴を反映していると思えるが、両者の夢はともにパラドックスを内包しており、明恵の夢では「切断」という父性的機能が認められるし、ユングの夢は、「天なる父」の姿ではなく、むしろ地下の肉体的な存在にかかわるものなのである。つまり、どちらの夢も、その文化に対する補償性を示している。

人間にとって自分の身体をどう見るかは、大きい問題である。自分の身体を非常に大切に考える人と、身体のことなど、どうでもいいという態度をとる人とがある。しかし、ここではそのような差ではなく、西洋のキリスト教的な考えによる、霊《スピリット》と身体という明確な分離と、わが国における「身《み》」という存在のあいまいな全体性について少し述べておきたい。明恵にとって、「身体」ということが実に大きい問題であったと思うからである。

キリスト教においては、霊と肉という対比は極めて明確であり、霊に対するものとしての肉の拒否が、聖書のなかには繰り返し語られている。たとえば「ガラテヤ人への手紙」(第五章16—17節)の「わたしは命じる、御霊《みたま》によって歩きなさい。そうすれば、決して肉の欲を満たすことはない。なぜなら、肉の欲するところは御霊に反し、また御霊の欲するところは肉に反するからである」は、端的にそれを示している。

このような考えに立つと、肉の結合としての性《セックス》が蔑視されるのも当然のことである。「コリント人への第一の手紙」(第七章)には、「男子は婦人にふれないがよい。しかし、不品行に陥ることのないために、男子はそれぞれ自分の妻を持ち、婦人もそれぞれ自分の夫を持つがよい」と述べられている。そして、未婚者たちとやもめたちに対しても、「わたしのように、ひとりでおれば、それがいちばんよい。しかし、もし自制することができないなら、結婚するがよい」とパウロは語りかけるのである。自制することができず不品行なことをするくらいなら、まだしも結婚する方がいい、と消極的にその関係を認めているところが印象的である。

このような「肉」や「性」に対する強烈な否定を前提としてこそ、男性と女性との結合に高い象徴性を見出す態度が、それを補償するものとして、西洋の文化のなかに生じてきたものと思われる。強い否定を前提としないかぎり、雌と雄との結合としての性的関係は、すべての動物が行なっていることであり、別に象徴的に高い価値をもつことでもないのである。

西洋に比して東洋のこととなると、常にあいまいさがつきまとい明確なことは言い難いが、市川浩によって詳細な分析が行われたように、(5)わが国において「身《み》」という言葉が、どれほど包括的な意味合いをもっているか、という点のみを指摘しておきたい。市川によると、「み」は大和言葉であるが、漢字の「身」があてられるとともに意味の混淆が生じ、どこまでが「み」本来の意味であるかはよく分からないという。ともかく、現在においても「み」の意味するところはひろく、肉、身体のみならず、「生命存在」、「社会的自己」など多くのことをカバーするが、「身にしみる」、「身に覚ゆ」、「身にこたえる」などの用法が示すとおり、人間の「全体存在・こころ」を示す事実は注目に値する。つまり、わが国においては、身体と心という分離がそれほど明確ではなく、両者を包括する「み」という概念が存在するのである。この点について、市川は「〈身〉は、肉から心までをふくむ生き身としての人間存在全体をあらわすことばである。しかもその統合は単なるハイアラキー型の統合ではなく、他者はもちろん、人間以外をふくめた他の〈身〉との多肢的・多重的なかかわりのなかで生起する網目状の統合である」と述べている。

極めて大まかなことであるが、キリスト教における「身体」と、わが国における「身体」の受けとめ方について、その対比を明らかにした。このような対比を心に留めて、明恵とユングの夢をみると、既に触れておいたが、なかなか興味深いことがわかる。霊と肉とが明確に分離され、肉が蔑視される文化のなかで、ユングは地下に「肉の神」が存在することを夢に見たし、明恵は、身体も心もひとつとして考えられる文化のなかで、すべてを包含する母なるものを、「切断」する夢を見たのである。両者ともにその文化に対して、大きい課題を背負っていたことを、幼少時の夢が明確に告げていたのである。

2　捨　身

身体について前節に少し考察を述べたが、明恵にとって「身体」ということは実に重要なことであった。身体との関連における「性」ということも同様であり、これは明恵の生涯を通じての課題であったとさえ言えるであろう。既に述べたように、明恵は幼少のときに、自分の顔に焼け火箸をあてようとしたこともあったし、十三歳のときには捨身を試み、いずれも果たすことはできなかったが、二十四歳のときには、ついに自らの耳を切っている。このような行為に明恵の「身体」に対する態度が表明されているが、それはどのような意図をもち、どのような意味のもとになされたのであろうか。それに対する答はある程度、夢のなかにも示されているので、それらを参照しつつ明恵の「捨身」について考えてみたい。

我、十三にして老いたり

明恵は九歳のときに高雄に入山して以来、仏道に励んでいた。華厳の勉強などをしたが、理解できぬところがあり、当時の碩学である賢如房律師尊印に尋ねたが、結局はわからずじまいのこともあった。そのような時、一人のインド僧が夢にあらわれ、疑問を一つ一つ解明してくれ、明恵もよくわかり納得した。この夢のことを後に尊印に話したところ、そのような深い意味は自分にはわからなかったと言った。このように、自分で考えてもわからなかったことが夢のなかで解決されることは時に生じるものである。無意識内のこのような創造性が、非常に劇的に夢にあらわれた例としては、タルティーニの『悪魔のトリル』の作曲や、ケクレによるベンゼンリンクの発見などがある。明恵の場合はそれほどでもないが、当時の大学者のわからなかったことを夢によって解明し得た事実は注目に値する。

なお、この夢にインド僧があらわれているが、明恵の夢にはよくインド僧が出てくるのが特徴的である。後にも述べるが、夢で『理趣経』を授けてくれたのもインド僧であるし、明恵が耳を切った後にすぐ見た夢にも、インド僧があらわれている。これらのことは、明恵が仏教をいかに仏陀と直結したものとして受けとめようとしていたかを示すものであろう。周囲に見る仏僧たちの姿に、明恵は強い失望を感じていた。わが国に伝わってきた仏教を、そこに伝わってきている形ではなく、もう一度仏陀との直接体験を通して学びたいという彼の願いは、まことに強く烈しいものがあった。従って、仏陀の国としてのインドは、彼にとって特別な意味をもっていたのである。インド僧が彼の夢にたびたび登場し、明恵が彼らから直接に多くを学ぶのも、まことに意義深く感じられる。

明恵が十二歳のとき(『行状』では十二、三歳。『伝記』では十二歳)、一度高雄を出ようと思ったことがある。『伝記』によると、明恵は十二歳のとき。「真正の知識を求めて、正路を聞かずんば、徒《いたづ》らに心の隙のみ費して、得道の益あるべからず、大なる損なるべし。況《いは》んや又、生死速かなり、後を期すべきにあらず。急ぎ正知識を求めて、猶《なほ》山深き幽閑に閉ぢ籠りて修行せん」と思い、高雄山を出る決意をしたという。明恵の求道精神の強さ、その切迫感が伝わってくる。おそらく、このような年齢のときから、明恵は同僚、あるいは先輩の仏僧から学ぶところ少ないと感じていたのではなかろうか。一人で深山に籠り修行しようとする彼の意図は、その後も絶えることなく続くのである。

高雄を出ることを決心した明恵は、その夜に夢を見る。その夢は「高雄山を出発して三日坂まで下りてきたが、路に大蛇が横たわり、鎌首をもちあげ向かってくる。そこへ、八幡大菩薩の御使いとして、四寸か五寸もある大きい蜂が飛んできて、「汝、此の山を去るべからず。若し押して去らば、前《さき》に難に遇ふべし。未だ其の時節到来せざるが故に、道行《だうぎやう》又成ずべからず」と言う」(「高雄出奔の夢」)というのであった。明恵はこの夢によって、彼のせっかくの決意も未だ「時」至らぬものであることを悟り、高雄に留まることにする。ここで明恵の行為を阻止するものとして、蛇と蜂という動物があらわれているのは興味深い。それも、地を這うものと空を飛ぶものという対比を示している。ここで蜂の方は八幡大菩薩の御使いとされているのだが、蛇の方は何を意味しているのだろうか。蛇は鎌首をもちあげて向かってきたとのことだから、明恵が高雄を出る前に正面から対決しなくてはならない何かを示しているものと思われる。

十三歳になったとき、明恵は自殺を企図する。このところを『行状』によってみると、「又十三歳ノ時心ニ思ハク、今ハ十三ニナリヌレバ、年スデニ老イタリ、死ナムズル事モチカヅキヌ、何事ヲセムト思フトモイク程イキテ営ムベキニアラズ、同ジク死ヌベクハ、仏ノ衆生ノ為ニ命ヲステ給ヒケムガ如ク、人ノ命ニモカハリ、トラ狼ニモクハレテ死ヌベシト思ヒテ」ただ一人で墓地に行き夜の間、そこに横たわっていた。

当時は墓地といっても、死体をころがしておき、犬などの喰うにまかせる有様だったので、明恵もそのようにして犬や狼に喰われて死のうとしたのである。そこで明恵は一心に仏を念じ死を待ったが、『行状』によると、「別ノ事ナクテ夜モアケニシカバ、遺恨ナルヤウニ覚エテ還リニキ云々」とある。つまり、何のことも起こらず残念に思って引きあげてきた、というのである。これは『伝記』の方の記述になると、少し色づけられていて、「夜深《ふ》けて犬共多く来りて、傍《そば》なる死人なんどを食ふ音してからめけども、我をば能々《よくよく》嗅《か》ぎて見て、食ひもせずして、犬共帰りぬ。恐ろしさは限り無し。此の様を見るに、さては何《いか》に身を捨てんと思ふとも、定業《ぢやうごふ》ならずは死すまじき事にて有りけりと知りて、其の後は思ひ止まりぬ」と述べられている。

明恵の死の決意は、「今は早十三に成りぬ。既に年老いたり」(『伝記』)という点と、犬や狼などに捨身をして自分の体を与えるという点とに支えられている。後者の意味については後に考察するとして、ここでは前者の点について考えてみよう。

十三歳で「既に年老いたり」とは、まったく奇妙なことと感じる人が多いかも知れない。これについて、筆者は次のように考えている。実際に子どもたちを観察していると、思春期が訪れてくる一歩手前のところで、それなりの「完成」に達するのではないか、と感じられる。「性」の衝動が実際に身体内に動きはじめ、それとどう取り組み、どう生きるかということが生じる以前のところで、いわば「性」抜きの状態での一種の完成があり、それを土台として、思春期という人間にとっての大変な危機状態に臨んでゆくのではないかと思われる。このような考えで、この年頃の子どもたちに接してみると、知識の吸収量は非常に多いし、大人も顔負けするような知恵を発揮することがあるのに気づかれるだろう(この年齢の子どもに接して、何か極めて「透明」な感じを受けることもある)。しかし、それも束の間のことであり、すぐに思春期の混乱がそれに続くのである。

もちろん、このような「完成」は短い期間のことであり、本人にそれが意識されることはあまりないであろう。しかし、明恵のような極めて感受性の高い子どもの場合、そのような完成感をもつと共に、来たるべき未知の混乱の深さに対する予感が加わって、そのせっかくの「完成」を維持するために自殺をする、ということも考えられる。十二、三歳の子どもの自殺が現代においても報じられるが、原因不可解として記されているそれらの例のなかには、筆者がここに示したような類の自殺も含まれているように感じられる。もちろん、自殺には多くの要因があり、このことだけで子どもの自殺について論じることができるなどとは思っていないが、稀にこのような例があると感じられるのである。

言うなれば、十二、三歳において人間は子どもなりに老成するのであり、しかもその完成は性衝動との対決によってたちまちに破壊される、という予感をはらんでいる。明恵が高雄を出ようと決心したときの、「急ぎ正知識を求めて、猶《なほ》山深き幽閑に閉ぢ籠りて修行せん」という言葉に、完成を求める強い衝迫性と、この世のしがらみから逃れようとする態度との両方が読みとれるのである。だからこそ、夢の中に、蛇と蜂が現われ、その時節が未だ到来していないことを告げたと思われる。蛇と蜂は動物的なもの、ここではおそらく明恵の心のなかに生じつつある性衝動を示していると思われるが、一方は地を這うものとして、他方は空を飛ぶものとして顕現しており、空を飛ぶ姿によって精神性を与えられていると感じられる方が、八幡大菩薩のお使いとされているのも興味深い。明恵は自分の身体、性との対決を経ずに、ただ単に山に籠ることは許されなかったのである。

もちろん、少年の明恵には、このようなことは明確には意識されなかったであろう。彼に意識されたことは「既に年老いたり」ということであり、そのように老いて死に近い自分の体を、捨身という形で無に帰することであった。ここには自分の身体に対する強烈な否定が認められるが、明恵の行なった捨身ということについて次に考察したい。

捨身の意味

捨身ということは『望月仏教大辞典』によれば、「身を捨てて仏等を供養し、又は身肉等を衆生に恵施する烈行を云う」とされ、経典に述べられた例があげられている。『行状』によると、明恵は一度の失敗にも挫けず、再度、墓地に行ったと記されているが、そこには「弓箭《ゆみや》ヲトル輩、ケキタナキ死ニセジト云フガ如ク、我モ又法ノ為ニセバ、雪山童子ノ半偈ノタメニ身ヲ羅刹ニナゲ、薩《さっ》埵王子ノ餓虎ヲアハレムデ全身ヲホドコシ、……」とあり、明恵が仏典に記されてある捨身の例に従って、これを行おうとしたことが明らかにされている。

ここにあげられた例は、いわゆる仏本生譚のなかに語られているもので、釈迦の前生における体験として述べられているものである。雪山童子の例では、羅刹の説く半偈(無常偈と同意のことを半分に縮めたもの)を聞くために、敢えて自分の身を投げたのであり、薩埵王子は餓えた虎に自分の体を与えようとしたのである。ともに求道のため、あるいは他人の苦しみを救うためには、自分の命を棄てるのを惜しまないという態度が示されている。

明恵はもちろんこのような話をよく知っていたであろうし、それだからこそ凄まじい捨身の決意をしたのであろう。ただ、この際の彼に、仏教徒としてだけではなく、武士の血をひく者としてのいさぎよさのようなものが作用していたことも注目しておくべきだろう。白洲正子は「いいかげんな生き方なら「生きても何かせん」、この気持は生涯彼につきまとったようで、明恵の人生の底流には、鎌倉武士の血潮が、まぎれもない音を立てて流れつづけていたのです(6)」と述べているが、筆者もまったく同感であり、この捨身の時のみならず、その他の重要な場面——たとえば北条泰時と相まみえたときなど——では、明恵の体内に「鎌倉武士の血潮」が流れていることを痛感させられるのである。

それでは、なぜ明恵はかくまでいさぎよく死に急ごうとしたのか。彼はそれに対して、「年スデニ老イタリ」と言い、『伝記』によると「かゝる五蘊《ごうん》の身の有ればこそ、若干《そこばく》の煩ひ苦しみも有れ」と述べられていて、身体があるからこそ煩悩が生じるのだから、その身体を棄ててしまうのだという意味が明らかにされている。言うならば、老醜をさらすほどならば自決していさぎよく死のうとする武士の姿が、そこには窺えるのである。そして、明恵が予感した老醜とは、「性」という不可解なものを、一種の「完成」に達した彼が経験しなくてはならない、ということであったろうと推察される。

空海とほぼ同時代の名僧、玄賓と女性との関係が、鴨長明の『発心集』に記載されている。それによると、玄賓が悩んでいる様子を見て、彼に帰依しているある大納言が尋ねると、大納言の夫人の美しさに心を奪われてしまって悩んでいるのだと打ち明ける。大納言は、そんなことでしたらさっそく便宜をはからおうと、二人のあいびきの場をしつらえる。ここで、大納言がこのようなことをすぐに取り計らうところに、当時の男女――僧をも含めて――の倫理観が示されていて興味深い。ところで、玄賓はその場にゆき、一時間ほどつくづく夫人の顔を見ているだけで、近寄りもせずに帰ってしまう。つまり、このときに玄賓は先述した「九想観」に類する観想を行い、自分の妄執を捨て去ることができたのである。

明恵が捨身の方法として、狼や犬に喰われる手段を選んだのには、「九想観」の影響が直接・間接にはたらいていると思われる。ただ、明恵は他の高僧たちのように女性の死を観じるのではなく、自らの身体を棄てることによって、それに対処しようとした。「女性を見殺し」にすることは、彼にはできなかった。明恵は自分の体を張ってでも、女性を殺すことを避けようとしたのである。ここが、明恵と日本の他の高僧たちとの明白な相違点である。既に述べたように、日本の仏教の主流は、このような若く美しい女性を殺すことを前提として進んできたのである。これに対して、明恵にとっては、西洋の文化においてアニマと呼ばれているものが、重要な課題となったのである。

捨身のことがあって後に明恵が見た夢として、「大きい巌の上に美しい灌頂堂を立て、師匠を灌頂の受け手として、灌頂を授ける」というのがある。このとき明恵はこの夢の意味が解らず、どうして師匠に自分が灌頂を授けるのか、まったく不思議なことだと思ったり、自分は「真言師」などになる気がないのにどうしてだろうと思

煆焼の図(エディンガー『心の解剖学』より)

ったりした。しかし『行状』によると、後になって、「大知恵ヲ得ベキ瑞相」であったと明恵が考えたと記されている。夢の意味というものは、なかなか簡単に解らず、随分後になってから、なるほどと思ったりすることがあるが、これは明恵も夢を大切にして、いろいろと後になってからも思い返していたことを示すもので興味深い。確かに明恵の言うとおり、彼は「大知恵」を得たわけである。これを、先に述べたことと考え合わせると、明恵は彼の師匠などとはるかに異なる次元において生きていたことを、この夢が示していると言えるのである。

　明恵の捨身の意味を考える上で、もう一つ参考にすべきものとして、錬金術の書物に見られる図がある。これは王が狼に喰われているところであるが、錬金術のプロセスの最初の段階として生じる「煆焼《かしょう》」(calcinatio)の象徴的図示なのである。錬金術では、既に述べたとおり、人間の個性化の過程が、金をつくり出す化学的過程に投影されて述べられている。この段階を、エディンガーは次のように説明している。[7] 狼に喰われる王は既に死んでおり、王の死は「意識の規範原理の死」を意味している。ここでこれまでの規範原理は死んで、狼に喰われてしまう。この狼は、錬金術における第一原質(Prima Materia)である。

この図の背景を見ると、その狼が火に焼かれ、そこから新しい王が再生してくるのが見える。エディンガーによれば、狼＝欲望であり、欲望はまた火でもある。従って、欲望はそれ自身を焼きつくし、そこから新しい王が、つまり、規範原理が生まれるのである。王が狼の胎内という地獄を経過し、火によって清められ再生するのである。

このような錬金術の図を見ると、明恵の捨身の意味がよく了解される。彼のライフサイクルから見れば、それは子どもの時代が終わり、それまで彼を支えていた子どもなりの規範原理が破棄され、大人としての新しい規範を自らのものとして確立するための過程である。しかし、明恵のような偉大な人は、文化的時代的な使命を知らず知らずのうちに負わされており、従って、それはまた、彼が当時のわが国の仏教において承認されていた原理を改変してゆくべき人間として、苦痛に満ちた過程を進まねばならぬことを示しているとも思われる。

捨身の成就

明恵は文治四(一一八八)年、十六歳のときに上覚上人について東大寺戒壇院で具足戒を受け、出家する。『行状』によると、その後もう一度捨身を試みたが果たさなかった。しかし、ある時の夢に、「狼二疋来リテ傍ニソイヰテ我ヲ食セムト思ヘル気色アリ、心ニ思ハク、我コノム所ナリ、此ノ身ヲ施セムト思ヒテ汝来リテ食スベシト云フ、狼来リテ食ス、苦痛タヘガタケレドモ、我ガナスベキ所ノ所作ナリト思ヒテ是ヲタヘ忍ビテ、ミナ食シヲハリヌ、然而《しかして》シナズト思ヒテ不思議ノ思ヒニ住シテ遍身ニ汗流レテ覚メ了《をは》ンヌ」(「狼に喰われる夢」)というのを見る。なんとも凄まじい体験である。二匹の狼に自分が食べられ、苦痛は耐え難いものがあったが、なすべきことだと思って耐え、全部食べられてしまったのである。

夢のなかで自分の死を見ることは、ごく稀にではあるが体験することである。多くの場合は死の寸前に目覚めるのだが、死ということが深い意味をもつときは、死ぬところまで夢に見るものである。何らかの意味で、人生における急激な変化と対応していることが多い。『日本霊異記』の著者、景戒が同書の下巻に、自分の死の夢を記載している。夢のなかで景戒が死に、その身体を焼くときに、彼の「魂神《たましい》」がうまく焼けるようにと小枝で死体を突き刺し、裏返しにしたりした、という凄い夢である。景戒もこの夢を何らかの前兆として解釈しようとしているが、うまく成功していない。このような夢を見た景戒も相当な人物だと思われるが、当時の景戒の情況などが不明なので、何とも解釈することはできない。

明恵のこの夢の意味は、これまで述べてきたことによって明白であろう。彼はここで急激な変化を遂げたものと思われるが、この夢が彼の出家の後に生じているのも納得のいくことである。明恵自身も後にこの夢について、「此ノ夢ハ覚時ニ好楽《このむ》トコロヲ夢中ニシテナシ試也」と語っている。

このような言葉を聞くと、誰しもフロイトのことを思い起こすであろう。フロイトは、夢は願望の充足だと言った。明恵も自分の夢に対して同じようなことを述べている、と思われるかも知れない。しかし、これは少し詳細に検討する必要があるようである。フロイトの言葉は、より厳密には「夢は抑圧された願望の偽装された充足である」と言うべきであり、彼の考えでは、夢はあくまで偽装された形であり、その背後に抑圧された願望が隠されているのである。明恵のこの夢であれば、明恵が狼に喰われて死ぬのは、あくまで偽装された形であり、その背後に真の願望が隠されている、と考え、それを分析によって見出そうとするのがフロイトの夢解釈である。

このあたりのことは、既に第一章2節に述べておいたので繰り返すまでもないことだが、われわれの考えは、むしろ夢そのものを大切にする態度によっている。

明恵の態度はわれわれの立場と同様であり、あくまで夢に即して、覚醒時に望むところを夢の中で成したと述べているのだが、その望むところというのが、自らの「死」であるという点に明恵らしさがある。生きていて死を成就することはできない。夢のなかでこそ、それは成就できるのである。ここに「成就」という言葉を使ったが、夢のなかには、そう呼ぶのがふさわしいものがある。第一章で、このような点は「夢を生きる」という題のもとに論じておいた。明恵はこのようにして、彼の捨身を「成就」し得たのであり、まことに偉大なことと考えられる。

明恵にとって「捨身」は、性衝動と関連していただろうが、他の側面ももっていたと思われる。それは身体が煩悩の座として、いろいろな物欲と結びつくものと考えられていたのではないかということである。明恵はこの頃、少年の傲慢さもあって、他の僧たちの俗物的な生き方に強い反発を感じていたようである。ひたすら仏の教えを信じて進もうとする彼は、戒律を破って平然としている僧たちはもちろん、名僧知識と呼ばれる人に対しても、それが財産や栄達の道につながるかぎり、疑念をもって見ていたと思われる。

先にあげた夢（一〇三頁）で、明恵が師匠に灌頂を授けるのがあった。そのとき明恵は夢の意味を知ることができなかったが、それは、自分が灌頂を授けたりしているのは、真言師になることを示しているのかと思って驚いたためである。つまり、明恵は当時の多くの僧がそうであったように、真言師として加持祈禱の類をすることで謝礼を多く得たり、あるいは、学者となって、その知識のために人に尊敬されたりする道にはいりたくなかったのである。彼はただただ仏陀の教えに従い、努力し修行したいと念じていたのである。

『行状』のなかで、このあたりのことを論じた言葉に、「堂塔造営等マデ猶世間ノ事ニ属スベシ」というのがある。立派なお寺を建てたりすることも、それは世俗のことであって、彼の考えている宗教ではないのだ。このようなきっぱりとした言説にも、「鎌倉武士」の気合いが感じられるのである。

錬金術の過程を示した図において、狼に喰われた王は火による清めを通じて再生する。明恵の「捨身」も、あくまで象徴的次元での死の成就であり、それは再生につながるものである。そして、言うならば、明恵は狼の胎内での体験をしなくてはならないのである。一般に、人間は母胎内での胎内体験を記憶することはできない。しかし、真にこの人生を意味深く生きるためには、意識して胎内体験をすることが必要なのであろう。明恵は、「狼に喰われる夢」を見た後に、極めて深い胎内体験をすることになる。その点については、次節に論じることにしよう。

3　仏眼仏母

捨身の成就の後に、明恵は素晴らしい胎内体験をする。この時期を経て、明恵は一種の再生を遂げるのであるが、明恵のこの体験を支えてくれるのが、仏眼仏母尊《ぶつげんぶつも》である。『行状』によると、「十九歳ノ時金剛界伝受ス、其ノ後仏眼ヲ本尊トシテ恒《つね》ニ仏眼ノ法ヲ修スルヲ業トス」とあり、この修行中に「好相幷《ならび》ニ夢想等、種々不思議ノ奇瑞多シ」と述べられている。明恵は十九歳から『夢記』を書きはじめるが、おそらく、仏眼にまつわる多くの夢の体験をし、その意味の深さを感じて、『夢記』を書き残すことにしたのであろう。現存する『夢記』は明恵の二十四歳からのものであり、それまでのものは散逸してしまっているが、幸いにも『行状』などにその頃の夢が記載されているので、それによって明恵の仏眼に対する深い内的体験を知ることができる。

母としての仏眼

仏眼仏母は『望月仏教大辞典』によると、胎蔵界曼荼羅の遍知院中央一切如来知印の北方、ならびに、釈迦院中央釈迦牟尼仏の北方下列第一位に位置している。仏眼は仏の目を人格化したものであり、また一切の諸仏の母とも考えられている。

仏眼仏母像(高山寺蔵)

目は多くの象徴的な意味をもっているが、ユングは目は母の子宮であり、瞳孔はそのなかから生まれる子どもである(8)、と述べ、エジプトの神話によって、目のなかにはいった神がそこから再生してくることを語っている。仏眼仏母の眼はおそらくこのような意味をもっているものと思われ、明恵はその像を本尊とすることによって、狼に喰われる体験の継続として、母なるものの胎内に戻り、そこから再生してくる過程を体験したものと思われる。仏眼仏母は明恵にとって、彼の個人としての母を超え、もっと大きい母なるものとしての意味合いをもっていたのであろう。

明恵の仏眼仏母に対する想いは、実に深いものであったようで、『行状』によると、この頃に極めて印象的な夢を相ついで見ている。まず「天童が明恵をきれいな輿に乗せ、仏眼如来仏眼如来と呼び歩くので、自分は既に仏眼となったと思う」という夢を見る。この夢では、男女の性別をこえて、明恵は自分が仏眼になっていると思うのだが、このような一体感を体験することに深い意味があったと思われる。まず、母子一体の境地があり、次にそれが分離するのである。

明恵は仏眼を母と思い、それと同一化するような夢をつぎつぎと見ている。「荒れはてた家に自分が居て、その下を見ると蛇や毒の虫が無数にいる。そこへ仏眼如来が現われ、自分を抱いてくれたので、恐ろしいところを免れることができた」という夢では、保護者としての仏眼像が示されている。あるいは、「馬に乗って険路を行くときに、仏眼が手綱を引いて先導してくれた」という夢を見ており、ここでは仏眼は導き手として現われている。また、あるときは、仏眼の懐に抱かれて養育される、という夢も見ている。夢の中で仏眼より手紙を貰い、その表書を見ると、「明恵房仏眼」と書かれていた、というのもある。

明恵がこれほどまでに帰依した仏眼仏母像(前頁写真)は、幸いにも高山寺に現存し、われわれは今も見ることができる。昭和五十六年に高山寺展が開かれ筆者も見ることができたが、一種なまめかしいなかに気品を感じさせる像に心を打たれた。仏眼は白蓮の上に結跏趺坐し、白を基調として清純な感じを与えつつ、光背の赤がそれに対比されて見事な調和を示している。特に印象的だったのは、獅子の冠で、真っ赤な口を開いた恐ろしい獅子の顔は、この慈愛に満ちた仏眼のもう一つの側面を示しているように、筆者には感じられたのである。

これには明恵の自筆の賛があり、右端に小さく、

モロトモニ、アハレトヲボセミ仏ヨ、キミヨリホカニ、シル人モナシ　無耳法師之母御前也

と書かれている。次に述べるように、明恵はこの像の前で自分の耳を切るので、「無耳法師」とあるこの賛は、彼が耳を切ってからのものである。おそらく、彼が既に述べたような夢想や好相を通じて、仏眼との一体感を体験しているときは、このような歌による表現を書きつける余裕はなかったことであろう。この和歌に続いて、明恵は「哀ニ愍我一《われをあいびんしたまへ》、生々世々、不ニ暫離一《しばらくもはなれず》、南無母御前〳〵」と書き、左側には、「南無母御前〳〵、釈迦如来滅後遺法御愛子成弁、紀州山中乞者敬白」と書いている。ここで、明恵は仏眼に「母御前」と呼びかけて母を慕う気持をもろに表現しているが、このように言語的に表現し、「母」として位置づけることが出来たのは、彼が紀州に移り、耳を切ることを成し遂げた後に可能となったものと思われる。十九歳のときに、仏眼の前で修行していたときは、夢に示されるように、彼が仏眼か、仏眼が彼か解らぬほどの一体感を体験したであろうし、次節に述べる『理趣経』との関連で言えば、仏眼はまた明恵の愛人としても体験されたのではないかと思われる。もちろん、ここに愛人といっても、それはあくまで母＝愛人の未分化な状況であり、性心理的表現で言えば、母子相姦的関係であったと言えるであろう。

明恵が体験した、このような心の深みへの下降は、常人ではまったく不可能なことである。彼のような天才のみが成し得たことと思われる。『行状』を見ると、明恵のこのような仏眼の法の修行を記述した後に、彼がいろいろな共時的体験をしたことを記しているのが興味深い。たとえば、行法の途中に侍者の良詮を呼んで、手水桶の水に一匹の虫が落ちて死にかかっているので、これを助けるようにと言う。良詮が驚いて手水桶を見にゆくと、

果たして蜂が一匹溺れて死にそうになっていた、などというエピソードが述べられている。他にもこのような逸話が多く記載されており、この点については後に詳しく論じるが、深い無意識層にまで下降すると、このようなことがよく生じると、現在の深層心理学では考えられており、明恵の修行の深さが窺い知れるのである。

理趣経

明恵が仏眼の法を修行している頃、夢告をうけて『理趣経』を伝授されたことが、『行状』にも『伝記』にも語られている。後者によれば、十九歳のとき夢にインド僧が現われて『理趣経』を教授しようと言ったとあり、ここでもインド僧が現われているのに注目すべきである。明恵は常に釈迦の生まれたインドに憧れており、日本における彼の周囲の仏僧の破戒の相を見るにつけ、自分が釈迦から直接に仏教を学ぶことができなかったのを残念に思っていたのである。

夢の中でインド僧が「明日お前に『理趣経』を教授しよう」と告げたが、その翌日、日中に修行していると、壇の上から声がして、『理趣経』をはるか遠方から、物をへだてて言うような感じで読み授けられた。その声は虚空に響くようで、遠近さえ聞き分けられなかった。修行後に堂を出て、聞いたことを記述しようとしたが、経文のはじめのところが不確実でうまく書けなかった。そこで、もしこれが仏の指図であるならば今一度教示して下さいと祈ると、また虚空に声がして、はっきりと読み授けてくれた。

この話は、明恵が『理趣経』を特に意味深く、このときの彼の内的要請にふさわしいものとして学ぶことになったということと、それを学ぶ上で彼の方に抵抗があった、あるいは、一筋縄では理解できなかったことを示していると思われる。明恵が『理趣経』をどのように受けとめたかは、彼の伝記などには述べられていない。しかし、彼がこの時に『理趣経』を学んだことは、非常に重要なことと思われる。

『理趣経』は正式には『大楽金剛不空真実三摩耶経』と呼ばれ、これは「大いなる楽は金剛のごとく不変で、空しからずして真実なりとのほとけの三摩耶《おもい》をしめせる経」という意味をもつもので、三～六世紀の間に成立したと推察されている。この経は「欲望は浄らかなり」として、欲望を肯定するところに特徴があるが、一般には男女の愛欲を肯定的に説く珍しい経典として知られているものである。この経の最初の部分は「十七清浄句《しょうじょうく》」と呼ばれているが、これを金岡秀友の訳によって示す。(9) この経は中国において、不空によって訳されたのであるが、不空訳は行文が簡単すぎて文意が把捉し難い場合があるので、金岡は不空による訳本以前の経典を参照して自ら補意を加え、それを（　）内に示している。この教えは「一切《すべて》の法《もの》は清浄《きよらか》なり」というのであり、次のような十七の句に示されている。

1　(男女交合の)妙適《たえ》なる恍惚境も、清浄《きよらか》なるぼさつの境地である。
2　(欲望が)箭《や》の飛ぶように速く激しく働くのも、清浄なるぼさつの境地である。
3　(男女の)触れあいも清浄なるぼさつの境地である。
4　(異性を)愛し、かたくいだき縛《つな》ごうとするのも、清浄なるぼさつの境地である。
5　(男女相抱いて満足し、世の)一切《すべて》に自由であり、すべての主であるような心地となることも、また清浄なるぼさつの境地である。
6　(欲心をもって異性を)見ることもまた清浄なるぼさつの境地である。
7　(男女交合して)適悦《こころよき》なる快感を味わうことも、また清浄なるぼさつの境地である。

8 (男女の)愛もまた清浄なるぼさつの境地である。
9 (これらのすべてを身に受けて生ずる)自慢の心もまた清浄なるぼさつの境地である。
10 ものを荘厳《かざ》ることもまた清浄なるぼさつの境地である。
11 (すべて思うにまかせ)意滋沢《こころよろこ》ばしきこともまた、清浄なるぼさつの境地である。
12 (みちたりて)光明《ひかり》にかがやくことも、また清浄なるぼさつの境地である。
13 身(体の快)楽もまた清浄なるぼさつの境地である。
14 この世の色《もの》もまた清浄なるぼさつの境地である。
15 この世の声《ものおと》もまた清浄なるぼさつの境地である。
16 この世の香《かおり》もまた清浄なるぼさつの境地である。
17 この世のものの味もまた清浄なるぼさつの境地である。

この句の1~9を見ると、男女の愛欲がそのまま肯定され、「清浄《きよらか》なるぼさつの境地」とされているのに驚かされる。しかし、この経を不空訳で読み、金岡秀友が( )内に加えている部分を抜きにしたとき、果たして読み手は、これが男女の性関係のことを語っていると読むだろうか。筆者は、不空があまりにもラディカルなこの経を訳すときに、それを柔らげるためにこのような訳を試みたのではないかとさえ思うのである。金岡によると、この経は「真言密教の極意を示すと考えられて、古来尊重強調された経典である」らしいが、わが国の真言密教においてこれが唱えられるとき、金岡が示したような男女交合のこととして理解されてきたのか、あるいは不空訳のあいまいさのなかで解釈されてきたのか、筆者は知る由もない。また、明恵が聞いた『理趣経』がどのようなものであったかも、非常に興味深い問題である。

ただ『行状』や『伝記』が述べるように、明恵は不思議な声によって『理趣経』を授けられるが、最初の部分が不確実で思い出せず、もう一度祈って、再度の声ではっきりとさせることができた、という事実は、この最初の部分をいかに受けとめるかで、明恵に迷いのあったことを示唆しているものと思われる。

明恵が『理趣経』によって、どこまで「性」の肯定に達したかは定かでないが、欲望の肯定という考えに接したことは事実であろう。明恵は「清僧」と呼ばれるが、その清浄さは、『理趣経』に「十七清浄句」として説かれている清浄さを背景にもっていることを、忘れてはならない。明恵は欲望を拒否したり、抑圧したのではなく、それを肯定しつつ、なお戒を守るという困難な課題に取り組んだのである。ここに明恵の偉大さがある。『伝記』には、「欲心深き者、必ず仏道を得る也。されば能々《よくよく》此の大欲を起して、是を便《たより》として生々世々値遇し奉りて、仏の本意を覚り明《あき》らめて、一切衆生を導くべき也」という明恵の言葉が記載されている。もちろん、明恵はここで「大欲」を説いているのだが、それに先だって、「欲心深き者、必ず仏道を得る也」と言い切るところに、彼の面目が躍如としている。捨身に続く仏眼法の修行は、厳しく、清らかになされつつ、それはまた欲望の肯定というパラドックスを内包しつつなされたのであり、すべてを包み許してくれるものとして、仏眼仏母は存在したのであろう。

注

(1) C. G. Jung, Psychology of the Transference, in The Collected Works of C. G. Jung, vol. 16, Pantheon Books, 1954.

(2) C. G. Jung, The Vision of Zosimos, in The Collected Works of C. G. Jung, vol. 13, Pantheon Books, 1967.

(3) 河合隼雄『母性社会日本の病理』中央公論社、一九七六年、参照。〔主に本著作集第十、十三巻に所収〕

（4） ヤッフェ編、河合／藤縄／出井訳『ユング自伝』1、みすず書房、一九七二年。
（5） 市川浩「〈身〉の構造」、『講座 現代の哲学2 人称的世界』弘文堂、一九七八年、所収。
（6） 白洲正子『明恵上人』新潮社、一九七四年。
（7） E. Edinger, Anatomy of the Psyche, Alchemical Symbolism in Psychotherapy, Open Court Publishing Co., 1985.
（8） ユング、野村美紀子訳・秋山さと子解説『変容の象徴』筑摩書房、一九八五年。
（9） 金岡秀友訳「理趣経」、中村元編『仏典Ⅱ』筑摩書房、一九六五年、所収。

第四章　上昇と下降

山寺は法師くさくて居たからず心清くはくそふくにても　（『伝記』）

この歌は、明恵が高雄を出て、紀州白上の峰に草庵を立てて住むことを決意したときに詠じたものである。「法師くさい」という言葉に、明恵の気持が端的に表わされている。建久四（一一九三）年、明恵二十一歳のとき、華厳宗を興して盛んにするために、東大寺の弁暁より公請《くじよう》出仕（朝廷で講義をすること）の依頼があった。若年の明恵には光栄なことであったが、当時は学閥や派閥の争いが多く、朝廷の庇護を求めようとするものの間に争いがあったりして、明恵は俗欲の強い他の僧たちに愛想をつかし、かねてからの願いどおり、文殊菩薩を師として、ただ一人で修行に励むことを決意する。このような思い切った手段によって、彼は仏眼仏母との一体の状態から脱出し、彼の考える一人前の僧として成長することができたと思われる。彼が紀州白上の峰に草庵をつくり住んだ時代について考えてみよう。

1　耳を切る

明恵は建久六年、二十三歳のときに神護寺を出て、紀州の白上の峰に移った。その後、二十六歳のとき高雄に帰るまで、この草庵に住むことになる。この三年の間に彼は大いに成長するのであるが、仏眼との一体感を体験し、いわば母子一体の感じを味わった後に、この世に再生し成人となるためには、相当の試練を必要としたと思われるし、それに値する行為を成し遂げたのが、この紀州白上の峰での隠遁生活なのである。

白上の峰については、『行状』に次のように記されている。

其ノ峯ノ躰《てい》タラク、大盤石ソビケタテリ、東西ハ長シ、二丁バカリ、南北ハセバシ、ワヅカニ一段余、彼ノ高巌ノ上ニ二間ノ草庵ヲカマヘタリ、前ハ西海ニ向ヘリ、遥ニ海上ニ向ヒテ阿波ノ嶋ヲ望メバ、雲ハレ浪シヅカナリト雖《いへども》、眼ナヲキハマリガタシ、南ハ谷ヲ隔テ横峯ツラナレリ、東ハ白上ノ峯ノ尾ヤウヤク下リテ、谷フカシ、北又谷アリ、鼓谷ト号ス、渓嵐響ヲナシテ巌洞ニ声ヲオクル……

筆者も白上の峰を訪ねてみたが、『行状』の名文はやや誇張気味とは言え、確かにその状況をうまく伝えていると思われた。何よりもここに記述されている景色は、高雄の山深く、いかにも「包まれた」という感じとは対照的であり、後者が母性的な感じを与えるのに対して、白上の峰は父性的な厳しさを感じさせるところが印象的である。このような場こそ、明恵が成人となるイニシエーションを行うのにふさわしい所だったのである。

自己去勢

明恵は捨身の象徴的な成就の後に、母胎への回帰を体験し、仏眼仏母との一体感を体験した。彼がより一層成長してゆくためには、そこから出てゆくこと、いわば再生の過程が必要であり、その過程のハイライトとして、彼が自らの耳を切る、という行為があったと考えられる。誰しも成人になるためには、何らかの死と再生の体験をしなくてはならないが、明恵の場合は、その過程が常人の域をはるかにこえた深い次元でなされるので、それに伴う「儀式」も、捨身の試みとか、耳を切るとか、凄まじい行為を必要としたのである。

ここで少し蛇足をつけ加えておく。神経症の心理療法においても、その人の人格変化を伴うときは、死と再生の体験が必要であり、明恵の体験したような母胎内への回帰のプロセスが生じる。そのとき、既に示したように、明恵の場合は仏眼仏母との同一化などが生じ、母の懐に包まれる感じが強かったが、多くの例においては、むしろ、そのような快適な体験よりは地獄めぐりの苦しさを味わうことになる。つまり、母なるものは二面性をもち、暖かく包む側面と、呑みこんでしまう恐ろしい側面とがあるので、どちらを体験するかによって著しい差がある。この差については簡単に言えないが、明恵の場合は捨身にしろ耳を切ることにしろ、母胎内への出入りの際に彼自らの意志による凄まじい苦行を伴っているが、神経症の人などはむしろ症状によってそこに導かれる安易さがあるので、母胎内体験が恐ろしい、あるいは苦しい体験となるのかも知れない。蛇足であるが、母胎内への回帰というと、プラスのイメージのみをもつ人もあろうかと思うので、つけ加えておいた。

明恵の場合は、母なるものの偉大な胎内より出てくるときに、耳を切るという犠牲を必要としたのであるが、彼自身は耳を切るという行為をどのような考えに支えられて行なったのか。『行状』などを参考にして、少し詳しく述べることにしよう。

明恵は常に釈迦に直接の教えを受けられなかったことを残念に思っていた。釈迦の在世に随分とおくれ、しかも釈迦の誕生の地から遠く離れた末法の辺土に生まれたことは、かえすがえす残念であった。そこで、ひたすら修行に努めようと思うが、周囲の僧たちを見ていると、むしろ世俗の生活を満喫して生きているとしか思えない。剃髪や染衣をつけることも、驕慢な心を逃れるためのものであるにもかかわらず、坊主頭を美しく剃ることや、きらびやかな僧衣を着ることにうつつを抜かしているのは、まったく愚かなことと思われる。明恵の嘆きは実に深く、『行状』などに書かれた彼の言葉は、他の仏僧たちに対する怒りも重なって、火も噴かんばかりの勢いがある。明恵は感情を殺して修行するタイプの僧ではなく、自らの感情にあくまで忠実に生きた人であったと思われる。感情を殺すのでもなく、そのまま流されてしまうのでもなく、彼は常にそれと対決したのである。

剃髪や僧衣を着る意味がほとんど失われているとするならば、なんとかして自分の姿を変え、俗世間から離れて仏道への志を確立しよう、と明恵は考えた。しかし、眼をつぶしてはお経を読めなくなるし、鼻をそいでは鼻水が落ちてお経を汚すであろう。手が無くなると印を結ぶことができなくなる。そこで、耳を切れば、耳は切っても聞こえるために法文を聞くのに不自由はないので、耳を切ることを決意する。このような決意に至るなかで、明恵は、耳を切ることは「五根の闕《か》けたるに似たり。去れども、片輪者にならずは、猶も人の崇敬に妖《ばか》されて、思はざる外に心弱き身なれば、出世もしつべし。左様にては、おぼろけの方便をからずは、一定損《いちぢやう》とりぬべし」(『伝記』)と考えている。自分は気が弱いので、人の崇敬に乗って出世してしまうだろう、というところが、いかにも明恵らしい。

明恵はこのように考えた後に、「志を堅くして、仏眼如来の御前にして、念誦の次《つい》でに、自ら剃刀を取りて右の耳を切る。余りて走り散る血、本尊幷《ならび》に仏具・聖教等に懸《か》かる。其の血本所に未だ失せず」といわれるような凄まじい行為をするのである。

明恵のこの行為はいろいろな意味をもっている。まずこれは、幼少時から自分の顔に傷をつけようとしたり、十三歳のときに捨身を試みたりしたことの延長上に位置づけられるであろう。自分の身体というものを、何らかの意味で拒否したかった、と考えられる。それがこれまでの二回は果たすことができなかったが、今回は思い切って決行し、ひとつのけりがついた感じが明恵にもあったであろう。ずば抜けて精神性の高い彼としては、武士の血を引いていることもあって、このような荒々しい行為を、一度はせずにおれなかったのであろう。もちろん、彼自身が述べているように、切断しても日常生活に一番差し支えのないところを選ぶという点で判断がはたらき、単なる血気の勇に走るということではなかったわけである。

既に述べたように、明恵はこれまで、母なるものの世界にひたり切るような生き方をしていたのだが、ここでその世界を出て、父なるものの世界とも接触する必要が生じてきた。彼が極めて内向的な性格であることは明らかであるが、いつまでも自分だけの世界に留まらず、社会と接触し、他人のためにも大きい仕事をする運命をもっていた。そのためには、母性性のみならず父性性をも合わせ持つ人格となることが必要であり、そのような強さを獲得するために、白上の峰での荒行が必要だったのである。そして、その完結のためには、今まで一体であった母なるものに対して捧げるべきいけにえが必要であったし、父性的な強さを立証するための試練に耐えることも必要であった。これらの意味をかねそなえた自己去勢の行為として、明恵の耳を切る行為を解釈することが妥当のように思われる。

他から加えられる去勢は、文字どおり、その個人の男性としての力を奪い去るものである。母なるものは、自分の息子たちの自立を望まず、いつまでも母なるものの子どもたちとして膝下に置こうとするとき、息子たちを去勢してしまう。父性的な厳しさをもった釈迦の説いた仏教は、日本に移入されてくると日本における母なるものの強さによって去勢されてしまい、つぎつぎと破戒僧を生み出し、明恵が嘆くように、その時代においては婬戒を守る僧がほとんどいなくなってしまった。ここに、婬戒を破る行為は、肉体的な男性性を保持し、そのために精神的男性性を棄て去ることを意味している。明恵は、あくまでも精神性を追求するために、肉体的次元における自己去勢を行なったのである。自己去勢には、このように、激しい精神性への希求がこめられている。

明恵がそれまでに「包まれて」いた高雄を出て、白上の峰に住む決意をしたことは、現代的に言えば青年の家出に相応するもので、母なるものに対する決別の表明と見ることができる。しかし、もっと明確な「母殺し」の象徴的成就ではなく、自己去勢の道を選んだことは、明恵が母なるものとのつながりをある程度維持していることを示している。これは、明恵が他の日本人とは異なる道を歩みながらも、それは直ちに西洋的な父性的自我の確立への道につながるものではなかったことを示していると思われる。

文殊の顕現

自己去勢の意味は解るにしろ、自分の耳を切るなどは、やはり「狂気の沙汰」と言えるだろう。しかし、真に創造的な人は、常識や一般的社会的規範を超えた行為を、どこかでやり抜かざるを得ない。とすると、その場合、事の当否はどのようなクライテリオンによって決められるのか。それは、たましいの判断によって、としか答えられないし、たましいなどということ自体があいまいなものである。ただ、明恵の場合、自分のたましいを明確にキャッチする方策を見出していた。つまり、彼は、彼のたましいの声としての夢に、その判断を依存していたのである。

耳を切ったその夜、明恵は印象的な夢を見た。夢にまたもやインド僧が現われ、明恵に向かって、自分は頭、目、手足などを仏法のために惜しまない行為をしたことを記録する者である。この度、明恵が如来を慕い、仏のために身命をすて、耳を切って如来を供養したことを記載し留めておく、と言って大きい一冊の書に書きこんだ。この夢は明らかに、明恵の行為が仏によって、——あるいは、明恵のたましいによって——承認されたことを示している。その行為は意味深いこととして記録されたのである。耳を切ることを「如来を供養した」と語っているが、これは自己去勢が、母なるものに捧げる犠牲《いけにえ》としての意味をもつことを示していると思われる。

このような夢の支持があったとは言え、耳も痛んだであろうし、少しは悔恨の気持も生じたかも知れない。その翌日、明恵は大切にしている『華厳経』を読みつつ、涙にむせんでしまう。そして、世尊自ら多くの菩薩を前に教えを説く在り様を音読するうちに、世尊の慈顔を拝するような心地となり、悲喜の涙を流しつつ本尊を仰いでいると、「眼の上忽ちに光り耀《かかや》けり。目を挙げて見るに、虚空に浮かびて現に文殊師利菩薩、身金色にして、金獅子に乗じて影向《やうがう》し給へり。其の御長《おんたけ》三尺許《ばか》りなり。光明赫奕《かくえき》たり。良久《やや》しくして失せぬ」(『伝記』)ということになって、明恵の眼前に文殊菩薩が顕現したのである。明恵の感激はいかばかりであったろうか。

文殊の顕現については『夢記』にも記載がある。明恵が十九歳のときからつけはじめた『夢記』は、最初の部分が失われて、現存するものの一番最初に記載されているのが文殊顕現のことなのである。これも偶然とは言い難いような気がするが、実際に極めて重要な夢想であったわけである。『夢記』の記載は既に紹介したが、もう一度記しておく。

一、同廿五日、釈迦大師の御前に於いて無想観を修《しゅ》す。空中に文殊大聖現形《げんぎゃう》す。金色《こんじき》にして、獅子王に坐す。其の長《たけ》、一肘量許《いっちうりやうばか》り也。

ここに述べられている文殊顕現が、果たして『伝記』などに記されているものと同一かどうか確かめるべくもない。ひょっとして、それは一度でなかったかも知れない。ともかく、明恵にとってこれは大きい体験であったようで、晩年にこのことについて弟子たちに語ったときは、「虚空カヾヤクコトカギリナシ、ソノ光明ノ中ニ、大聖マナアタリ現ジタマフ、歓喜勝計スベカラズ」と述べ、続いて「コノゴロ口《くち》キ、候ハ、ソノユヘニテアル也」とつけ加えている(『却廃忘記』)。つまり、皆に説教などできるのも、あの文殊顕現を見たおかげだと言っているのだから、彼がいかにそれを重視していたかが解るのである。

耳を切った後で、このような深い体験をして、明恵は「歓喜勝計スベカラズ」という喜びようだが、ここで特に文殊が顕現したことの意味についてはあまり論じられていない。もっとも、白上の峰では、文殊菩薩をたのみとして隠遁生活をしたとあるので、いわば守り神としての文殊が現われたと言えるのであろう。『華厳経』においては、普賢と文殊の両菩薩が特に重要である。『華厳経』の入法界品には、善財童子という童子が、いわば求道の旅ともいうべき旅を行い、つぎつぎと諸賢を訪ねてゆく物語が語られ興味深いが、善財童子が最初に会うのが文殊菩薩なのである。高雄—白上を経て、既に述べたように父性と母性の両側面をある程度わがものとして、立派な僧となるべきイニシエーションを成し遂げた明恵が、求道の旅の最初に会う菩薩として、文殊に出会ったとも考えられるのである。

二翅の大孔雀王

文殊顕現のときから、『夢記』がある程度現存しているので、それから二日後に見たと思われる夢を、われわれは明恵の自筆で読むことができる。

一、同廿七日の夜、釈迦如来の御前に於いて、花厳経を読誦し奉る。其の間、熟眠《じゆくめん》し了《をは》んぬ。夢に云はく、菩薩三僧祇修行の図と云ひて、独鈷《とこ》の如くなる物あり。処々に瑕《きず》あり。初僧祇より第二僧祇に至る間の瑕なんど云ひてあり。成弁《じやうべん》も此に従ひて修行せんずると覚ゆ。然るに、初心には此の如《かく》き少々の瑕のあるなりと思ふ。此は、成弁、経典を読誦する間に心の散乱するをうれふるが故に示す所也。又、東寺の塔の許《もと》に縄をひけり。其の縄をひける内は、其の地、深田の如くして歩みにくげなり。少々人のありくも、其の足地に入りて歩みにくげに見ゆ。成弁、其の縄をひける内に、少しき片足を踏み入れたるが、やがて足をひきて縄の外の大路《おほち》へ去りぬ。其の大路は堅地《かたち》にして、歩みよげなりと見ると云々。

ここに成弁とあるのは、明恵の初めの法名である。なお、三僧祇は悟りに達するまでの非常に長い時間を三区分したもので、僧祇は無数に大きい数の意である。この夢の意味はあまり判然としないが、修行の間に「瑕《きず》」が生じることを指摘している点が興味深い。自己反省の強い明恵としては、いろいろな「瑕」を意識することが多かったであろうが、「初心には此の如き少々の瑕のあるなり」という言葉で慰められたであろう。東寺の夢の方は、少し思い切った推察をすると、塔のまわりが深田のように歩きにくく、その外の大路は堅地で歩きやすい、

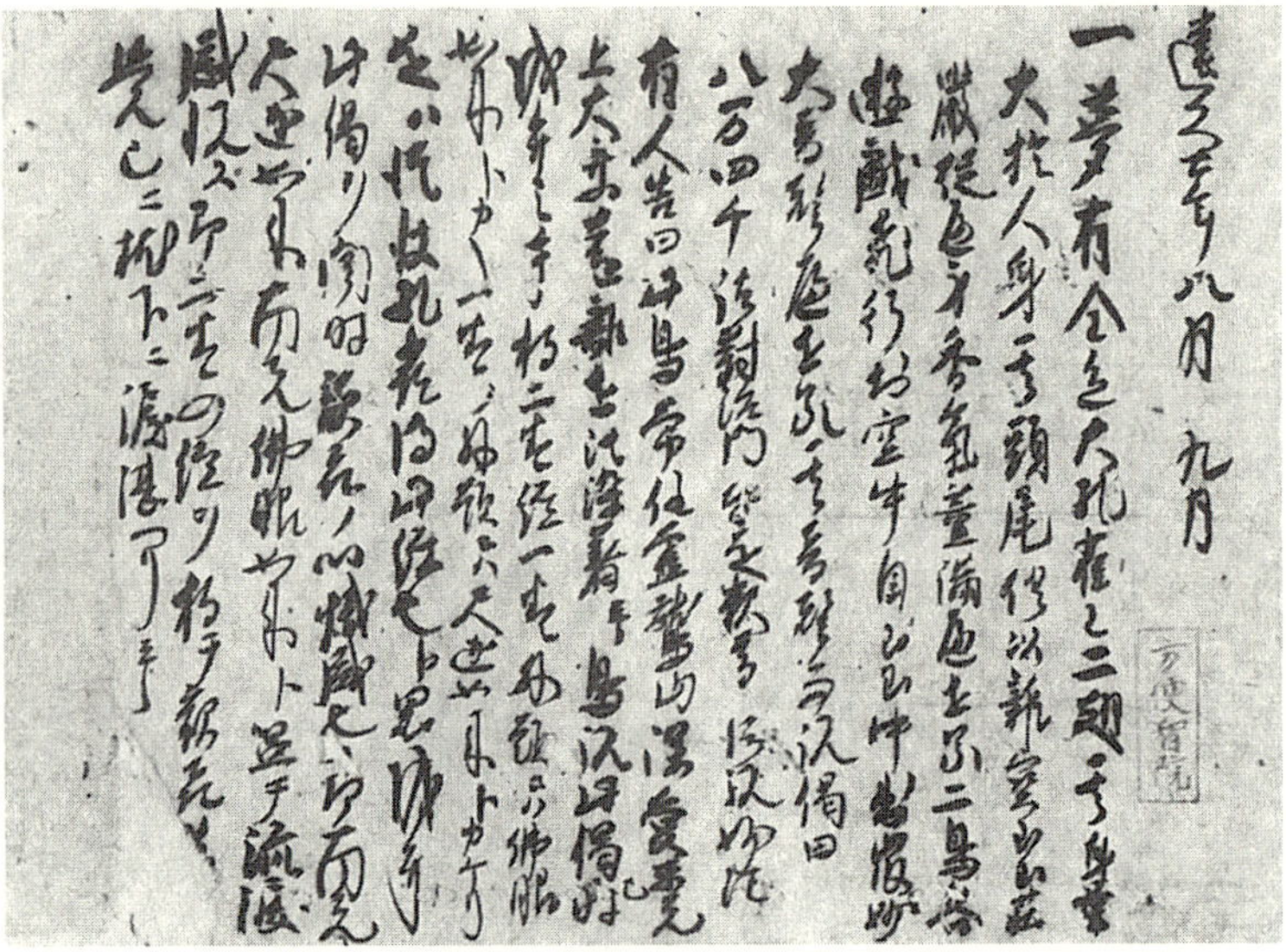

『夢記』大孔雀王の夢(高山寺蔵)

明恵はむしろその大路の方へ歩いていった、ということは、明恵がもう少し社会との接触をもつようになることを暗示しているように思われる。寺と大路、湿地と堅地などの対比から、明恵が以前よりは父性的なものを身につけ、隠遁生活から外の社会へと少し乗り出してゆくことが推察されるのである。

この年に明恵が見た夢は、『夢記』にこれらの他に三つあるが、そのなかで特に印象的な、建久七年八月、九月、という日付のある夢を次に示す。

一、夢に、金色の大孔雀王有り。二翅あり。其の身量人身《にんじん》より大きなり。其の頭・尾、倶《とも》に雑《くさぐさ》の宝・瓔珞《やうらく》を以て荘厳《しやうごん》せり。遍身より香気薫り満ちて、世界に遍《あまね》し。二つの鳥、各、空中を遊戯《ゆけ》飛行《ひぎやう》す。瓔珞の中より微妙《みめう》の大音声を出し、世界に遍し。其の音声にて、偈《げ》を説きて曰はく、「八万四千の法、対治《たいぢ》門《もん》、皆是、釈尊所《しよ》説《せち》の妙法なり。」人有り、告げて曰はく、「此の鳥、常に霊鷲山《りやうじゆせん》に住み、深く無上の大乗を愛楽《あいげう》して世法の染著を遠離《をんり》す」と云々。鳥、此の偈を説き已《をは》りし時、成弁の手に二巻の経を持つ。一巻の外題には仏眼如来《ぶつげんによらい》と書き、一巻の外題には釈迦如来と書けり。是は、彼の孔雀より此の経を得たる也と思ふ。成弁、此の偈を聞く時、歓喜の心熾盛《しじやう》也。即ち、「南無釈迦如来、南無仏眼如来」と唱へて、涙を流し感悦す。即ち二巻の経を持ちて歓喜す。夢覚め已るに、枕の下に涙湛へりと云々。(「大孔雀王の夢」)

この夢については、上田三四二も感銘を受けたのであろう[1]、これを紹介する際に次のような言葉を付している。「時空を超えて明恵の身体になだれ込む夢のうち、もっとも華麗と思われるものを引く。彼はそこにおいて天竺と釈迦を一身のいま、一身のここにおいて享け、一身の透明な壺は歓喜の涙を溢れさせる。」明恵が目覚めたとき枕の下に涙を湛えていたほどの夢の本質が、詩的な表現によってうまく捉えられているが、筆者の方は相変わらず極めて散文的な分析を行なってみよう。

まずもっとも微細なことから。「遍身より香気薫り満ちて」とあるが、夢のなかで嗅覚がはたらくことは極く稀である。夢はもともと視覚的なものであるが、音は割に聞こえるとしても、夢中で味覚、嗅覚がはたらくことは非常に珍しい。明恵の夢には時々、香りが生じていて、この点でも彼の特異な能力が認められる。おそらく彼の夢体験は一般の人に比して、はるかに現実性をそなえたものであったのだろう。この孔雀の夢でも、その大音声を出して飛んでいる様など、生き生きとした感じが伝わってくるのである。

大孔雀王は、孔雀明王とも言われ、孔雀に乗った明王であるが、明恵の夢では「二つの鳥」などと表現されているし、孔雀そのものが明王であるらしい。孔雀はその華麗な姿から、洋の東西を問わず、さまざまの象徴性を与えられている。ローマ時代の硬貨には皇女たちと共に孔雀が刻まれ、それは神格化を意味している。錬金術では、その羽根のさまざまな色合いの統合性から、全体性を象徴すると考えられている。

仏教における孔雀明王の話は、明恵の夢との関連で、なかなか興味深い。『望月仏教大辞典』によると、ある若い僧が大きい黒蛇に右足の親指をかまれ、毒がまわって死にそうになったとき、仏母孔雀明王大陀羅尼を説くことによって、仏がこの若い僧を治癒し救われたという故事があり、それが『仏母大孔雀明王経』に語られているという。ここから人間のあらゆる災難を除去する孔雀明王の像がつくられ、それは金色の孔雀に乗ったイメージとして描かれることになった。明恵はもちろんこのことを知っていたであろうし、ここに対比して語られる孔雀と蛇のイメージは、彼が最初の頃に見た「高雄出奔の夢」(九八頁)における、「蛇と蜂」につながるものとしてみると興味深い。そのときに、地を這うものと空を飛ぶものの対比について論じたが、これは孔雀明王の物語においても同様で、空を飛ぶものの地を這うものに対する優位、つまり、精神性の強調がここに認められる。

明恵の夢に現われた二羽の孔雀は、その姿の素晴らしさ、その香気、そして大音声をもって空から偈《げ》を説くところなどに、明恵の精神の高揚を示し、高雄を脱け出ようとしたときに対面した「蛇」との戦いに、ひとつの勝利がもたらされたことを告げている。この夢を記した明恵の筆蹟(一二六頁写真参照)にも、高揚した気分が反映されているように思われる。

ところで、ここで孔雀が二羽現われていることは、どのように考えるべきであろうか。明恵の夢を通覧すると、「二」ということが非常によく生じていることに気づかされる。既に述べたことであるが、明恵が生まれるときに叔母が「二」の主題をもった夢を見ているのは、明恵の人生を象徴しているようにさえ思われる。明恵の叔母の夢の「二つの柑子」を、明恵自身が解釈して、華厳と真言の二宗を表わすと述べたことも既に紹介した。しかし、筆者には、この「二」は華厳と真言ということのみならず、明恵の人生に生じた、実に多くの二元性を表わしていると思われる。

この夢では、二羽の孔雀がそれぞれ一巻の経を手渡し、明恵は二巻の経を手に持つのだが、一巻には「仏眼如来」と書かれ、他の巻には「釈迦如来」と書かれている。明恵が仏眼を母として尊崇したことは既に述べたが、これに対して、釈迦には父のイメージをもっていたようである。ここで明恵は、父性と母性という二元的な態度を共に一手に受けているのである。イスラムやペルシャなどから生じ西洋にもたらされた、よくある図として、生命の木の両側に二匹の孔雀の配された図があるが、これは統一の原理から生命力を引き出している、人間の心の二元性を示すものとされている。このような象徴的な表現をこの夢に適用すると、人間の心の二元性が明恵という存在に統一されている、と見ることができる。事実、明恵の人生においては、父性と母性のみならず、心と体、合理と非合理、などなど、多くの二元的な対立が大きい意味をもち、明恵はそのどちらかを偏重することなく、また、二元的な割り切りを行うこともなく、強い葛藤をわが身に引き受け、そこに何らかの統一を見出そうとして努力してきたと言うことができる。二元的対立のなかに身をおくことによって、その緊張によって明恵は心身を鍛えられたのである。

2　上昇の夢

仏眼仏母との一体化が、深い世界への下降のイメージで表わされるとするならば、それを解消して、文殊の顕現を見たあたりから、上昇のイメージに満ちた夢が生じてくるのも、むしろ、当然のことであろう。上昇と下降は、夢における非常に重要なテーマである。空を翔けていた孔雀は、明恵に二つの経をもたらすが、貴重な教えを受けて彼の心は高揚し、上昇に向かうのである。

五十二位の石

現存する『夢記』では、「大孔雀王の夢」の次はおそらく散逸したのであろうか、その次に記載されているのは、建仁元(一二〇一)年のもので、約四年後の夢である。しかし、この空白期間の夢については、『行状』に記されたものが大分あるので、それによって明恵の内面を知ることができる。それらを紹介しつつ、その意味を考えてみることにしよう。

或ル時夢ニ見ル、一ノ塔アリ、我昇ルベシト思フ、スナハチ一重コレヲ昇ル、ソノ上ニ又重アリ、随ヒテ又昇ル、此ノ如クナム重トモナク昇リテ今ハ日月ノ住処ヲモスギヌラムト思ヒ、最上ノ重ニ昇リテ見レバ九輪アリ、又是ヲノボル、流宝流星ノ際ニイタリテ、手ヲ懸クルト思ヒテ覚メヌ。(「塔に昇る夢1」)

これはまさに「上昇の夢」である。塔に昇る。それも何重にもなっているのにどんどんと昇り、日月の住処も過ぎて、流宝流星の際にまで昇りつめてゆくところが、余人とまったく異なるところである。もっとも、ここに言う「流星」とは、塔の九輪の一番上に名づけられたもので、「流れ星」を指しているのではない。上昇するということは、世間的にも精神的にも、人間にとって重要なことである。従って、夢に上昇の主題が生じることはよくあるが、筆者の長い夢分析の体験のなかでも、ここまで昇りつめた人は極めて少ない。しかし『行状』の記載は、すぐこれに続いて、もっと驚くべきことを告げるのである。

其ノ後ノボリヲハラザルコトヲ恨《うら》ミ思フトコロニ、廿余日ヲ経テ後、夢ニ又此ノ塔ニアヘリ、先日ノボリヲハラズ、今昇リキワムベシト思ヒテ、重々是ヲ昇ル事サキノ如シ、今度ハ流宝流星ノ上ニ昇リテ、其ノ流星ノ上ニ立チテ見レバ、十方世界悉ク眼前ニミヱ、日月星宿モハルカニ足下ニアリ、是ハ色究竟天ヨリモ高クノボレル心地シテ、其ノ後又地ニ降リ立ツト見ル。(「塔に昇る夢2」)

前の夢では相当なところまで昇ったが、昇り終わったという感じがなく残念に思っていたところ、二十日ばかりして夢のなかで前の塔がまた現われた。こんなのを聞くと、そんな馬鹿な、と思う人があるかも知れない。しかし、筆者の夢分析の体験からして、このようなことは稀ではあるが十分に存在しているし、また、そのようなことが生じる夢は、本人にとっても意味深いものであると言うことができる。夢の途中で目覚めてトイレに行き、また眠って前の続きを見る程度のことであれば、割に多くの人が経験しているであろう。明恵の場合は、それが二十余日の後に生じるのであるが、明恵としては、なんとかして続きを昇り切りたいという強い気持をもって、その間の生活をしていたことと思われる。夢の中でこの塔に昇ることは、明恵にとって宗教体験そのものであったのである。この夢は、明恵にとっても重要と感じられたのであろう、後年に彼の著わした『華厳仏光三昧観冥感伝』の中にも、この夢のことを述べている。

彼が高く高く昇り、十方世界がすべて眼前に見え、「色究竟天《しきくきようてん》」よりも高く昇ったとさえ感じた、色究竟天とはどのようなところだろうか。『望月仏教大辞典』によれば、色究竟天は色界に属する最上の天、のことである。

仏教では、世界を欲界、色界、無色界に分けて考える。これが仏教でいう三界である。欲界は婬欲・食欲の二つの欲を有する生きものの住む所であり、色界は欲界の上にあり、婬欲と食欲を離れた生きものの住むところで、絶妙な物質よりなると考えられている。これは十七天に分けられているが、その最高の天が色究竟天なのである。無色界は最上の領域で物質を超えた世界であり、ここでは精神のみが存在する。明恵は夢の中で色究竟天を超えたのではないかと感じたのであるから、超物質的な体験をしたのであろう。夢の中でも、これだけの上昇体験をもった人は、まずなかろう。

想像を絶する高みに昇る夢として、ユングが七十歳くらいの頃、危篤状態に陥ったときに見た、夢とも幻像《ヴィジョン》とも思われるものがある。彼は心筋梗塞を起こして危篤状態になり、ユング自身も死が近づいたと思いこんでいた。そのとき彼は次のような体験をした(2)。

私は宇宙の高みに登っていると思っていた。はるか下には、青い光の輝くなかに地球の浮かんでいるのがみえ、そこには紺碧の海と諸大陸とがみえていた。脚下はるかかなたにはセイロンがあり、はるか前方はインド半島であった。私の視野のなかに地球全体は入らなかったが、地球の球形はくっきりと浮かび、その輪郭はすばらしい青光に照らしだされて、銀色の光に輝いていた。地球の大部分は着色されており、ところどころ燻銀《いぶし》のような濃緑の斑点をつけていた。左方のはるかかなたには大きな曠野があった、――そこは赤黄色のアラビヤ砂漠で、銀色の大地が赤味がかった金色を帯びているかのようであった。

ユングの描写はもう少し続くのだが、要するに彼は地球からはるかに遠ざかった地点に達していたのだ。明恵は仏教の世界観の上にたっているし、ユングは現代人の自然科学による知識の上に立っているので、描写は非常に異なるが、両者ともに「この世」からはるかに離れた地点にまで上昇した体験をもったのである。

ユングは続いて、このような高い地点で、ふと見ると宇宙空間にただよっている巨大な石をくり抜いてできている礼拝堂があり、そこにはいってゆこうとした体験を語っている。この描写は、仏教にのべる「色界」を現代人の体験として述べているようにさえ感じられる。興味深いので引用を続けてみよう。なお、このときユングは、セイロンのカンディーにある「仏陀の聖なる歯」という寺院(いわゆる仏歯寺)を訪ねたときの情景を想起しているのだが、これも示唆的に感じられる。

私が岩の入口に通じる階段へ近づいたときに、不思議なことが起こった。つまり、私はすべてが脱落して行くのを感じた。私が目標としたもの、希望したもの、思考したもののすべて、また地上に存在するすべてのものが、走馬灯の絵のように私から消え去り、離脱していった。この過程はきわめて苦痛であった。しかし、残ったものもいくらかはあった。それはかつて、私が経験し、行為し、私のまわりで起こったことのすべてで、それらのすべてがまるでいま私とともにあるような実感であった。

西洋の近代的自我をもった人の体験として、もちろんこれは仏教的な世界の描写とは異なるものであるが、それだけにかえって、われわれ現代人に対して仏教的な「色界」に近似した感じを、わかりやすく伝えてくれるような気がするのである。

「塔に昇る夢」に続いて、明恵はまた素晴らしい夢の体験をする。これは五十二位を昇りつめる夢である。仏教では求道者(菩薩)の修行の段階を五十二に分け、十信・十住・十行・十回向・十地および等覚(正しいさとりに等しいさとりを得た位)、妙覚(迷いを滅し尽くし、知慧がまどかに具わった位)とする。このことが明恵の夢に生じたのである。

夢ニ大海ノ中ニ五十二位ノ石トテ其ノ間一丈許《ばか》リヲ隔テテ大海ノヲキニ向ヒテ、次第ニ此ヲ並ベ置ケリ、我ガフミテ行クベキ石ト思ヒテ其処ニイタルニ、信位ノ石ノ所ニハ僧俗等数多ノ人アリ、而《しか》ルニ信ノ石ヲオドリテ初住ノ石ニ至ルヨリハ人ナシ、タヾ一人初住ノ石ニイタル、又ヲドリテ第二住ノ石ニイタル、カクノ如ク次第ニヲドリツキテ十住ノ石ニイタリテ、又初行ノ石ニイタル、一々ニフムデ乃至第十地等覚妙覚ノ石ト云フマデニ至リテ、カノ妙覚ノ石ノ上ニ立チテ見レバ、大海辺畔ナシ、十方世界悉クサハリナク見ユ、来レル方モ遥カニ遠クナリヌレバ、此ノ所ハ人是ヲ知ラズ、今ハ還リテ語ラムト思フ、又逆次ニ次第ニフミテ信位ノ石ノ所ニ至リテ、諸人ニ語ルト見キ云々。(「五十二位の夢」)

この夢について、明恵は「是等ハ成仏得道マデノ事ノ見ユル也」と述べているが、まさにそのとおりで、はじめの「信」の位のところではたくさんの人が居たが、「住」の位になるともう既に誰も居なくなり、そこを明恵はどんどんと跳んで、最後の妙覚のところにまで行きついてしまった。またも「十方世界悉クサハリナク見ユ」という体験をする。しかし、彼はそこに長くは留まらず、「今ハ還リテ語ラムト思」い、先の道を逆行してこちらに帰ってくる。もし帰って来なかったら、ここで死んでしまうことになると思われるが、上昇の後に下降してこちらに帰ることが必要なのである。ここでは省略するが、ユングはあのような高みから「この世」に帰ってくるためには、思いがけぬことが必要であったことを語っている。明恵の場合は、ひたすら禅定に入って修行を重ねていたので、このような往還が比較的容易に行えたのであろう。

身体との和解

先に示した二つの夢は、白上の峰における明恵の修行がいかに厳しく、精神的に純化されたものであったかを示している。求道者としての彼の姿勢はまことに厳しく、食事も極めて貧しいものであったので、ついに病気になってしまう。激しい下痢で「殆ンド腹綿ノ損セルカト疑フ物、痢ニ降リテ」というほどになる。同行の人たちが治療をすすめるが、明恵はまったく顧みない。彼の激しい気性がそのまま窺えるところである。仏道修行のために死ぬのは、むしろ望むところというわけである。これに対して、明恵の夢はまたもや興味深い反応を示す。

数日ノ後、夢ニ一人ノ梵僧来リテ、白キ御器ニアタタカニシテ毛立チタル物ヲ一杯盛リテ、此ヲ服スベシトテ授ケ給ヘリ、心ニアザミノ汁カト覚ユ、皆是ヲ服シヲハンヌ、其ノ後覚時ニナヲ其ノ味口中ニアリ、即時ニ其ノ病、気分ヲウシナヒテ平癒セリ。（「病気平癒の夢」）

ここでもインド僧が現われ、それが与えてくれたものを飲んで明恵は平癒する。これは夢のなかで薬を飲むことと、実際に病いが癒えることとが一致している興味深い例である。『行状』などには何も書かれていないが、おそらく、この夢によって、明恵は自分の体を大切にするべきことを学んだのではなかろうか。精神性を激しく追求しようとする人は、ともすると自分の身体をないがしろにすることが多い。精神と身体とを単純に区別し、前者を大切にしようとするあまり、後者を軽んずるのである。確かに難行苦行で身体を痛めつけることによって、精神の高みに達する経験をすることも事実である。しかしながら、精神の高みに達するためには、身体を痛めつけることが必要条件でもなければ十分条件でもないのである。ここに、心と体の結びつきの不思議さがある。明恵は色欲、食欲などの欲と戦い、身体を相当に拒否し続けながら、この時点で、自らの身体と和解することを学んだのではなかろうか。

釈迦も出家した後に六年の間、減食、断食、呼吸を止めるなどの種々の苦行をしている。そしてその結果、「目はおちくぼみ、あばら骨はみえ、身体中しわだらけになり、あたかも老人のように無気力にして、手足の動きすらも不自由になった」という。しかし、釈迦は、自己の悟りを求めてのみ苦行していた自分を反省し、苦行をやめることを決意し、バラモンの娘、ナンダとバラの二人より食の施しを受ける。釈迦と共に修行していた五人の比丘は、これを見て修行の放棄と考え、釈迦が堕落したものと判断して立ち去っていったという。ところが、実のところは、釈迦の本質的な修行の段階はここでもう一段と深化されたのである。

釈迦のこのような修行の過程と、明恵のそれがどこまで重なり合う意味をもつのかは、筆者には不明であるが、ともかく、一度は身体の否定があり、その後に肯定に至るという点が、どちらにも共通に見られ興味深い。おそらく、身体を切り離しての「上昇」は、真の悟りには結びつかないのであろう。明恵が夢の中で五十二位の石にまで到達したり、色究竟天にまで達したりしたのは、もちろん偉大なことではあったが、それは身体性と切れたものであり、身体との和解をその後に経験することが必要だったと思われる。

明恵が身体との和解を体験してから、外的な事情も関連するのだが、外界との関係が生じてきて、隠遁生活から出る方向へと変化してゆくのも注目すべきことである。従って、夢の方も、ひたすら上昇に向かうものがなくなって、むしろ、外界との関係などが生じてくるのである。理由は省略するが、明恵は白上の峰の草庵を出なくてはならなくなり、どこに行くべきか迷ったが、高雄に還ってくる。文覚上人は明恵にそこに留まるように説得するし、明恵は暫く高雄に住み、『探玄記』を講じはじめた。明恵が高雄に還住したのは、建久九(一一九八)年、彼が二十六歳の頃とされている。今まではひたすら草庵に籠っていた彼が、他の人々に講義をはじめたのだから、画期的な変化である。これに対して、夢は「春日大明神、此ノ宗ノ伝道ヲヨロコムデ、縁ニ立チテ舞ヒ給フ」(『行状』)というイメージをおくり、明恵の行為を支持したのである。春日大明神が舞いをまうという身体的表現が見られるが、明恵にとって身体というものが自分のものとなってくる過程を反映していると思われる。

夢の中に「此ノ宗ノ伝道」というのがあったが、「此ノ宗」とは華厳宗であり、明恵はこの頃はもっぱら『華厳経』に心を打ち込んでいたのである。彼が講じたという『探玄記』は、『華厳経』に関する注釈を法蔵が著述したものである。この頃、『行状』によると、明恵は非常に重要な夢を見ている。「夢ニ大ナル亀アリ、忽チニ老翁ト成リテ弓箭ヲ持セリ、則チ告ゲテ云ハク、我相具シ奉リテ、花厳法門ヲ授ケム、仍《よ》リテ彼ニ随ヒテ行クニ、一ノ穴ノ前ニ至リテ、此ノ内ヘ入ルベシト云ヒテ、老翁マヅ其ノ内ヘ入リヌト見ル、心ニ思ハク、是龍宮ナリ云々。」明恵の夢には多くの動物が出てきて、それぞれが興味深いのだが、ここでは亀が現われ、それがたちまち翁に変じたのである。そして、華厳の教説を教えてくれるというので随ってゆくと、一つの穴に入ることになる。なんだか昔話のような感じだが、明恵の方もこれは「龍宮」だ、などと思うのである。

明恵はこの夢の中で、「龍宮」にはいってゆくと思っている。『華厳経』は龍樹が龍宮からもたらしたという伝えがあるので、このような夢が生じたかと思われるが、筆者はここで浦島の物語を連想する。明恵は弟子たちに、仏僧であっても仏教の経典以外のものもひろく読むべきだと言っているし、浦島の話は非常によく知られている話なので、彼がそれを知っていたと考えてもおかしくはないであろう。ところで、明恵の時代の浦島の物語は、多少の変化があるにしろ、『丹後風土記』に記載されている「浦嶼子」の話とあまり違ってはいない。それによると、浦島は「五色の亀」を釣りあげ、それがたちまち絶世の美人となり、浦島にプロポーズして、彼らは結婚するのである。ところが、明恵の夢では、亀は老翁に変じている。このあたりはどう考えていいだろうか。

既に他に詳しく論じたことなのでここには繰り返さないが、(3) 日本の昔話においては、美しい女性の背後に老翁が存在していることが実に多いのである。明恵の夢の場合、彼にとって今すぐに亀の変化《へんげ》した亀姫に出会うことは、あまりにも受け入れ難いことだったのであろう。従って、亀は美女への媒介者としての翁に変じたと思われる。夢の中で、翁は華厳の教えを授けると言っているが、明恵が龍宮に至るのだと思っていることは、彼が華厳を学ぶ過程のなかで、何らかの形で女性と出会うべきことを予感しているものと思われる。事実、この夢は筆者が重要視している「善妙の夢」(第六章参照)へとつながってゆくのである。しかし、龍宮にはいる夢を見てから、それが「善妙の夢」に結実するまでには、約二十年の歳月を必要としたのである。人間の個性化の過程がどのようなペースで行われてゆくかを、これは如実に示してくれている。

『行状』にこの夢に続いて記載されている夢を示そう。「又或ル時、躄学文等ノ業ヲヤメテ閑居修行ノ勤メヲ思ヒ企ツ、其ノ比《ころ》夢ニ普賢菩薩ヲ拝セントスルニ、所乗ノ象、頭ヲフリテ礼ヲウケズ、是閑居ノ事ヲ御不受ニ思食《おぼしめ》サレタリト思フ、其ノ後、聊《いささか》身心煩フ事アリ、其ノ病相不思議也、是閑居御不受ノシルシ也ト思ヒ得テ、思ヒ止ムベキヨシヲ申ス処ニ、忽チニ其ノ病、気分ヲウシナヘリ。」明恵は文覚の説得があったりして、高雄に住み、講義などをしているのだが、やはり一人でひたすら修行に専念したいという気持が強かったのであろう、学問などをしているより修行に励みたい、と彼が思っているときに夢を見たのである。

夢で彼が普賢菩薩を拝もうとすると、普賢菩薩の乗っている象が頭をふって、それを受けなかった。そこで、明恵はこれを解釈して、自分が閑居修行しようとすることを普賢菩薩が受け入れないのだと思ったのである。その後、不思議な病気になったが、これもひとつの「シルシ」と思い、閑居修行をはっきりと思いとどまると病気が治った。明恵の体は、彼のものとなると共に、仏のものともなって、「シルシ」を顕現させる媒介になったのである。

続いて、夢の中で大きい素晴らしい船があり、天下第一の有徳の人にその銘を書かせて宝物として留め置かれるべきものと思っているうちに、自分がその人物なのだと思い筆を取って、へさきの方に「花厳五教章巻上」と書き、ともの方には「花厳五教章巻下」と書くのを見た。これは、明恵が華厳の教えによって多くの人々を救うことになるのを予言している夢と思われる。以下、この頃の夢については省略するが、彼が相当な自信をもって華厳の教えを説いてゆくことを支持する内容のものが多い。白上の峰の草庵でひたすら孤高の地位を保った彼が、だんだんと一般の人々と接触し、その教えを広めてゆくための準備段階が、このころ内的にすすめられていたことを、夢の内容から窺い知ることができるのである。ただ、明恵自身は、他人に教えたりするよりも、もっぱら自分の修行に励みたいし、そのためには他人を避けて隠遁したいという願いを、常に持ち続けていたようである。

筏　立

教えを一般にひろめてゆくのか、隠遁するのか、明恵自身の心にも迷いがあったためであろう、高雄には暫く居ただけ、明恵は再び白上に移るが、それも短期間で、彼の生家を有田川に沿ってさかのぼった山間の筏立《いかだち》というところに住む。このとき明恵は二十六歳であったが、既にその徳を慕って、十人あまりの若い僧が彼につき従うようになっていた。これ以後、三十二歳のときに京都の槙尾に移るまで、明恵は筏立より糸野、星尾などに移るが、いずれも紀州の彼の生家の近くに住み、ここで専ら華厳を学び、修行に努めると共に、だんだんと周囲の人々に徳を及ぼしてゆくようになる。つまり、外界との接触が前よりも多くなってきたのである。

この間に、明恵が「島」に対して手紙を書いたという有名なエピソードや、インドに渡ろうと計画したときの不思議な逸話が、『行状』などに記されているが、それは次章に述べることにして、この間に『夢記』に記載されている夢について少し論じることにしよう。散逸があったためか、この頃の夢は、『夢記』には僅かしか残されていない。建仁元(一二〇一)年に二つ、建仁三年に二つあるのみである。そこで建仁元年のを一つ、同三年のを一つ取りあげてみることにする。

一、建仁元年正月三日より、人の為に修行法を祈禱す。同十日。同十一日の夜、夢に云はく、上師、成弁と共に、播洲へ下向せしむ。船二艘あり。一艘には上師乗らしめ給ふ。又一艘には余の同行等乗らしめ、然れども、成弁、上師之船に乗り、暫時之間、余の御房等之船に乗り遷る。仏眼の具足入れたる経袋をば上師之船に置けり。其の後、急に駃《はや》き風出で来、船走る事極り無く、譬へ無き程也。此の船は前に進み、上師之船は後に来る。成弁、経袋を取りて来ずと思ひて、心に深く之を悔ゆ。海に入りもこそすれと思ふ。人々も海に入りやせむずらむと思へり。其の船、極めて狭くして、而も長し。ここに於いて、誤り無く陸地に付き了んぬ。人有りて、来りて成弁を肩に乗せて、播洲の御宿所に到り付く。夢心地に、前々の如く、東寺の修理播洲御下向とも思はず、唯播洲御下向と思ふ。さて御宿処に到り、已《すで》に上師等皆落ち付き給ふ。成弁、此の経袋を尋ぬるに、上師の御房云はく、「など我にこそ言ひ誂へてあづけましか」とて、此を歎かしめ給ふ。

然る間、一人の同行有りて、此の経袋を慥《たしか》にして持ち来る。成弁悦びて之を取ると云々。其の後、一人の同行有りて、語りて曰はく、「上師告げて曰はく、『明恵房をば、二因縁有る故、此へ具して来る也。一つには病患を療治せん為の故也。此、上之呵嘖之言に似たること有り。之を略す二つには云々。』」善くも聞かず。其の後、上師、御具足を見る。自ら手に一つの手箱を持ち給へり。見るに、此の御前之仏、布施之手箱也。夢心地に思はく、此は成弁に施したりしを、此の上師の取り給ふ也と思ふ。又、所治《しよち》之験と思ひて、死人等多く見ゆ。此《これ》、所治の相、雑《まじは》れる故也と云々。

この夢においても、「二」の主題が大きい意味をもっているようである。この夢のなかの「上師」は上覚を指していると思われるが、この上覚と明恵の間の一種の葛藤状況のようなものが、「二」との関連で夢のなかに読みとられる。ここで「上師」が明恵にとって何を意味しているのか、明恵に連想を聞くことができないので明確なことは言えないのであるが、この夢を必ずしも上覚という人と明恵との葛藤と読みとる必要はなく、上覚が一般の当時の僧たちを代表しているかも知れないし、あるいは華厳を代表しているかも知れないのである。ともかくこの夢は、明恵が上覚を「師」として、ひたすらそれに従ってゆくのではなく、自分の道を自らの手で拓いてゆくべきことが暗示されているように思われる。この翌年、建仁二（一二〇二）年には明恵は上覚より伝法灌頂を受けている。上覚に対して、明恵は常に「師」として従っているのであるが、深い内面において、彼は上覚からは独立の道を歩むことになるのである。明恵は最初は上覚と同じ船に乗っていたが、しばらくして他の船に乗り移るし、その際に上覚の船の方においてきた自分の経袋を、「どうしてそのように言って私にあずけなかったのか」などと上覚に非難されるのだが、結局は他の僧がもってきてくれるのである。

『夢記』の原文を見ると、「一人の同行有りて、此の経袋を慥《たしか》にして持ち来る」という文の前で、三文字ほどが抹消されている。「一人の同行」の僧を思い出しかけて書いて消してしまったのか、ともかく、ここに記憶の不明確さが伴ったことを反映していて、非常に興味深い。明恵の大切にしている経袋をたしかに保持してきてくれるのは、上師ではなく未知の同行なのである。自分にとってもっとも大切なのは「未知のある人」であるという表現は、夢が非常に好んで用いる方法である。この未知の同行に対する明恵の想いが、結局は釈迦その人への直接的な思慕として結実してくるのである。

上覚が、明恵をつれて来たのには二因縁があるといい、その二つ目の方ははっきり聞けなかった、というところも夢によく生じる筋書きである。二つのうちの一つ、おそらくより重要な方は、未知のままで放置される。このような夢を見たときわれわれは、夢の暗示する第二の因縁について覚醒時にいろいろと思いめぐらすのであるが、おそらく明恵も同様のことを行なったであろう。彼の心の中ではさまざまの二元性がはたらいていることを既に指摘したが、この夢が何を語っているかは、不明である。伝法灌頂を受けた頃、明恵は密教の様式によって華厳の教理を体得しようとする意図で、いろいろな工夫をこらしているが、華厳と真言という二つの教理の存在も、明恵にとっては大きい意味をもっていたと推察される。

次に、『夢記』に記載されている建仁三年十月の夢を取りあげよう。明恵は次章に詳しく述べるように、建仁二年の頃よりインドに渡る計画をもっていたが、この年に春日大明神の託宣を受けて中止を決定、わが国に留まって南都系の仏教の興隆のために力をつくそうと考えるようになる。その頃に見た夢である。

建仁三年十月、夢に云はく、一つの大きなる筏有り。其の筏、白き布を以て帆と為《せ》り。此の布、円法房、

□舎より持ち来りて懸けられたり。其の筏、数多の高尾《たかを》の人々之に乗る。誠におびたゝしき大滝、枕に向ひて馳せ流る。成弁、不慮の外《ほか》に又之に乗る。心に思はく、我が頸に舎利を懸け奉れり。恐らく、此の筏倒れ沈まば、舎利、水に沈み下りなむ。設《たと》ひ沈まずといへども、又彼の湿潤《しふじゆん》を恐る。水よりおりて舎利を陸地におかばやと思へども、筏をとむべき様もなし。箭《や》をつくが如くに走りて、惣《すべ》て抑ふべき様なし。其の滝はをふひか滝なんどの様にて、それよりも誠にけはし。滝へ正《まさ》しく筏のおち入る時に当りて、諸人皆堕ち入りぬ。諸人は高尾におとなしくおはします人々也。余人は雑《まじ》らず。成弁、舎利を守護して、つよく踏み張りて立てるに、筏反覆《はんぷく》すといへども、只我一人堕ちずして、遂に浅瀬に行く。我云はく、「筏より降りし諸人は水を行く。足立つ計《ばか》り也。然りといへども、水に降りずして、遂に岸に到る。後、我は陸地に昇れり」と云々。

(「筏立の夢」)

この夢では明恵は筏に乗っており、それもなかなか危険な状態にあるが、最後には彼はうまく陸地に着くことができるのである。建仁二年の夢でも、彼は船に乗っていた。白上の峰を出てから、彼は孤高の修行の道を選ぶか、衆生のためにつくす道を選ぶかで迷い、時にはインドに渡ることさえ考えたのだが、このような十年近い過渡期を経て、三十四歳のときに後鳥羽院から高山寺を授かり、以後その場において、自らの修行と衆生への奉仕とを両立させるようになる。その過渡期にあたって、このように危険を冒しつつ水を渡る夢が生じているとも思われる。

この夢では筏の上に立って陸地に着くのだが、明恵がこの夢を見る二年程以前に「筏立」というところに住んでいたことを思い合わせると、なかなか興味深い。夢は時にこのような語呂合わせのようなことをして、ユーモラスな感じを与えてくれる。この夢では明恵は舎利の濡れるのを気にしているし、前の夢では、経袋がどうなったかを気にしている。おそらくこのような過渡期にあって、生き方次第によっては、彼にとっての仏教の本質が損われることを危惧していたためであろうと思われる。おそらく、少しの気のゆるみによって、彼は容易に「出世」して、俗界に勢力をもつ僧となったり、「学者」として成功したりしたのではなかろうか。

明恵と共に筏に乗っていたが、結局は水の中に落ちてしまった人たちが「高尾におとなしくおはします人々」だというのは、なかなか示唆的である。明恵は確かに、高雄に「おとなしく」留まっていることができなかった人間である。わざわざ紀州の山の上の草庵に住んでみたり、暫く帰ってきたかと思うとまた出てゆく。これはもちろん明恵の求道心の激しさによるもので、じっと大人しく学問のみをしていることは、彼には不可能だったのである。『伝記』によると、彼は常々、「恵《え》学の輩は国に満ちて踵《くびす》を継ぐといへども、定学を好む人世に絶えたり。行解《ぎやうげ》の知識欠けて、証道の入門、拠《よりどころ》を失へり」と歎いた、とのことである。ここに彼が対比して語っている恵学と定学とは、仏教においてすべて必要とされる三学、つまり、戒・定・慧《え》のなかの慧と定とを指している。当時の僧がもっぱら学問の方にのみ傾き、禅定による修行を怠っているので、悟りに至る道にどうして入門してゆくのか、それが一向分からなくなっている、と明恵は慨嘆している。

夢は明恵のこのような生き方を支持し、「高尾におとなしくおはします人々」は水中に落下してしまうが、彼のみ陸地に至ることを告げている。「筏立」における自分の「定学」の修行が無駄なものでなかったことを、これによって明恵は知ることができたであろう。明恵には、もちろん何人かの若い僧が従っていたとは言え、まったくの孤独の道を歩んでいたので、夢による支持は、彼にとって実に大きい意義があったと思われる。

『夢記』では、この夢の次にごく短い一行のみの夢の記録があり、それに続いて、「一、勝《すぐ》れて夢を畏《おそ》るべき事」という言葉が書かれている。明恵がわざわざ「畏る」という文字を用いているのは、神に対するように夢に対すべきことを表わしたいからだと思われる。夢に対するこのような敬虔な態度は、現代において夢分析を行うものにとっても必要なことであろう。明恵は、夢を見る者の根本的な態度によって、夢の内容も意味も異なったものになることをよく知っていたのであろう。このような態度をもっていないと、たとえば「筏立の夢」などによって喜んでしまい、自我肥大を起こしてしまうことだろう。夢に関心をもつ危険性のひとつは、自我肥大が起こりやすいことであるが、その点で明恵はまったく心配がなかったということができる。

注

(1) 上田三四二『この世この生』新潮社、一九八四年。
(2) ヤッフェ編、河合/藤縄/出井訳『ユング自伝』2、みすず書房、一九七三年。
(3) 河合隼雄『昔話と日本人の心』岩波書店、一九八二年、参照。〔本著作集第八巻所収〕

第五章　ものとこころ

人間世界に存在するさまざまの二元性のなかで、非常に重要なものに、ものとこころということがある。この両者は、思いのほかに入り組んだ相補的関係をもっているのではないかと思われるが、これを「物質」と「精神」として明確な分断を行うことによって、西洋の近代文明が成立してくる。西洋近代の意識は、「物質」と「精神」とに分けられた「精神」の確立と向上を目標としてきた。しかし、最近のニューサイエンスにおいては、人間の意識の在り方には西洋近代の意識とは異なる状態もあることが反省され、そのような意識状態においては、物質と精神との区別、あるいは自と他との区別などが極めてあいまいとなると考えられるようになってきた。このような点については、既に他に詳しく論じたので、(1) ここであまり繰り返すことはしないが、読者の便宜も考えて、ある程度の説明をしつつ述べてゆくことにしよう。この点についてある程度認識しておくことは、これから述べるような明恵の生き方を理解するために必要なことと思われる。

ここでわざわざ「ものとこころ」と平仮名を用いたのは、デカルトのように物質と精神とを明確に分けていない状態における「もの」と「こころ」の在り方を表現したかったからである。といっても、「もの」と「こころ」の区別はある程度存在する。これは自と他との区別についても同様である。この区別があまりにもあいまいになってしまったのでは、この世にまっとうに住むことができない。このあたりのことは実際問題として非常に難しいところであり、この点で明恵がどのような意識の状態にあったかは極めて重要なこととなってくる。明恵は既に見てきたように、まったく浮世離れしたようなところや、超能力者のような面をもつ反面、極めて合理的で、いわゆる現実感覚も鋭かった。このような両面を見逃さないようにすることが大切であると思われる。

1 仏陀への思慕

明恵の信仰は、時空を超えてひたすら釈迦その人に向けられていた。既に引用したが、彼は「ワレハ天竺ナド二生マレマシカバ、何事モセザラマシ。只、五竺処々ノ御遺跡巡礼シテ、心ハユカシテハ、如来ヲミタテマツル心地シテ、学問行モヨモセジトオボユ」(『却廃忘記』)と述べている。明恵にとって仏教とは、すなわち釈迦という人に向けられた彼の深い帰依の感情を意味するものであった。

釈迦という人は、時空を超えて明恵の心のなかにあった。彼は神護寺の釈迦如来に宛てて手紙を書いたりさえしているのである。その宛て名は「大聖慈父釈迦牟尼如来」となっており、自分の名は「遺法御愛子成弁」と書いている。このような釈迦への想いがつのって、インドに渡ることを実際に考えつくところも明恵らしい。彼は二度にわたってインドに行くことを企画するが、それを放棄せざるを得ない事情が起こる。これは極めて重要なことなので、本節において詳しく述べるが、その前に、明恵が島に対して手紙を書いたという有名なエピソードを紹介しておこう。ここにも、彼の「もの」と「こころ」に対する態度がよく反映されていると思われる。

「明恵上人樹上坐禅像」(次頁参照)を見るとき、誰しも明恵が自然と渾然一体となっている姿に感銘を受けるだろう。樹上に端然と坐している明恵の周囲には鳥やリスの姿さえ描かれている。坐禅像にこのような小動物が配された図は、おそらく他に類をみないことであろう。明恵と自然との関係を示すエピソードはいくらでもある。ある時、明恵は同行の僧に船中で法文の談義をしていたが、波が高くなってきたので湊に船を入れた。風がおさまり船を出そうとしたが、干潮で船が出せない。そこで、砂浜で砂をつきあげて文机とし、そこで明恵は講義を続けたという。(2) 砂の文机で経典を講じている明恵の姿は、なかなか見事な絵になっている想いがする。

明恵が草庵をたてた白上の峰にしても、晩年に住むことになった栂尾《とがのお》(古くは梅尾と表記した)にしても、趣きは異なるが、いずれも素晴らしい自然を感じさせる所である。明恵にとってはこのような自然に包まれて在ること、そのことが宗教的体験であったと思われる。日本人である限り、自然への親近感を持っているものであるが、彼の場合はその度合いが極めて深く、後にも述べるように、それが彼の信奉する華厳の教えとも結びついているところが特徴的なのである。明恵が月夜の晩に弟子と共に船に乗り、紀州の苅磨《かるま》の嶋という島へ渡ろうとしたときの様子が『行状』に語られている。そこにはそのときの情景を語る美文がつづられているが、その文に「更ニ此ノ外ニ何ノ聖教ヲカ求メム」という語が続く。自然に接し、自然の心を知ることができたときは、いまさら別に経典を読む必要もない、というのである。明恵の自然に対する態度が、ここに端的に語られている。

この苅磨の嶋に明恵は一通の手紙を書いた。彼にとっては、島も人も同等なのである。面白いのは、この素晴らしい手紙を手にした弟子が、これをどこに持っていったらいいのかと尋ねると、明恵は「苅磨の嶋に行き、梅尾《とがのお》の明恵房からの手紙だと高らかに呼んで打ち捨てて帰って来なさい」と事もなげに答えていることである。明恵のいたずらっぽい微笑が目に見えるような気がする。彼は遊びに真剣になることのできた人なのである。

手紙は現存していないが、『伝記』にも『行状』にも相当に詳しい記録が残されている。後者の方が長く、内容に多少の相違があるが、大筋においては変わりはない。この手紙には長い前置きのような部分があり、そこでは島に対して手紙を書くことの理論的根拠とでも言うべきことが語られているのである。筆者には、このような「遊び」を通じて、明恵が華厳の教えの真髄を弟子たちに伝えようとしている、と思われるのだが、その最初のところを『伝記』によって少し見てみよう。

其の後何条の御事候哉。罷《まか》り出で候ひし後、便宜《びんぎ》を得ず候ひて、案内を啓せず候。抑《そもそも》嶋の自躰を思へば、

明恵上人樹上坐禅像

是欲界繋の法、顕形二色の種類、眼根の所取、眼識の所縁、八事倶生の躰也。色性即ち智なれば、悟らざる事なく、智性即ち理なれば、遍せざる所なし。理は即ち真如なり。真如は即ち法身無差別の理、理は即ち衆生界と更に差異なし。然れば、非情なりとて衆生に隔て思ふべきにあらず。

このような調子が続き、随分と難しい手紙で、これを貰った「島」もさぞ驚いたことであろう。筆者もよくは解らないが、「その後、お変わりございませんか」というような挨拶(この部分は『行状』にはない)に続いて、島というものは欲界に属している存在であるが、木石と同様に感情をもたないからといって他の生物と区別して考えることはない、という主張が述べられているようである。このような文に続いて、国土というものは『華厳経』に説く仏の十身中の最も大切なものであり、毘盧舎那仏の体の一部である。つまり、島は如来そのものだ、ということが述べられている。実際、このあたりの文は「島」にあてて書かれているというよりは、弟子たちに島を介して華厳の教えを説いているような感じである。ところが、この文に続いて調子が変わり、「島」に対する明恵の気持が綿々と述べられるのである。その部分を『伝記』から引用してみよう。

かく申すに付けても、涙眼に浮かびて、昔見し月日遥かに隔たりぬれば、磯に遊び嶋に戯れし事を思ひ出されて忘られず、恋慕の心を催しながら、見参する期なくて過ぎ候こそ、本意に非ず候へ。

このあたりは別に難しくなく読めて、「島」に対する明恵の気持がそのまま伝わってくる感じがする。このような島への思慕の情の表現に続いて、明恵は実に面白いことを書いている。

又、其に候ひし大桜こそ思ひ出されて、恋しう候へ。消息など遣《や》りて、何事か有る候など申したき時も候へども、物いはぬ桜の許《もと》へ文やる物狂ひ有りなんどいはれぬべき事にて候へば、非分の世間の振舞ひに同ずる程に、思ひながらつゝみて候也。然れども所詮は物狂はしく思はん人は、友達になせそかし。

桜の大木がなつかしく手紙など出したいこともあるが、そんなことをすると狂気かなどと言われないかと気になって、道理に合わない世間の習慣に同調して、心に思いながら表面に出さずにいたが、結局は狂気だなどと思うような人は友人にしないことにする、というのである。「非分の世間の振舞ひに同じ」ていたのが、最後のところで「友達になせそかし」と言い切るところに、明恵の決意がよく示されている。この桜の木は、『行状』によると、高雄の中門の脇にある桜の木になっていて、そちらの方が正しいようであるが、それはともかく、明恵が強調したいところを理解することが大切であろう。彼にとっては、人間や動物のみならず、無生物に至るまでが区別なく感じられるのである。「もの」と「こころ」の境界は、限りない相互滲透性をもっているのである。

渡天竺

明恵の釈迦に対する思慕の念が非常に強かったことは繰り返し述べてきたが、その想いの極まるところ、ついに彼はインドに渡ることを計画することになる。建仁二(一二〇二)年頃より、明恵は弟子の喜海たちとインドに渡ることについて話し合っていた。ところが、建仁三年に春日明神の託宣によってインド行きを中止せざるを得ない、という大事件が生じる。この際には一連の奇瑞が相ついで生じ、「文殊の顕現」についで、明恵にとっては大きい意味をもつ体験となったのである。明恵はこの大事を記録に留めておきたかったのであろう、自ら「託宣正本の記」としてそれを書き記したが、後に自ら破棄してしまった。おそらくそこに生じた多くの奇跡が、単にそのことによって一般の人々を惹きつけたり、誤解されたりすることを恐れたのであろう。真に明恵らしいことである。

明恵自身は自らの記録を破棄してしまったが、弟子の喜海がこのことを惜しんで、明恵の没後に『明恵上人神現伝記』一巻を記し、それが幸いにも現存している。これによってわれわれは事の詳細を知ることができるのであるが、その奥書を見ると、「更に外聞に及ぶべからず、本《もと》の記已《すで》に破却せられをはんぬ。全く注し留むべからずと雖《いへど》も、ただ是れ自ら廃亡の為に恐れながら之を記す、能《よ》く能く秘すべし、秘すべし」と書かれていて、いかに公開を憚ったかを知ることができる。また、明恵はその後元久二（一二〇五）年に紀州に伽藍を建立し、この奇瑞に関係の深い春日・住吉両明神の宝殿をあわせて造立したとき、その由来を説くために「秘密勧進帳」を記しているが、これには彼自らの手で、奇瑞のことが記録されている。これも現存しているので、これらと『行状』との記述によって、われわれは多くのことを知ることができるのである。これらの記録から要約すると、それは次のようなことになる。

建仁三年正月二十六日、湯浅宗光（明恵の伯父）の妻（当時、二十九歳）が新しい莚を乞い受けてそれを鴨居にかけ、たちまちにその上に登り、自分は春日大明神である、明恵のインド行きを止めるために降りてきたのである、と言ってその場を去った。明恵はこの託宣が真実のものであるかどうかを知るために祈請し、弟子たちもそれに従った。もし本当に春日明神の降託であるならば重ねて霊告を垂れていただきたいと祈っていると、二十九日に再び降託があった。このときの宗光の妻の様子は普通でなかった。顔は奇異で世に類がなく、色白く水晶のように透明になり、声も哀雅で聞くものはすべて涙にむせぶばかりであった。また全身から不思議な香りを出した。「御詞《おんことば》ノ出ルトキ、御イキ殊ニコク匂ヒテモノ、フリカ、ル心地ス、ハルカニ三四丁ノ外ニ匂フ」とあるから、その影響力は絶大なものがあったろう。春日明神は彼女を通じて明恵に語りかけ、大要、次のように述べた。

「私は御房をわが子のようにいとおしく思っている。しかし、最近学問を疎略にしているのは残念であり、もっと聖教に思いをかけて欲しい。寿命は短命で四十歳も危ないように見える。御房を多くの衆生が待っているから、籠居せずに王城の近くに住んで欲しい。解脱房貞慶も不思議にあわれな人だが、彼も笠置に隠棲していて残念である。そのように彼に伝えて欲しい。御房は諸神みなが守護しているが、特に住吉大神と自分とは離れず守護しており、自分は父親と同じである。御房が来生に兜率天に往生することは必定であるが、今は人間世界において人間のための導師にしたいと思っている。従って、天竺に行こうとしているのは私にとって大きい嘆きである。」

このように告げて後、降霊は「罷《まか》リ去リナントテ、左右ノ御手ヲモテ上人ヲ横抱キテ御面ヲ合セテ、糸惜《いとほし》ク思ヒ奉リ候ナリトテ、雙眼ヨリ涙ヲ流シ給フ、必ズ〳〵我ガ詞《ことば》ニ違越アルベカラザルナリ」と述べ、これに対して明恵は声を放って悲泣し、人々も泣き叫んだ。明恵は失神したようになるが、また託宣が行われ、必ず春日神社に詣ずること、京都・奈良に住むべきことを要請して去って行った。

このときの体験を明恵が記している「秘密勧進帳」によると、降霊は不思議な異香を発したのみならず、その手足口に滋淳の甘みを発し、諸人は悦びにたえず、その手足にある奇異の甘味を舐めた。そして、明神還去の後も、その甘味を舐めた人々は、数日甘味が口中に留まり、妙香は数日家中に満ちて消えなかったという。降霊が明恵に対してのみならず、その周囲の人々に与えた影響力の強さが、この逸話によく示されているように思われる。

喜海の『明恵上人神現伝記』によると、明恵は二月になって春日に参詣し、続いて笠置に解脱房貞慶を訪ねるのだが、この間に瑞夢や奇瑞が何度も生じ、それらが丹念に記録されている。たとえば明恵が春日に参詣したとき、東大寺の中御門辺で鹿が三十頭ばかり膝を屈して同時に一面に臥したが、その後明恵が紀州に帰ったとき、例の女房が託宣を受け、鹿が膝を屈して迎えたのは自分(春日明神)が迎えに出ていたからだと告げた、などというのがある。明恵はこの間に何度も春日明神の夢を見たりしているが、これらのことは省略する。

この年(建仁三年)の十一、十二月に明恵の記した夢が、おそらく『夢記』より散逸したものの一部であろうが、上山家に十四、五点現存している。その中から興味深いものを少し取りあげる。建仁三年十一月七日の夢をまず引用する。

成弁の左肘《ひじ》堕落す脇以下切り堕つ。心に思はく、是れ大明神の御不快の至りに依るなり、と。夢忽ち覚めて肘なほあり。心に思はく、明神御不快なるに依りて、此の悪夢有り、と。定めて中風等の大病を招くか。臂《ひじ》ありと雖《いへど》も、何ぞ快《こころよ》からんや。此の如く思惟して覚め了《をは》んぬ。(「肘堕落の夢」)

夢の中で夢を見ることは時にあるが、これもその類のものらしい。左肘が無くなって、春日明神の不快のためと思いつつ夢が覚めて肘がまだあるのを知り、中風などになるのだろうか、肘があっても心配だと思って、今度は本当に目が覚めたのである。この夢について明恵は何もコメントしていないが、彼が夢のなかで行なった一種の「解釈」で、肘がなくなったという夢から、中風になるのではないかと考えているところが興味深い。実際、このような夢が身体的な病気を予見しているときがあるが、明恵はそのような例があることを知っていたのであろう。もちろん、この夢は、そのような身体のことよりも、内面にかかわるものであったわけであるが。

次に同じ十一月の十九日、明恵が宿泊した家の主人が見た夢を、自分とのかかわりが深いものとして、「此の家の主の御前の夢に云はく」と記録しているのを示す。

家主、自ら春山（春日山）に詣づ。山林良く、面白さ極り無し。大明神、御宝殿の外に出で、磐石に尻懸け居給ふに、諸《あまた》の鹿、其の数一千許《ばか》り、前後左右を囲遶す。其の一々の鹿の頭上に悉く宝珠あり。光明映徹、大明神また光輪赫奕《かくやく》。明神、家主に向ひ告げて曰はく、「我、明恵房のわれを呼ぶ故に、高尾に行かんと欲《おも》ふ」と。即ち諸の鹿の中に、馬三疋許りを合せる程の鹿あり。彼を指さして言はく、「我、此の鹿に乗りて高尾へ行くべし」と。其の鹿の頭の左右に、各《おのおの》一宝珠あり。即ち宮移りと云ひて、道俗貴賤、悉く集会す。其の後高尾に行きて此の事を語るに、諸人みな感悦す。又、金堂の中より、老僧錫杖をつきて出で来たる。種々、頭を摩して慰喩すと云々。

これは他人の夢ながら、明恵と春日明神との結びつきの並々ならぬことを如実に示している。春日の明神が明恵に呼ばれて高雄に行くと言っているのは、この後、暫くして明恵が京都に住むことになるのを予示しているのであろうか。あるいは、先に示した明神の託宣に、王城の近くに住むべし、というのがあったし、ここに示した夢などから、明恵は隠遁の意志を棄て、京都に住む決意を徐々に傾けていったのかも知れない。

明恵が春日明神の神託により渡天竺の計画を中止した一二〇三年は、いみじくも歴史家によってインド仏教滅亡の年とされている年なのである。イスラム教徒がインドを席捲し、当時の仏教教学の中心であったヴィクラマシラー寺院を破壊し、これによってインドの仏教は絶えてしまったとされるのである。明恵はもちろんこの事実を知らなかったであろうから、彼がもし渡天竺に成功したとしても、まったくイスラム化したインドに接して、どのように感じたであろうか。おそらく彼はそこで生き続けることは出来なかったであろう。明恵の渡天竺中止とインドにおける仏教滅亡の年が重なり、この共時性にわれわれも心を打たれるのである。

インド行きを中止した翌年、建仁四年正月に『夢記』に記載されている夢を見てみよう。

一、同四年正月、夢に云はく、二条の大路、大水出でたり。成弁、将《まさ》に之を渡さむとす。前山《さきやま》兵衛殿、馬に乗りて、来りて将に之を渡さむとし給ふ。成弁、彼と共に将に之を渡さむとす。教へて云はく、「一町許りの下を渡すべし。」即ち、指を以て之を指し示し給ふ。成弁、教へに依りて之を渡す。深さ馬の膝の節に到る。心に思はく、広くは出でたれども浅かりけりと思ふ。即ち、安く之を渡して向ひに付き畢《をは》んぬ。(「大水を渡る夢」)

二条大路に大水が出たが、そこを馬で渡ろうとする。そのとき前山兵衛(明恵の母の妹の夫で、明恵の両親の死後、彼の養父となった)が来て、一町ほど下の方を渡るのがいいと教えてくれ、それに従って渡るとあんがい浅くて、向こう側に着いた、という夢である。ここで大切なことは、水を渡るということが主題となっていることと、前山兵衛が実はこの年の十二月に死亡すること、である。この夢は、明恵が渡天竺の企図を放棄することによって、「大水を渡る」ことになるというパラドックス、つまり、インドへ行くことを止める決断によって、彼が何か新しい世界にはいることを示しているように思われる。このとき、前山兵衛の死の予示のようなものが重なっていたのか。明恵の「水を渡る」行為が、どこかで死に関連するほどのことと感じられたのか、そのあたりは定かではない。

ともかく、明恵にとって、ひたすら自分の修行に専念することよりも、衆生のために経典を説き、そのために「学問」することを決意することは、決死の渡河のイメージで表わされるにふさわしいものであったろう。それが思いのほかに浅く、あんがい容易に渡河し得たことは、明恵の今後の高山寺での生活を予示しているのであろう。

春日明神の託宣もあり、明恵は高雄に帰るが、紀州で養父の崎山良定(前山兵衛)が病いに臥し、それを見舞ったりするため、彼は紀州と高雄の間を往復する。しかし、この間はどちらの生活も安定せず、聖教を落ち着いて読む場所さえない有様となり、明恵は元久二(一二〇五)年、再びインドに渡ろうと計画する。数人の同行と共に行こうとして、今回は相当に綿密に計画をたてる。このとき明恵が自筆した「印度行程記」が、高山寺に今も伝えられている。大唐長安より摩訶陀《まかだ》国王舎城に至るまで、一日に八里歩いたとき、七里のとき、五里のときと分けて、どのくらいの年月を要するかが計算されている。このように理づめで考えるところが、いかにも明恵らしい。

ところが、この時も思いがけないことが生じた。渡天竺の計画をたてはじめると、不可解な病気に悩まされるようになった。明恵は自分の傍に一人の人が居るのを感じる。それは見えるわけではないが、心にその姿が浮ぶのである。そして、明恵が弟子たちとインド行きの話し合いをするたびに、その人は明恵の片腹を握ったり、最後には明恵の体の上に上って両手で明恵の胸を抑えるので、明恵は悶絶しそうになる。これは只事ではなく、やはり春日明神の託宣ではないか、ということになって、明恵はくじによってそれを占うことにする。

明恵は本尊の釈迦、善財五十五善知識、春日大明神のそれぞれの前で、「渡るべし」と「渡るべからず」とのくじを引き、三か所のうち一か所でも「渡るべし」を引いたときは、身命を捨てても渡天竺を敢行しようと決める。ところで、まず釈迦の前のくじを引こうとすると、二本のうちの一本が自然に壇の下に落ちて、いくら探しても見つからなかった。残った一本を開いてみると、「渡るべからず」であった。ついで他の二か所のも引いたが、いずれも「渡るべからず」で、明恵は再び渡天竺の放棄を決定した。すると病気は即時に平癒したのである。

この決定を行なった日の前夜、明恵が次のような夢を見たことが、『行状』(漢文)に記されている。「上人ノ夢ニ云ハク、二ツノ白鷺空ニ飛ブ、白服ヲ著ル一ノ俗人其ノ上ニ在リ、弓箭ヲ取リテ一ノ鷺ヲ射落スト云々」(「白鷺を射落とす夢」)。明恵はこの夢が、先のくじにおいて一本が失せる前兆であったと思い当たったという。この際は、夢が前兆だったことを、後になって思い至ったのである。白鷺が俗人に射落とされるイメージは、俗なるものが聖なるものを打ち負かすような意味合いにも受けとめられるが、明恵にとっては、このことは神意であり、残念ながら引き受けざるを得ないと感じたのであろう。彼はこれ以後、インド行きの意図を全く放棄してしまうのである。

糸野の御前の夢

最初の春日明神の託宣を述べたのは、湯浅宗光の妻、当時二十九歳の女性であった。春日明神は明恵に対して「父」であると言ったが、それが老人の姿で表わされるとすると、宗光の妻はその娘のような存在であり、既に明らかにしたように、老人と娘、という日本人にとっては重要なコンステレーションが認められる。そして、明恵にとっては母としての仏眼仏母、父としての釈迦(春日明神はその垂迹《すいじゃく》)との関係がこれまで大切であったが、このあたりから、自分と同年の、あるいは若い女性像との関係が徐々に重要となってくるのである。

このような内的な変化に伴って、明恵の夢にも女性が登場するようになる。女性の夢のシリーズのハイライトとして、次章に論じる「善妙の夢」があると考えられるが、本項では元久元(一二〇四)年に見た「糸野の御前の夢」を中心に考察してみることにしよう。

先に紹介したいわゆる上山本の夢に、女性が出現している。おそらくこれが、現存している明恵の夢の記録のなかで、女性(乳母を除いて)が出てくる最初のものではないかと思われる。建仁三(一二〇三)年十一月二十四日の夢として、「平地のひろき中に、一の壟《つか》あり。其の上に女房四五人御坐《おはしま》す。成弁、彼と親しみを為し、其の上に登りて之に居さんとす、云々」と記録されている。この女房たちの年齢が解らないので何とも言えないが、母性的な像と若い女性の像との中間的な存在ではないかと思われる。塚の上に女房たちが四、五人居るという状況をどう把握していいのか解らず、あまり立ち至って解釈できないが、ともかく明恵の夢にはじめて女房たちが登場し、明恵がそれに親しみを感じて近づいてゆこうとしたことは注目に値する。

この翌年の元久元年の『夢記』の記録に、既に紹介した「護持僧落馬の夢」(三九頁)が記載されている。ただ建仁四年の二月二十日に元久と改元されたので、二月十□日付のこの夢は、厳密には建仁四年の夢というべきだろう。

この夢のなかにちらりと現われる糸野の御前が、次の夢では重要な役割を演ずるのである。この「糸野の御前」は、明恵に対して渡天竺の意図を放棄するようにという春日明神の降霊を受けた湯浅宗光の妻なのである。従って、明恵にとっては大切な女性である。

この夢で護持僧の落馬を明恵が不吉な予兆と考え、それが真実となったときに、「以上のことは未だ此の事を聞く以前の夢である」という付加的なコメントを書いていることは既に紹介した。

『夢記』にはこの夢に続いて、次のような夢が記載されている。これを「糸野の御前の夢」と呼ぶことにするが、極めて重要な夢である。

一、同二月、此の事を聞きて後、此の郡の諸人を不便《ふびん》に思ふ。夢に云はく、屏風の如き大盤石の纔少《ざんせう》の尖《とが》りを歩みて、石に取り付きて過ぐ。此の義林房等、前に過ぐ。成弁、又、同じく之を過ぐ。糸野の御前は、成弁とかさなりて、手も一つの石に取り付き、足も一つの石の面を踏みて過ぎらる。成弁あまりに危ふく思ひて、能々《よくよく》之を喜びて過ぐ。安穏に之を過ぎ了りて行き、海辺に出づ。成弁、服を脱ぎ、将に沐浴せむとす。善友の御前、服を取りて樹に懸く。沐浴し畢りて後に、二枝の桃の枝を設けて、其の桃を折れば、普通の桃に非ず、都《すべ》て希《まれ》に奇《あや》しく未曾有之桃也。白き毛三寸許りなる、枝に生ひ聚《あつま》りて、毛の端そろひなびきて、其の形、手の如し。尾、其の毛、幷に葉の中にひたる如くなる桃あり。之を取りて之を食ふ。今一枝をば、向ひの方を見遣《みや》りたれば、三丁許り去りて、殿原おはします。一番に弥太郎殿見らる。彼の処に之を遣はし了んぬ。(「糸野の御前の夢」)

岩場の危ないところをこえてゆくのに、まず弟子の義林房喜海(『行状』の著者)らが過ぎてゆく。次に明恵と糸野の御前は、手足も重なり合うようにしてこえるが、なんとか安全にこすことができて海辺に出る。明恵は裸になって沐浴しようとする。このときに現われた善友の御前というのはどのような人か不明である。沐浴の後に二枝の桃をとり、なんだか不思議な形の桃であるが、取って食べる。三丁程向こうの方に男たちがいて、弥太郎殿(明恵の従兄弟)が居る。これに桃を一枝おくる。

この夢において一番重要な点は、明恵が糸野の御前という女性と、危険な岩場を手も足も重ね合うようにして渡り切ったということである。糸野の御前、つまり、湯浅宗光の妻は明恵とほとんど同年齢、春日明神の託宣を告げる重要な役割を演じた女性である。彼女と明恵との関係は非常に深く、『行状』(漢文)には、建仁元(一二〇一)年に明恵が彼女の病いを治癒したことについて、詳しい記述がなされている。それは次のような話である。

宗光の妻は十二、三歳の頃に「霊物」に取りつかれ、それ以後常に気分がすぐれなかった。加持祈禱を試みたが効果がなかった。明恵が祈ると、ある夜にその「霊物」が顕現して、自分は「毘舎遮《びしゃしゃ》鬼」という食肉鬼の類であると言う。このとき宗光の妻は懐妊していたが、もう寿命がきたのだから死ぬより仕方がないと言う。そこで明恵はこの鬼と問答し、宗光の妻の命は助けるとしても子どもの方は助からないだろう、などと言うのを、どちらの命も助けるようにと説得する。鬼がそれでは食べるものがないと言うので、明恵は宗光の妻とその子の命を助けるための条件として、施餓鬼供養をすることを約束する。このようにして助かった宗光の妻と夫は、華厳の章疏を書写する願をおこし、妻は善財善知識の曼荼羅をつくる費用を寄付した。お産のときは難産で、「生マレル所ノ子平安ナリト雖モ、其ノ母絶エ入リ身冷エ息絶エヌ」という状態になるが、明恵は仏眼の前で誠心を凝らして祈請し、とうとう宗光の妻を蘇生させる。

このような関係に加えて、次には宗光の妻が春日明神の託宣を明恵に取りつぐ役をしたのだから、両者の関係は極めて深いものと言わねばならない。既に述べたように、彼女に明神が降霊した際には、彼女は左右の手で明恵を横抱きし、顔を合わせ、「糸惜《いとほし》ク思ヒ奉」ると涙を流し、明恵は声をあげて悲泣している。もちろん、これは明神に対する感情の表われであろうが、そこには、明恵—糸野の御前の個人的感情も混じっていたことであろう。彼女の発する不思議な「滋淳の甘み」を諸人が舐めたことも、明恵によって報告されている。これらの様子を綜合すると、宗光の妻は母性的な像と、明恵と同年輩のペアとしての女性像との中間的存在としての意味をもつものと思われる。

夢の中で、明恵は彼女と共に手足を重ね合わせて危険な場所を乗り越えてゆくのだから、明恵が相当にこのような女性的な面を自分のものとして統合し得たことを示している、と思われる。その後で、彼は衣服をとって沐浴をする。衣服はその人間が社会に向けて見せる姿、ユングの言うペルソナを表わすことが多いが、明恵はここで、そのような社会的規範より自由になり、本来の姿(裸)に立ち返って、沐浴をしたのであろう。当時の僧が、女性との関係では、タテマエとホンネの間であいまいなごまかしを行なっていた中で、明恵はあくまで厳しい戒律を守りつつ、さりとて、木石のような干からびた人間になるのでもなく、内面的には女性性との関連を深めることを行なっていたのである。これは当時の日本人としては極めて稀なことであったと思われる(あるいは、現代においても、と言うべきかも知れないが)。

明恵の行なった行為の報酬、あるいは結果として、不思議な桃を食べることが生じる。ここに現われた「善友の御前」がどのような人か知るべくもないが、明恵は女性と共に沐浴をしたのであろうか。桃が「二枝」とわざわざ述べられているが、これはこれまでから何度も出現してきた「二」の主題が、ここまで持ちこまれているとも思われるし、女性との関係の「果実」を食べることに、ある程度の葛藤が存在したことを示しているのかも知れない。桃は中国原産であるが、日本にも古くからあり、『古事記』のなかに、イザナギが黄泉の国でイザナミに追われて逃げるときに、後ろに向かって投げつけたことが語られている。つまり、そこでは、太母の否定的な面に対して、それを祓う呪術的な力をもっていたわけである。桃はまた、女陰を連想させるところから女性原理の象徴とも考えられている。これらの両方の意味をもったものとして、ここに明恵が桃を取って食べるイメージが出現してきたのであろう。不思議な桃の形態が何を意味しているか、はっきり解らないが、おそらくこの桃のもつ非凡な性質を示しているのであろう。夢の結末において、明恵が自らの得た「果実」を、自分に近い他の人々にわかち与えようとすることが示唆されている。

これらの点を考えると、明恵と女性との関連を考える上において、この「糸野の御前の夢」は、最初の「乳母の死の夢」についで、画期的な役割をもつものと思われる。

2 共時性

これまでも見てきたように、明恵には「不思議」な事象がつきまとっている、と感じられる。夢に何かの前兆を見たり、春日明神の降霊現象が見られたり、「そんなことって本当にあるのか」と言いたいことが次々に生じている。もちろん、これらは古い時代のことなので、迷信に満ちた時代の人たちの言として、信頼をおくに値しない、と棄て去ってしまうこともできるであろう。しかし、後にも見るように明恵の「合理性」は、現代人でも及ばないような高さをもっている。そして、よくよく心を配って見ていると、明恵にまつわる事象として生じる「不思議」なことは、現代においても生じているとさえ言えるのである。従って、われわれは明恵の伝記の類や『夢記』に記されていることを、昔の信じ難い「お話」としてよりは、まず事実として受けとめて論じるのが妥当と思われる。

明恵の体験した多くの不思議な現象を説明するためには、ユングの提唱した共時性(synchronicity)の考えによるのが最も適切であると思われる。彼はいわゆる偶然の一致と言われる現象に、意味の深いものがあり、それらは因果的には説明できないが、非因果的に共時的に連関していると考え、事象の説明原理として因果性と共に共時性を立てるべきであると主張したのである。この点については既に他に論じたのでここでは繰り返さないが、(3)明恵の体験に沿って少し述べてみることにしよう。

明恵とテレパシー

明恵にはいわゆるテレパシー現象がよく生じたようである。あるいは既に見てきたように、予見的な夢をよく見ている。『行状』にも『伝記』にも、明恵のテレパシーの現象が記録されている。ある時、修法の最中に「手洗いの桶に虫が落ちたと思う。すぐ水から取り上げて逃がしてやれ」と明恵が言うので、行ってみると、確かに蜂が落ちこんで死にかかっていたので助けてやった。また坐禅の途中に明恵が供の者を呼び、「後ろの竹藪の中で小鳥が何ものかに蹴られている。行って見てくるように」と言うので、急いで行ってみると、小さな鷹が雀を蹴っていたので追い払った。

またある時は、夜も更けて炉ばたで眠っているような姿勢で明恵が坐っていたが、急に「ああ、かわいそうに。もう喰いついたかも知れぬ。灯をつけて急いで行き追い払え」と言う。明恵の前にいた僧が何事かと聞くと、「大湯屋の軒の雀の巣に蛇が入った」と言う。暗闇の中でどうして解ったのかと不思議に思いつつ行ってみると、明恵の言っていたとおりだったので、雀を助けてやった。

このようなことがたくさんあったので、弟子たちは、暗闇で遠方のことまで見えるのだから、自分たちが陰で悪いことをしても、すぐ明恵にはわかるのではないかと怖れ、行いをつつしむようになったという。

このようなテレパシー現象は極めて稀なことであるが、時に生じるようである。次項において論じるように、それはその個人の意識の状態にも関連しているように思われる。テレパシー現象の顕著な例としては、エマニュエル・スウェーデンボリ（一六八八―一七七二）がストックホルムの火事を、遠く離れたイェテボリから「見た」例がよくあげられる。スウェーデンボリは文字どおり超人的な人で、科学者、哲学者、宗教家などと簡単には分類できないが、実際的な面で大きい業績をあげただけでなく、世界最大の「霊媒」としても有名である。彼は夢の記録も残しているし、しばしば「死んだ」ようになって、その間に霊界を訪れ、その経験をもとにして『霊界著述』を残している。これら多くの点で明恵と比較すると興味深い存在であるが、今回はそこまで手がまわりかねる状態である。カントがスウェーデンボリを高く評価していることも周知のことであるが、そのカントがスウェーデンボリのテレパシー体験を報告したのをユングが詳しく紹介しているので、(4) それに基づいてスウェーデンボリの体験を述べてみる。

一七五九年九月のある土曜日の午後四時に、スウェーデンボリは英国からイェテボリ（スウェーデン西部の都市）に着いた。招かれた家から午後六時に外に出たスウェーデンボリは真っ青になって帰ってきて、ストックホルムで六時に恐ろしい火事が起こって、どんどん広がりつつあると言う。彼はまったく落ち着きがなく家から出たり入ったりしていたが、八時になって嬉しそうに「火事は消えた。私の家の三軒前でとまった」と叫んだ。この噂は急にひろまって、とうとう翌日の日曜日の朝、政府の役人がスウェーデンボリにそのことについて聞きただした。彼は火事がどのようにして始まり、どの辺で消えたかを詳しく語った。月曜日の夜メッセンジャーが来て、火事のことを報告したが、その様子はスウェーデンボリの先に語ったこととまったく一致していた。火事は実際に六時にはじまり、八時に消え去ったのである。このような報告に続いて、カントはこれが正確な記述であることを、その場に居合わせた人々に聞いて確かめることが出来たとつけ加えている。

スウェーデンボリの場合は、比較的近代のことなので詳しく客観的記録が残っているが、明恵の場合は弟子たちの書いた記録に頼るしかなくて、その「客観性」をどこまで評価し得るかが問題である。ただ、明恵の生き方を全体として捉え、かつ、筆者が現在行なっている夢分析を含む心理療法家としての経験をも参考にして考えると、明恵に関する多くのテレパシーの記述は、すべて信頼していいのではないかと思われる。

このような考えを支持するもう一つの事実は、明恵自身が自分のテレパシーなどの体験をほとんど評価していない、ということである。このような「奇跡」を信仰の証しとして用いたり、自らの偉大さの証明として用いる気持が明恵に強かったら、小さいことでも針小棒大に語られることが多かったであろうが、明恵にはその気がないばかりか、むしろその逆と言ってよいほどの態度を、彼はとっているのである。

明恵にはあまりにも不思議なことがよく起こり、既に紹介したようなテレパシーの事象が生じるのを見て、弟子たちが明恵に、人々が明恵を「権者《ごんじゃ》」(仏や菩薩がこの世に仮現した者)ではないかなどと言っていると伝えると、明恵は慨嘆して、次のように言ったという。『伝記』に記されている彼の言葉をそのまま引用してみよう。

あら拙《つたな》の者共の云ひ事や。さればとよ、高弁が如くに定《ぢやう》を好み、仏の教への如くに身を行じて見よかし。只今に、汝共も加様《かやう》の事は有らんずるぞ。我は加様に成らんと思ふ事は努々《ゆめゆめ》無けれども、法の如く行ずる事の年積るまゝに、自然《じねん》と知れずして具足せられたる也。是は伊《い》美《み》敷《じき》事にてあらず。汝どもが水の欲しければ水を汲みてのみ、火にあたりたければ火のそばへよるも同じ事也。

こんなことは何も大したことではなく、水が欲しかったら水を汲んで飲むのと何も変わりはない。「権者」などと馬鹿らしいことを言う必要はなくて、人間にとっては「自然に」できることだ、と明恵は語っている。しかし、彼はここで、「定《ちやう》を好み、仏の教への如くに身を行じて」という条件をつけるのを忘れていない。自然にできると言っても、何もせずにできるのではなく、禅定を好み修行することが必要であると言っている。この禅定が、次項に述べるような「意識の次元」の問題と関連してくる、と思われる。明恵は体験的にそのようなことをよく知っていたのであろう。禅定によって、明恵がある種の意識状態になっていったとき、彼の「こころ」の状態と、外界の「もの」の世界の状態は不思議な対応をもち、遠隔地のことや暗闇の中のことなどが、彼には「見える」ようになるのである。

意識の次元

明恵の夢はもとより、その他の共時的現象をよく理解するためには、人間の意識の在り方について少し知っておく必要があると思われる。既に他に論じたことと重複するが、本書の読者のために簡単に述べておきたい。

先に述べたスウェーデンボリのテレパシー体験について、ユングは共時性について論じた書物のなかで、次のように述べている。「彼を「絶対知識」に接近させた意識閾の低下が存在したと、われわれは想像する。ある意味で、ストックホルムにおける火事は、彼の心の内でも燃えていた。無意識の精神にとって空間と時間は相対的であるように思われる。つまり、空間はもはや空間でなく、また時間はもはや時間でないような時—空連続体の中で、知識はそれ自身を見出すのである。それゆえ、無意識が、意識の方向にポテンシャルを保ち、発展させるならば、そのとき、並行事象が知覚されたり「知られ」たりすることは可能である。(5)」ここで彼の言っている「絶対知識」とは、この例で言うと、ストックホルムに火事が生じたという「知識」は、いわば絶対的なこととして、あらゆる人に時空の制限を超えて「知られ」る可能性がある、ということなのである。ところが、人間の通常の意識では、その場に居合わせて見ていたものしか知ることができない。ただそこで特別な「意識閾の低下」を生じたものは、その場に居なくともそれを「知る」ことができる、とユングは考えるのである。あるいは、ユングの表現によると、「火事」はストックホルムでもスウェーデンボリの心の中でも燃えており、それは共時的に生じているのである。

この火事の話は、仏陀が人間の意識の在り方について弟子たちに説いた有名な挿話を思い出させる。(6) 仏陀が弟子たちと山に登ったとき、向こう側で山火事が起きた。そのとき仏陀は「君たちは山が燃えているとのみ思うのか、燃えているのは山だけではない、君たちのそれを見る眼も、燃えている。一切が燃えている。見られる者も見る者も、聞かれる者も聞く者も……」と語ったという。武内義範はこの仏陀の言葉を解説して、「そのように「一切が燃える」というとき、世界と私とは、その燃えるという在り方で、はじめて主観と客観との対立以前の、根源的な在り方で、一切である一切として問題にされる。……それとともに主・客の対立という分別も、本来はこの無常相の主客一体感から生じる――この一体感の世界に、錯倒した仕切りをその上に立てるところから生じる、すなわち無常感が理性の水面に自己自身を映すとき、その顚倒した自覚の仕方によって主客対立の世界が成立してくる――ことを知るべきである」と述べている。

ここに仏陀の語っている意識は、主・客の分離以前のものであり、そこでは山が燃えると共に、それを見るものも、一切が燃える。ものとこころとが分離される以前の意識なのである。このような意識に近い意識状態においてスウェーデンボリがストックホルムの火事を「見た」とき、「意識閾の低下」が生じたのだとユングは述べている。これは一体どういうことなのであろうか。

人間の意識はいろいろな次元、あるいは層に分かれていると考えると解りやすいようである。われわれ現代人の意識の表層においては、主客の分離や、物質と精神の区別が行われる。これは仏陀に言わせると「一体感の世界に、錯倒した仕切りを立てる」ことになるのだが、むしろ、その仕切りをあくまでも強固にし、他から切り離され「自立」した意識をもって、他を観察することによって、西洋近代の科学が生まれてきたのである。従って、西洋の近代に確立された意識は、仏陀の狙いとはまったく逆方向において発展させられたものなのである。そして、それは鋭利にとぎすまされて、多くの現象や物質を切断し分類して、自然科学の体系をつくりあげてきたのである。自然科学の成果があまりにも強力であったので、現代人はそのような意識こそ、唯一の正しい意識であり、それによって把握される現実こそ真の現実、唯一の現実と過信するようになった。

このような近代意識にのみ頼るときは、これまで明恵の体験として述べてきたテレパシーや夢の予示的機能などは、すべて「偶然」と見なされるか、昔の非現実的な「お話」とされてしまう。あるいは迷信などというレッテルを貼られることであろう。ところが、このような近代意識に対する反省が、ノイローゼの治療ということから生じてきた、フロイトによる無意識の発見、および無意識の重要性の指摘というかたちになって現われてきた。これも、本来ならば次元の異なる「意識」と言うべきだと思われるが、西洋近代においては「唯一の意識」の考えが定着してしまっていたので、無意識と名づけられたのである。そしてこのような「無意識」に関する研究が盛んとなるが、どうしても意識偏重の立場から、それらの無意識のことは「病理」とか「異常」とか、低い価値判断を与えられることが多かった。

ユングはこのような「無意識」を研究するうちに、フロイトが扱っていたのより深い層の無意識の存在に気づき、それを前者の個人的無意識に対して普遍的無意識と呼び、時に「心」の次元を超える領域として類心的《サイコイド》領域と呼んだ。そして、このような深層の無意識(つまり、深層の意識)については、東洋人の方が西洋人よりもはるかによく知っており、たとえば仏教の教典などにそれが記されていることに気づいたのである。そして、東洋においては、そのような「意識」によって現実を把握しているために、事象の共時的布置に気づくことが多く、西洋の自然科学が事象の因果的連関に強い関心をもつのに対して、東洋では非因果的な共時的連関に注目することが多いことを明らかにした。後者は、時にいわゆる魔術的因果律としても把握され、そこには自然科学が発達し難いことも、ユングは指摘している。

西洋においては自然科学が発達したが、これも彼らの確立した意識を論理的、合理的な思考の訓練によって磨いていったから生じたことで、すべての西洋人が科学者になったわけでもない。東洋においても、東洋の意識を禅定や瞑想などの修行によって磨いてこそ、仏陀の説いたような意識にまで深めてゆくことができるのである。ただ両者の訓練の方向は、逆方向を向いていると言っていいほどである。

西洋近代の意識は、言うなれば高く高く構築されてゆき、ふと気がついたときそれは地面から離れたものとなってしまっていて、そこに疎外や孤独の問題が生じてきたり、自然破壊へとつながっていったりする欠点をもっている。これに反して、東洋の意識は、言うなれば深く深く沈潜してゆき、ふと気づいたときは地上に戻れなくなってしまって、地上の明るさを忘れた、途方もなくあいまいなものになる危険性をもっている。このような傾向は現代にまで持ち越され、わが国においては、大学教育まで受けた人が、あきれるほどの迷信に心を奪われてしまうことも、それほど珍しいことではないのである。

現代においても日本人の意識の在り方は、西洋人のそれと異なっていると筆者は考えているが、今まで述べてきたことをごく大まかにまとめてみる。人間の意識は通常の生活においては、自と他、ものとこころ、などをある程度区別している。その区別を鮮明にし、合理性や論理的整合性の高い意識をつくりあげてゆくのが、西洋に生じた意識の確立である。そのような観点からすると、「意識閾を下げる」ことによって無意識の活動が強くなると言えるし、異なった東洋的な考えによると、訓練によってより深い意識へと到達してゆくと、むしろ、自と他、ものとこころなどの境界があいまいとなり、共時的現象を認知しやすい状態になる、と言うことができる。

　意識の次元についてこのように考えた後に、第一章に示した明恵の「禅観の夢2」(一三頁)について考えてみよう。この夢の解釈として、明恵が「馬は意識なり」としている点が興味深いことは既に述べたとおりである。フロイトなら馬は無意識で、それに乗っている明恵が意識である、と言ったことであろう。しかし、既に述べたように、意識の次元がいろいろと異なることを考えると、馬で表現されるような意識もあってよいはずであり、明恵はまさにその上に乗っかっているのである。明恵がテレパシーなどは別に不思議なことではない、と弟子たちに説明したとき、「法の如く行ずる事の年積るまゝに、自然《じねん》と知れずして具足せられたる也」と言ったことがここで思い出されるが、馬の上の明恵はただ、「自然《じねん》と知れずして」いるのであろう。そうすると馬は自然に熊野に向かって、うまくことが運ぶのである。このような意識の把握の仕方は、まったく東洋的な感じを与えるものである。

明恵の意識

　以上の考察を踏まえて、明恵の意識の在り方について考えてみよう。既に述べてきたところから、明恵が極めて深層の意識に達することが可能であったことは明らかであろう。彼が深い禅定にはいっているとき、蜂が水に落ちて死にかかったり、雀が蛇に呑まれそうになったりするのが「見える」のである。スウェーデンボリがストックホルムの火事を「見た」ことについて、ユングが火事は「彼の心の内でも燃えていた」と語っているように、われわれも明恵の心のなかで、蜂や雀などの小動物が死にそうになっており、それを彼が助けようとしたと考えてみると、彼の禅定における心の動きの一端を窺い知ることができるように思うのである。

明恵の素晴らしいところは、このような極めて深い意識体験をしつつ、一方では通常の意識も強くて、当時には稀なほどの合理性をそなえていたということである。深い意識体験は禅定などの修行をしなくても、もともと通常の意識の弱い人や、何らかの条件(たとえば極端な身体疲労など)によって、深い意識体験が生じるときがある。そのときに、それにとらわれてしまうと、それは極めてファナティックなものになったり、病的な感じの強いものとなる。このことは、禅定の場合でも同様で、うっかりとらわれると大変なことになってしまう。現代においても、このような人たちがある程度居ることも事実である。

このような点について明恵が極めて明快な考えをもっていたことが、『邪正問答鈔』によく示されている。これは「仏法ヲ行ズル人、動《やや》モスレバ魔道ニ入ルト申ス事何故ゾ」などという問いに明恵が答を述べているのだが、それらを見ると、彼がいかに的確に現実を把握しており、理路整然とそれを述べているかがわかり、感心させられる。当時のわが国において、よくぞこれだけの合理性を身につけていたものだと思わされる。

『邪正問答鈔』のなかの一例を、次に示す。「坐禅をする人の中に気が変になる人が居るが、それは坐禅が悪いのでしょうか」との質問に対して、明恵は「それは坐禅の罪ではない。そんなことをいうなら、世事に執着して気が狂う人がたくさんいるのに、どうして世事をうとまないのか。坐禅で気が変になるのは、いささかの見解によって慢心を起こすから、魔がその隙につけこむのである。あるいは前生の業によって、鬼魅になやまされる場合もある。あるいはまた、早急に悟りを得ようとあせって、身心を酷使するため血脈が乱れて狂乱することもある。そういう狂乱は一時のもので、必ず治まる時が来て、道心に還れる。しかし、狂乱を怖れて坐禅をしない僧は、永く地獄に落ちるであろう」と言い、「物狂ヒヲ見テ、坐禅ヲウラムル心ヲ怖ルベシ」と述べている。

これは現代においてもそのまま通じる的確な言葉である。精神医学者の小田晋も「これは彼自身の体験から出たことばであろうが、それにしても宗教心理学的には模範解答に近い。一三世紀初頭の人として、これはたいへん見事な洞察であるという他はない」(7)と高く評価している。このことは、明恵が実に深い、常人を超えた意識に達することが出来ると共に、表層の意識においても、当時の一般の人々をはるかに凌駕する合理性を身につけていたことを示していると思われる。

このような、明恵の的確にものを見る態度のルーツを窺わせるような挿話がある。明恵は晩年の講義中に、自分の母方の祖父の湯浅宗重が言ったという言葉を引用しているが、それは「法師には親近なせそ、たゞのきてあつかひてあれ、心にたがへば、天狗になるが、むざう(無慙)なる」(『光明真言句義釈聴集記』)というのである。僧侶のことについて、これほどつき離して見る態度を、他ならぬ僧侶である明恵が語っているところが面白いが、この祖父というのも相当な人であったのだろう。ともかく、僧侶には距離をおいて対した方がよい。大切にしすぎて天狗になるのは哀れだ、ということのようだが、適当な距離をとることは、現実を客観的に観察する上で極めて大切なことなのである。この祖父の言葉に明恵のルーツを見る思いがするが、明恵が祖父の言葉を長く覚えていて、講義のときに引用しているのも、両者の結びつきの濃さを感じさせる。

距離をおいて事象をみる明恵にとっては、常識的には「奇跡」と見える多くのことは、むしろ自然のことであり、ぎょうぎょうしく騒ぎたてるべきことではなかった。周囲の人々が彼を「権者」ではないかと言ったことに対して、厳しく明恵がたしなめた話は既に紹介した。多くの共時的現象が生じるのも、彼にとっては修行の副産物であり、そのことを信仰の根拠としたり、それによって信仰をうながすことになるのを彼は極度に警戒した。

渡天竺を企画したときに生じた春日明神の降霊に関しての記録をわざわざ破棄させたのも、そのためである。『行状』にも『伝記』にも、明恵をめぐって生じる不可思議な現象を、周囲の人が騒ぎたてるのを、彼ができる限りおさえようとしている姿勢がよく書かれている。いわゆる宗教的奇跡に関してこれだけ覚めた意識をもっていた人は、洋の東西を問わず、極めて少ないのではないかと思われる。

内界と外界、合理と非合理、父性と母性などの、人間にとっての多くの二元性を、どちらにも偏らずに統合的に見てゆこうとする明恵の態度は、彼の言動のあちこちに示されている。晩年の遺誡のなかでは「若し自宗において明らめ難き理あらば、禅宗において正しなんど聞き得ん禅僧に相談せば益あるべし」とさえ言っている。華厳宗であっても、それで不明なことがあれば、禅宗の僧に相談してみるのもよかろうと言っているのである。明恵のとらわれのない態度を非常によく表わしている。もっとも、これが法然に対するときだけは、まったく変わってしまうのだが、その点については次節に論じるであろう。

ものごとの両面性をよく見極め、とらわれずに行動する明恵の姿勢が、具体的によく示されている例として、既に第二章で少し触れたが、彼の一番の弟子の喜海が一人で隠遁して修行したいと言ったときに、明恵が与えた忠告がある。これは彼の弟子に対する深い愛情をも反映した感動的なエピソードで、『伝記』に詳しく述べられている。明恵は弟子というものを取ろうとしなかったが、なんとかして明恵につきたいという僧が増えて、とうとう五十余人にもなった頃、最初からの弟子の喜海はこれらの人々との交わりがうるさくなり、一人で隠遁生活を送ろうと決意して明恵に自分の気持を打ち明けた。このときの明恵の喜海に対する訓戒が素晴らしいのである。

明恵は喜海にまず、修行がはかどる方を根本とすべきであるから、何にせよやってみるがよいが、と本人の自主性を尊重することを伝えた後に、次のように語っている。修行には二つの方法があり、一つは高徳の賢者に仕えて、規律の厳しさなどに耐えて、辛抱に辛抱を重ねて修行に専念する方法がある。これに対して、第二の方法としては物静かなところに一人だけ居て修行に専念する方法がある。確かに、この山中のように多くの人が居ると騒がしくて、修行の邪魔になることが多く、一人で修行すると何一つ邪魔だてされずに便利のように思われるが、実は知らず知らず時間のゆとりのあるのに誤魔化されて、怠けおこたってしまうことになる危険性がある、と。これは、むしろ一人で隠遁しようとする志が強く、実際に自らもそれを行なってきた明恵が体験を通じて知ったこととして、喜海にも説得力をもったのではなかろうか。

これに続いて、明恵は釈迦が説いたという次のような譬え話をしてきかせる。一日の間に到着せねばならない目的地があるとして、一人は苦しみに耐え杖に頼ってでも歩き続けた。他の一人はあまりに苦しいので、ある石の上で一休みした。石の上に寝ころがって空をみると雲が風のまにまに走っていて、そのうち自分の寝ている石が飛んでゆくような錯覚に陥る。それで大変嬉しくなって、いろいろと空想をめぐらし、もう目的地に着いたか知らんと思って身を起こしてみると、まったく以前のままである。その間に歩いていた人はもう目的地に着いたのに、自分はまだまだ遠くに居るといまさら後悔してもはじまらない。このように、のんびりと石の上に寝ころがっているのを修行であると錯覚していると大変なことになる、と明恵は言うのである。この例は、精神を集中してイメージの世界にはいってゆくのと、ただ願望に動かされて空想しているのとの違いを示している点でも興味深い。明恵が試みている夢想を中核とした修行と、ただ勝手な願望充足的な空想にふけることとは、そこに用いられる心のエネルギー量もまったく異なるし、全然別個のことと言うべきなのである。明恵は喜海に対してももう一つ興味深い話をするのだが、それは次章で女性の問題を論じるときに述べることにする。

物事の両面をよく見てどちらか一方に偏せずにいるためには、心に余裕がないと駄目であるし、その余裕からユーモアが生まれてくる。明恵はなかなかユーモラスなところのあった人らしく、そのような点を伝える逸話も多い。「島への手紙」にしても、彼一流のユーモアであるとも考えられる。田中久夫は明恵のたとえ話を詳しく調べているが[8]、そのような話のなかに明恵のユーモアが示されており、しかも、彼の講義の聞き書きなどの場合は、その場の雰囲気まで伝わってくるように感じられるのである。その一つを示す。

明恵が仏の知恵のはたらきの不思議さについて講義をしていたとき、そのはたらき、つまり、力用《りきゆう》というものは本当に不思議なものだと言い、ついで、法龍法印という僧がキツネの子の頭をくくって持って帰るとき、それに化かされて、まったく道に迷ってしまったという話をする。そして、われわれが根本智を開発することが出来るのも仏様がついて下さっているからであって、これも仏様がキツネのようにばけさせ給うのだろう、と語る。ところで、この記録の非常に面白いところは、「サレバコレモ仏ノバケサセ給フヤラン云々」と明恵の言葉を書いた下に、小さく二行書きにして、「此ノ義ヲ示シテ、和尚微咲」とつけ加えていることである。仏様の知恵のはたらきのたとえとしてキツネの話をもってきたりして、明恵が微笑している。聴衆も有難い話のなかで、ほっと息抜きを感じて微笑したであろうし、その場の暖かい雰囲気がよく伝わってくるのである。

明恵の仏道への帰依の姿は、厳しいとか激しいとか形容される感じを与えるが、これは彼がいわゆるコチンコチンの信者であったことを意味していない。彼は余裕をもって、柔軟に仏教に対していたとも言うことができるのである。この点、彼の意識は真に強靭であったと言うことができる。

3　あるべきやうわ

高山寺に欅づくりの一枚の掛け板が現存している。これは明恵がその弟子たちと共に高山寺に住んでいたとき、その生活の上で守らねばならぬ規律(清規《しんぎ》)を記したものであるが、その冒頭に「阿留辺幾夜宇和《あるべきやうわ》」と書かれている。この言葉は、明恵にとって、自分の生き方を律するための簡潔にしてかつ根本的な言葉であったと思われる。華厳宗に属していたがそれに固執するのではなく、柔軟な姿勢を示していた明恵が、己を律する語としてこのような言葉を選んだことは納得のいく思いがするが、それにしてもそれがどのようなことなのか、明恵の他の言動などに照らして、よく理解することが必要と思われる。また、これを、ものとこころの連続性を相当に深く体得していたと思われる明恵の生き方を示す言葉として見てみるのも興味深い。

この掛け板がかかげられていた高山寺は、建永元(一二〇六)年、明恵が三十四歳のときに後鳥羽院より賜わった土地に建てられたもので、その後、明恵はほとんどこの地に住みつくことになる。あちこち移動していた明恵も、後鳥羽院より土地を賜わり、それを受けたときから、彼の生き方を変更する必然性を感じたのであろう。

高山寺

明恵にとって高山寺に住むことは、相当の決意を要することであったろう。弟子をとることを好まず、世間一般との交際を避け、ひたすら求道の姿勢をくずすことのなかった彼にとって、後鳥羽院から賜わる土地に住むことは、すなわち貴顕との交わりを或る程度受けいれることを意味するわけであるから、大変な態度の変化を要求されることになる。そのようなことを念頭におきながら、『夢記』に記録されている建永元年の夢を見てゆくことにしよう。この年の十一月に明恵は高山寺の土地を受けるのであるが、内外界の変化を反映してか、この年には多くの夢が記録されている。そのなかのいくつかを取りあげる。同年五月の夢を二つ示す。

一、同廿九日の夜、夢に云はく、一人の童子有り。遍身に宝鬘瓔珞《ほうまんやうらく》を帯び、懌《よろこび》の面にして来りて親近《しんごん》すと云々。又、十余人の童子有り。皆悉く愛好也。来りて親近すと云々。

一、同卅日の夜、夢に云はく、一人の女房有り。鉢に白粥を盛り、白芥子《びやくけし》を和合して、箸を以て之を挟み取り、成弁をして之を含み之を食はしむと云々。其の以前に、幽野《いうや》に詣でし事、在田の諸人、成弁を待つと云々。

これらの夢では、明恵は女・子どもから親しくされている。明恵の夢には童子の夢が相当数あり、意味深いものが多い。ここでは最初一人だったのが十余人に増え、それらが皆、明恵に親しく寄ってくるのである。また、三十日の夢では、一人の女房に白粥を食べさせて貰う。この夢は、以前に見たインド僧にあざみの汁かと思うものを与えられた夢(一三五頁)を想い起こさせるが、インドの僧から女房へと変化しているところに注目すべきである。ここでも「女房」は母性像に近いが、ともかく明恵が俗なる世界から何か得るところがあることを、この夢は示唆している。今までひたすらインド、すなわち釈迦への直接的な結びつきを求めて努力していた彼が、このあたりから、日本の人々との交わりのなかに、生きる意味を見出すことになるらしいことを、これらの二つの夢は示している。

『夢記』の建永元年の夢を続けて見てゆくことにしよう。以下に示すのは六月の夢の幾つかである。

一、同六日の夜、夢に云はく、石崎入道之家の前に海有り。海中に大きなる魚有り。人云はく、「是鰐也。」

一つの角生ひたり。其の長《たけ》一丈許り也。頭を貫きて之を繫ぐ。心に思はく、此の魚、死ぬべきこと近しと云々。（「鰐の死の夢」）

この夢は、少しおもむきの異なるものである。石崎入道は湯浅の一族の一人かと推察されているので、この海は紀州の海であろう。そこに「鰐」と呼ばれるような大魚がいる。明恵はそれを見て「死ぬべきこと近し」と思っている。このような大魚の死は、明恵の内界における相当な変化を予示している。明恵はおそらくこの夢によって、自分にとって一つの転換期が到来しつつあることを予感したのではなかろうか。この夢に続く夢を四つ次に示す。

一、同月八日の夜、夢に云はく、縁智房《えんちばう》来りて告げて曰はく、「一々に留守を置き候はばや。今より御分に成るべく候也。僧都知るべからず候」と云々。

一、又、真恵僧都《しんゑそうづ》之許に到る。饗膳を設けて、成弁并に義林房《ぎりんばう》を饗応せらると云々。

一、又、上人の御房、奇異なる霊薬を以て成弁に与へて曰はく、「此《これ》を態《わざ》と御房に進《まゐ》らせむとて、他人の乞へども与へずして置ける也。」即ち之を給ふ。仙薬等の類かと覚ゆ。即ち之を食ふ。心に思はく、長寿等之薬かと。かむ〳〵覚め了んぬ。

此の間に随分に祈請興隆之事。

一、同十日の夜、夢に、法性寺《ほふしやうじ》の御子かと思ふ人より、御手づから舎利十六粒を賜はると云々。

この四つの夢のうち三つまで、明恵が何かを他人から得るというモチーフをもっている。御馳走を受ける、霊薬を給わる、舎利十六粒を賜わるという有様である。夢分析を行なっていると、一連の夢のなかに何か共通するモチーフが存在することが認められることがある。そんなときにはまずその点を指摘して、それについて連想したり、考えてみたりする。明恵は先の夢で何らかの転換期にあることを予感した後に、何か貴重なものを得る、という点について想いをめぐらせたのではなかろうか。これらの夢に続いて三つの夢があるが、それらについては後に触れるとして、六月十六日の夢を見てみよう。

一、同十六日の夜、夢に云はく、成弁、糖《あめ》二桶を持つ。人に語りて云はく、「前の自性《じしやう》の糖一桶、之を失ふ。今、相応等起《さうおうとうき》の糖二桶、之在り」と云々。

此の間に世間心に符《かな》はざるに依りて散乱す。之に依りて此の如く成らざる事等有り。然りといへども、相応等起の如く悉地《しつち》有るべき相也と云々。(「二桶の糖の夢」)

この夢では明恵が糖《あめ》を二桶持っている。そして誰か他人に対して、以前の自性(本来所有)の糖一桶を失ってしまった、今、相応等起(事に応じて出現する)の糖を二桶もっていると語っている。これに続いて一段下げて書かれているのは、明恵自身の解釈である。何か世間のことで心にかなわぬことがあり、心を取り乱していた。それによって自分の思いどおりに成らぬこともあったが、また事に応じて変化が生じ、事が成就するだろうという夢である、と明恵は解釈したようだ。何かを得るためには何かを失わねばならない。何かを失うことは、実は他のものを手に入れる前提なのだ、というのは夢に生じてくる大切なテーマの一つであるが、明恵もそのことを想ったに違いない。

　自性の一桶を失って、相応等起による二桶を得た、とはまったく意味深長である。この二桶というのは、失ったものの倍という意味と、新たに得るものを受けいれるかどうかに葛藤があるという意味と、おそらくそのどちらをも意味しているのであろう。われわれは何か新しいものを得たとき、それによって失ったものについて無意識のことがあんがい多い。新しいものを得て嬉しいはずだ、とか、喜ぶべきだと思っても、心がはずまないどころか、逆にうっとうしい気持になったりすることがあるのはこのためである。昇進したり、家を新築したりしたときにうつ病になり、なかには自殺したりする人があるのは、このような心のメカニズムによっていることが多い。われわれは何か新しいものを得たとき、それによる喜びと、その背後において失われたものに対する悲しみとの、両者をともにしっかりと体験することによって、バランスを保つことができる。

　明恵の場合はその逆というか、自分本来のものと思っていた何かを失う。しかしそれは、何かそれに代わる(あるいは、それに優る)ものを得るための一種のアレンジメントなのだ、というのである。この夢の解釈を見ても、明恵は夢というものをよく理解していたのだと感心させられる。そして「鰐の死の夢」以来、短時日のうちに相ついで生じた一連の夢は、明恵が後鳥羽院から賜わる地所を受けるための、心のなかでの内的な準備がはじまっていることを示している、と考えられるのである。あるいは、十一月には正式に高山寺の方に居を移しているので、この夢を見たあたりで内々の交渉があったのかも知れない。「此の間に世間心に符《かな》はざるに依りて散乱す」という言葉も、ひょっとして、あくまで一人での求道を続けたい明恵に対して、後鳥羽院からの内々の意向が伝わり、周囲の人たちがそれを受けることをすすめたりして、彼が心を取り乱したりしたことを言うのか、などと思われもするのである。もちろん、これはまったくの当て推量なのであるが。

明恵にとって高山寺の土地を後鳥羽院より受けとることは、彼の生き方を根本的に変えることになり、大変な覚悟が必要であっただろう。「法師くさい」のが嫌だと言って二十三歳のときに神護寺を出た彼が、約十年を経て、その神護寺の別所を院より賜わって住むことになる。それらすべての事象に、彼は「相応等起」の感をもったであろうし、高山寺に住みつくとしても、それはあくまで自らの求道の姿勢と矛盾するものとはならない、という自信に裏づけられて、彼は院の申し出を受けたのだろう、と思われる。これら一連の夢は、彼のそのような心の動きを反映しているものであろう。

命生けさせ給へ

先に取りあげなかった夢で、「二桶の糖の夢」より三日前に見た夢を次に示す。これも明恵にとって極めて重要なものであり、系譜としては「糸野の御前の夢」に続くものである。

一、同十三日より、宝楼閣小呪十万返、之を始む。同十四日、日中行法の時に、幻の如くして、殊勝なる家有るを見る。御簾《みす》を持ち挙ぐるに、十五六歳許りの美女、□を懸け、白き服を著て、成弁を見ると云々。

(「十五六歳の美女の夢」)

これは夢というよりは行法中に見た幻像《ヴィジョン》なのであろう。素晴らしい家があり、その御簾《みす》を持ちあげ、十五、六歳ぐらいの美女が白い服を着ていて、明恵の方を見る。明恵がわざわざ「美女」と記録しているのも興味深いが、行法の途中に文字どおり幻のごとく美女が顕現したのであり、これは例の「文殊現形の夢」に比肩すべきものであろう。「乳母の死の夢」以来、母性的な女性像が少しずつ変化してきて、この「美女」は明らかに母性像としてではなく、男性に対する女性としての姿をもって立ち顕われてきているのである。高山寺にはいることを決意したとき、明恵は社会との交わりや弟子たちの教化などに自分のエネルギーを費やさねばならぬことになることをはっきりと自覚していたと思うが、夢の方は、それに加えて、このような「美女」との関係をどのようにつくりあげるかという課題も、そこには生じてくることを予告しているのである。明恵のことだから、そのことについても相当の自覚が——夢の解釈を通じて——できていたことだろうと思われるが。

「建永元年十一月、院より、神護寺の内榾尾《とがのを》の別所を賜はる。名づけて十無《じふむ》尽院《じんゐん》と曰ふ。」これは明恵自身が『夢記』に書き残している文である。彼は『夢記』にときどき現実の出来事を書いているが、これもその数少ない記録のひとつである。やはりこのことが、彼にとって極めて重要だったことを示しているものと思われる。十一月から十二月にかけては夢の記録も多く、内的外的に多事な時期だったのだろう。次に十二月四日の夢を示す。先に示した「美女」のテーマが、早速継承されてでてきているのである。

一、同四日の夜、夢に云はく、成弁、法性寺殿下に参る。自ら成弁を呼ばしめ給ふ。其の御詞に云はく、「阿闍梨御房、此に坐せしめ給へ。」以ての外に敬重《きやうぢう》せしめ給ふ。召しに応じて参る。御座之如くなる処へ請じ、坐せしめ給ふ。入道殿弁に女院《にようゐん》と思《おぼ》しき人、又法印の御房と思しき人、居弁びておはしますと云々。「法門の義を申せ」と仰せらるれば、将に之を□申さむとすと云々。法印の御房、成弁之行法の御仏供すくなきを下知しに、暫く立たしめ給ふと思《おぼ》ゆ。又、殿下の姫君の御前と思しき人二人と共に、成弁以ての外に親馴《しんじゅん》之儀を成す。横さまに之を懐《いだ》き奉りて、諸共《もろとも》に車に乗りて行くと云々。但し、車に乗る事は、成弁と又姫公と二人也。さて、五節の棚の様なる物に油物等の物等、雑の食物を置くを、御前に取り寄せて、「此に水をかけて御房にまゐらせよ」と仰せらると云々。（「姫君の夢」）

この夢における「入道殿」を、奥田勲も久保田淳も共に九条兼実のことであろうと推察しているが、「女院」、「法印の御房」については意見が分かれ、「殿下の姫君の御前」については、奥田は兼実の娘には該当するものがないとしているが、久保田は、後京極良経女《むすめ》立子かと推察している。もしそうだとすると当時は十五歳で、前の夢の「十五六歳許りの美女」につながってくるのだが、ここではこの姫君が誰かということよりも、明恵が非常に親しくし、「横さまに之を懐《いだ》き奉りて、諸共《もろとも》に車に乗りて行く」ことになり、結局は二人だけで車に乗ることになる状態を重視したい。宗光の妻に明神が降霊したときも、横抱きにするところがあったが、その際は女性の方が明恵を抱いていたので、母—息子関係の心の動きの方に重点があった。しかし、今回は、明恵が女性を抱いていて、男性—女性の心性がはたらいている——と言っても、年齢差が大きいが——と思われる。二人で車に乗った後にどこかに行ったのだろうか。いろいろと御馳走を並べ、「此《これ》に水をかけて御房にまゐらせよ」と姫君が言った。夢のこのあたりは一寸解りにくいが、あるいは二人の間に「水をさす」動きなのかな、とも思われる。夢の中で男性と女性が素晴らしい結合を体験するのは、困難なことでもあるし、長い経過を必要とするのである。

男性の夢に登場する女性像の意味については、次章に少し論じるが、いろいろな意味をもっている。男性と女性との「結合」によって新しい生命が生まれるので、女性像はしばしば、何らかの意味の結合の機能を代表していることがある。この夢における「姫君」は、高山寺にはいった明恵がこれまでよりは、上流社会の人々と「交わって」ゆかねばならない、そのために必要な機能を示しているようにも思われる。
この夢に続いて、十二月に見た二つの短い夢を示す。

一、十二月七日の夜、夢に云はく、同行六七人と共にして、有る処に行きて、既に到り已りて将に家へ入らむとする道に、二段許り、糞穢《ふんえ》充満せり。同行等又箸を以て之に浸す。

一、同十二月中旬、夢に云はく、蜈《むかで》懐中に入ると云々。又、一巻の書に縈《まつは》りて縁の下に入ると云々。其の中に小さき樹の枝の生ひたるに、之に糟《かす》等を塗りて、□如く置きて充満せりと云々。（以下略）

はじめの夢では「糞穢充満せり」という状態であるし、次のでは「蜈懐中に入る」という有様である。おそらく高山寺に入ったことで、明恵は相当な「汚れ」を経験しただろうし、またその必要があったのであろう。「美女」との関係を深めてゆくためには、このようなおぞましいものとも対面してゆかねばならないのである。人間が真に宗教的に生きようとするとき、清く美しいもののみでなく、必ず汚くおぞましいものとも直面しなくてはならないのではなかろうか。常識的に見ても宗教的と感じられる「文殊現形の夢」などとともに、これらの夢をも確実に記録している明恵の姿勢に、その宗教性の深さを感じさせられるのである。
高山寺に移った翌年に、明恵は次のような興味深い夢を見ている。これは現在、京都国立博物館に収められている『夢記』によるものである。

建永二年五月廿九日、京に出づ。樋口の宿所に宿る。其の夜の夢に云はく、成弁、一大堂に於いて行法を修す。十二仏の三尊の脇士に天帝釈《(ママ)》の御坐《おはしま》すを行じ奉る。其の形像、白象に乗り給へり。然るに三座ばかりに成ると思ふ程に、道場に入り、行法を修す。帝釈、女房の形と成り、御衣《おんぞ》の絹を離し、堂中を運行して逃れ、供法を受けず。一本の屏風有り。其の上より見越して我を見給ふ。ややありて堂を運行す。すでに堂前を出て、人に相尋《あひたづ》ね給ふに、諸僧七八人ばかり出で来たる。其の中の承仕がましき僧に七八人もろともに仰せ付けて、「此の僧、具して行きて、踏み合はして谷へ捨つべし」とて、堂前の大床よりつき落とし給ふ。其の中の一人の僧言はく、「寿命はもとより短きぞとよ。されば之を殺害する勿《なか》れ、ただ打ち合はして谷へ捨てよ」と仰せらる。承仕の法師、受け取りて手を引きて行くに、此の七八人の二三段ばかり伴ひて来給ふ。成弁、思はく、此の使者に殺されなんず、と思ひて、「今度ばかり、命生けさせ給へ。今一度たむとく《(尊く、立派に)》て死に候はむ」と申す。諸人、皆喜悦して成弁の言を怡《よろこ》び、悦と為す。其の中の一老僧、涙を流す。猶《なほ》成弁曰はく、「あなうれしや」。余僧をば従ふや、従へざるや、よくも見ず　各々に皆、かくの如く唱ふ。成弁白《まう》して言はく、「成弁はかほどの……」（後欠）　（「命生けさせ給への夢」）

この夢でもっとも印象的なのは、明恵がはっきりと命を助けて欲しいと言い、それを人々が聞いて喜ぶところである。あれほどに死を願い、「狼に喰われる夢」を見たときにも、「此ノ夢ハ覚時ニ好楽《このむ》トコロヲ夢中ニシテナシ試也」と語った人が、ここでは「今度ばかり、命生けさせ給へ」と明言しているのである。この夢では、帝釈天が女房に変身し、明恵の行法を受け入れない、というところが興味深いが、意味は明確に把握し難い。明恵が高山寺に入り、人々とのつながりを以前よりも大切にしなくてはならないことになって、他の夢にも既に述べたように女性が現われてくるようになったが、そのことと軌を一にしているのかも知れない。

ともかく、ここで明恵が死ぬことを拒み、人々がそれを喜んだことは、彼が高山寺において生きてゆくことをはっきりと決意したことを意味している。そこで「成弁はかほどの……」と彼の考えを開陳したと思われるが、それ以下が欠損しているというのも、何だか意味ありげに感じられる。彼の決意は、それを受けいれるのに未だ少しアンビバレントなところを残していたのかも知れない。ともあれ、この年には、明恵に東大寺尊勝院の学頭として華厳宗を興隆するようにという院宣が下り、彼の講義の聴講者もだんだんと数を増すようになった。このような変化を、塚本善隆は次のように的確に記述している。[9]

> 静閑所に独処修行することを好んだ明恵も、いまや華厳宗再興の使命を自覚し、他人を教化することにつとめる化他行《けたぎょう》に進んだ。久しい彼の修学の成果が、みずからのうちに信念を確立してきたことを物語るものでもあり、孤独性の強かった彼が、社会・人類に奉仕する宗教人として練れてきたともいえる。

我に一の明言あり

高山寺にかかげられていた清規《しんぎ》の冒頭に、「阿留辺幾夜宇和《あるべきやうわ》」と書かれていることは既に述べた。『伝記』には、この言葉について明恵が次のように語ったことが記されている。

> 我に一の明言あり。我は後生資《たす》からんとは申さず。只現世に有るべき様にて有らんと申す也。聖教の中にも、行ずべき様に行じ、振舞ふべき様に振舞へとこそ説き置かれたれ。現世には左之右之《とてもかくても》あれ、後生計り資かれと説かれたる聖教は無きなり。仏も、戒を破りて我を見て何の益かあると説き給へり。仍《よ》りて、阿留辺《あるべ》

幾夜宇和《きやうわ》と云ふ七字を持《たも》つべし。是を持つを善とす。人のわろきは態《わざ》とわろき也、過ちにわろきには非ず。悪事をなす者も、善をなすとは思はざれども、有るべき様にそむきて、まげて是をなす。此の七字を心にかけて持たば、敢て悪き事有るべからず。

ここで明恵は、「後生を助かろうとしているのではなく、此の世に有るべきように有ろうとする」ことが大切であると明言している。これは、当時急激に力を得てきた法然の考えに対するアンチテーゼとして提出されたものと思われる。従って、この言に続いて、現世のことはどうであっても後生だけ助かればいいなどと説いている経典はない、と言い切っているのである。

明恵が提言している「あるべきやうわ」(あるべきようは)ということは、簡単にわかる気もするが、それほど簡単なことでないようにも思われる。この言葉の理解のために、明恵自身がこの言葉を使ったエピソードが『伝記』に記されているので、それについて見てみることにしよう。ある時、明恵に糖《あめ》桶を贈った人があった。糖桶については既に紹介した印象的な夢があったが、明恵はどうも糖《あめ》が好きだったようだ。後日になって明恵がその糖桶を持ってくるように言ったとき、体裁をよくしようとして桶の上に巻いてあった藤の皮をむいて差し出したところ、「糖桶は上を巻きたるこそ糖桶のあるべき様《やう》にて有るに、あるべき様を背《そむ》きたる」と言って涙を流したという。どんなものでも、それにふさわしい在り様をもっており、それを尊重したいという気持であろう。

このような例に接すると、日本人としてはすぐに「あるがまま」という言葉に結びつけたくなるが、わざわざ「あるべき」と、「べし」という語が付されているところに、意味があると感じられる。清規「阿留辺幾夜宇和」を見ると、「聖教の上に数珠、手袋等の物、之をおくべからず」「口を以て筆をねぶるべからず」などの細かい注意がたくさん書かれている。また『却廃忘記』を見ると、灯籠をもった手には油がついているから、そのままで経文にさわってはならない。小便をするときも、とばしりがかかるから着物を脱いだ方がいい、などと、実に事細かい日常生活の注意が述べられている。このような日々の「もの」とのかかわりは、すなわち「こころ」の在り様につながるのであり、それらをおろそかにせずになし切ることに、「あるべきやうわ」の生き方があると思われる。そこには強い意志の力が必要であり、単純に「あるがままに」というのとは異なるものがあることを知るべきである。

明恵にとって戒律を守ることは極めて重要なことであったが、彼は『却廃忘記』によると、「タヾコ、ロノジツホウ(実法)ニ実《まこと》アルフルマヒハ、ヲノヅカラ戒法ニ付合《ふがふ》スベキ也」と語ったという。すなわち、心にまことのある振舞いは、おのずから戒法にかなうものであるという考えであり、むしろ二百五十戒は大綱をあげたもので、これに準じて生きているとしても、「実ニ無辺ノ威儀、事ニヨリ時ニノゾミテアルベキ也」と考えるのである。二百五十の戒を全部守っていればよいという、戒を中心とした考えではなく、戒はむしろ大綱を示しているのであって、事により時により、そこでいかに生きるべきかということを考え、それに従うことが根本であるとするのである。

明恵が「あるべきやうに」とせずに「あるべきやうわ」としていることは、「あるべきやうに」生きるというのではなく、時により事により、その時その場において「あるべきやうわ何か」という問いかけを行い、その答を生きようとする、極めて実存的な生き方を提唱しているように、筆者には思われる。戒を守ろうとして戒にこだわりすぎると、その本質が忘れられてしまう。さりとて、本質が大切で戒などは副次的であると思うと、知らぬまに堕落が生じてくる。これらのパラドックスをよくよく承知の上で、「あるべきやうわ何か」という厳しい問いかけを、常に己の上に課する生き方を、明恵はよしとしたのであろう。

「あるべきやうわ」をこのように解釈するとき、明恵が常に言っていたという「我ガ死ナムズルコトハ、今日ニ明日ヲツグニコトナラズ」(『行状』)という烈しい言葉も理解できるし、彼が「我は後生資《たす》からんとは申さず。只現世に有るべき様にて有らんと申す也」と言ったことの意味もよくわかるのである。後生のことを考えるよりは、その時その場における実存的な生き方に重きをおいたのであり、だからと言って、このことによって明恵が後生の存在を信じなかったとは言えないのである。人間にとって現在の「あるべきやうわ」の問いかけは、過去や未来についての考えを引き起こし、それは前世や後生に関することにまで発展することがあるのである。

摧邪輪

「顕密差別アルベカラズ」(『却廃忘記』)という言葉に示されているとおり、明恵は他宗に対しても極めて柔軟な姿勢を示している。しかし、これには唯一の例外があり、法然の著わした『選択集《せんちゃくしゅう》』に対しては、実に烈しい攻撃を加えているのである。彼は建暦二(一二一二)年に『摧邪輪《ざいじゃりん》』を著わし、それだけでは意をつくせなかったので、さらに翌年『摧邪輪荘厳記』を著わして、『選択集』を厳しく批判した。このことについて明恵は、「我ハ天性トシテ、僻事《ひがごと》ノワビシク覚ユル也。摧邪輪ノ制作モ、其ノ心ノトヲリ也」(『却廃忘記』)と述べている。ただ曲がったことが嫌いだから書いたのだ、というわけであるが、これに照らしてみるとき、彼が「顕密差別アルベカラズ」などという言葉を、いいかげんの妥協として述べていないことが、はっきりとわかるのである。

他宗に対して極めて柔軟であった明恵が、これほどまでに烈しく反対したということは、法然—親鸞の創始した宗派がいかに画期的なものであったかを示していると思われる。上山春平はインドのヴァスバンドゥ(世親)、中国の臨済に対応する地位を、親鸞が日本仏教思想上において占めるのではないかと指摘し、「中国経由で日本に渡来した仏教は、土着的な相貌をしだいに深めながら、ついに親鸞に至って、新たな時代と風土にふさわしい装いのもとに、本来の姿を再現しうる地点にまで到達することができたのではあるまいか」と述べている(10)。これに対して、明恵はあくまで釈尊の説いた仏教に還ることを理想としていたのだから、両者が烈しく対立するのも当然のことと思われる。

明恵の法然に対する批判は、

一、菩提心を捨てる過失

二、聖道門を群賊に譬える過失

の二点に絞られる。『摧邪輪荘厳記』においては、これらに加えていろいろの過失を記し、合わせて十六過をあげているが、ともかくこの二点が、明恵にとってもっとも許せないところであったのだろう。明恵と念仏宗との思想的対立の問題については、次章の終わりに、明恵と親鸞を対比して論じる際に少し考えてみることにして、ここでは『摧邪輪』執筆と関連する明恵の夢について述べる。

『行状』によると、『摧邪輪』執筆中にもいろいろと霊夢霊相があったが、彼は「タダ正理ヲモテコレヲ検《かんが》ヘ定ムベシ、ソノ験《しるし》コレヲノスルニイトマアラズ」と言って、『摧邪輪』には記さなかった。いろいろ霊験があったが、論争はあくまで論理的であるべきだとして、それらを自分を正当化する手段として用いなかったのである。このあたりに、明恵の態度が明確に示されている。宗教家はともすると、自分をめぐって生じた奇跡を、自説の支えとして使用するものであるが、当時において、それをなさなかった明恵の態度は、まことに立派であったと言わねばならない。自分の主観的体験としての支えを大切にするが、他人との論議においては、あくまで合理的な線を崩さなかったのである。

明恵がこのときに見た夢が一つ『行状』に記されている。それによると、明恵が『摧邪輪』を執筆中に一人の人が来て明恵の顔に「観音」と書き、もう一人が来て「善導」と書いた。また西方から金色の光明が来たって照らした。『行状』にはこの夢に対する解釈は何ら書かれていない。ともかく『摧邪輪』執筆を支える霊夢のひとつとして記したのであろうが、考えてみるとこれは不思議な夢である。この夢のなかの「善導」とは、中国の僧で中国浄土教を大成し、法然の浄土教は彼に大きい影響を受けている。また西方から光が来るというのは、西方浄土の考えで、これまた浄土教の考えに基づいている。とすると、この夢をどのように解したらいいのであろうか。これについて考えるために、明恵が法然について見た夢を次にあげる。

一、一つの檜《ひ》皮《はだ》屋《や》有り。一人の長高《たけたか》き僧有り。白衣なる心地す。笠を著たり。心に思はく、法然房也。我が仏事の導師すべし。其の聴聞の為に来られ、我が房の中に入りて、饗応して二三日を過す。明日の仏事を、使者を以て白《まう》さく。「日《ひ》来《ごろ》、仏事結構之間に、忩々《そうそう》に走り過ぎ了んぬ。今夜見参に入らむと欲す。明日は時畢《をは》りなば仏事有るべし。其の以前は又、忩々為《た》るべき」由をと云々。（「法然の夢」）

一、南都の修学者筑前房等、侍従房に来る。此の破邪見章を見せしむとて、又、上師、之を御覧ず。心に思はく、よひに御覧ずべき由を申しき。之に依りて御覧あり。其の御前に人ありて、此の書を随喜して哭すと云々。上師云はく、「えもいはず貴き書也」と云々。

これらの夢は『夢記』の建永元（一二〇六）年の一連の夢の続きに、十一月の夢として記載されているものであるが、それ以前に十二月の夢が二十八日まで記されているし、奥田も指摘するように『夢記』の「記事に錯乱や順逆が考えられるから確かなことはいえない」のが実状で、これらの夢はいつのものか断定し難い。ただ、二番目の夢にある「破邪見章」が久保田らの推定するように『摧邪輪』のことであるならば、この二つの夢は『摧邪輪』が執筆された建暦二(一二一二)年以後の夢ということになる。

ここでどうして年代にこだわるのかと言えば、この夢が『摧邪輪』執筆の前と後とで、夢に対する見方が変わってくるからである。すなわち、明恵は『摧邪輪』の冒頭に、自分は年来、法然に深い仰信をいだいてきたし、いままでに一言も誹謗したことがなかったが、この『選択集』を読んで、これが念仏の真実の宗旨をけがしているのを知り恨みにさえ思っている、と記している。この夢がもし建永元年の夢であるとすると、『選択集』を明恵は未だ読んでいないわけであり、法然を尊敬していたわけで、夢のなかで、法然に仏事の導師をして貰うとしてもあまり不思議はないと思われる。

筆者としては、第二の夢の「破邪見章」は『摧邪輪』ではないかと思われ、はじめの夢も『摧邪輪』執筆後のものではないかと思う。そうすると、意識的には明恵は法然を烈しく非難しつつ、無意識には法然を評価していたことになってくる。このように考えると、『行状』に記されていた、明恵の顔に「観音」とか「善導」とか書かれ、西方から光がくるという夢も、浄土教に対する明恵の高い評価を示しているものと思われて、ますます興味深く感じられる。もともと明恵は法然の『選択集』に書かれていることを非難しており、浄土教そのものや念仏などを否定しているのではないので、この夢も別に不思議ではないと言えそうであるが、やはり、明恵が根本的には華厳によっていることを考えると、注目すべきイメージであると言わねばならない。

明恵が法然を評価する夢を見ている事実は、彼の内面の動きを示していて興味深いが、夢を見た年代を明確にできないので、断定的なことが言えず残念である。
なお、この夢は一般に「我が仏事の導師すべし」と読まれ、明恵の仏事の導師を法然が行なったとされている。しかし、原文を見ると「我、仏事の導師すべし」とも読め、明恵が仏事の導師をするときに、法然がその聴聞に来たと考える方が妥当なようにも思われる。いずれにしても明恵と法然との関係の良さを示すもので、それほど大切な差でもないと思うが、一応意見を述べておく。

注

(1) 河合隼雄『宗教と科学の接点』岩波書店、一九八六年、の第四章「意識について」を参照されたい。〔本著作集第十一巻所収〕
(2) 田中久夫「起信論本疏聴集記から」、『明恵讃仰』7号、明恵上人讃仰会、一九七六年。
(3) 共時性については下記を参照されたい。ユング/パウリ、河合隼雄/村上陽一郎訳『自然現象と心の構造——非因果的連関の原理——』海鳴社、一九七六年。河合隼雄、前掲注(1)書、の第二章「共時性について」。
(4) C. G. Jung, On Spiritualistic Phenomena, in The Collected Works of C. G. Jung, vol. 18, Princeton University Press, 1976.
(5) ユング/パウリ、前掲注(3)書。
(6) 武内義範「ブッダの悟り」、上山春平/梶山雄一編『仏教の思想』中央公論社、一九七四年、所収、に述べられている。
(7) 小田晋「明恵」、『からだの科学』62、一九七五年。
(8) 田中久夫「明恵上人の講義の聞書にみえる譬喩」、明恵上人と高山寺編集委員会編『明恵上人と高山寺』同朋舎出版、一九八一年、所収。
(9) 塚本善隆「鎌倉新仏教の創始者とその批判者」、塚本善隆編『日本の名著5　法然・明恵』中央公論社、一九七一年、所収。
(10) 上山春平/梶山雄一編『仏教の思想』中央公論社、一九七四年。

第六章　明恵と女性

人間は生まれてくるときから、男性または女性として生まれてきて、一生の間にそれが変化することは余程の特殊例以外には考えられない。人間存在の根本にかかわるこの区別は、人間がその社会や文化を形成してゆく上において測り知れぬ作用を与えている。ある社会では男性が女性より優位な立場を占め、ある社会ではそれが逆転する。あるいは、ある社会や文化にとって固有の「男らしい」、あるいは「女らしい」イメージが定まっており、男性も女性もそれにふさわしい生き方をすることが要請されることもある。

最近では先進国において新しいフェミニズムの波が起こり、男性と女性という問題を論じるならば何巻の書をもってしても不十分ということになろうが、ここで明恵と女性の問題を考える上で、女性ということについて少しは一般的に述べておく必要があると思われる。キリスト教においても仏教においても、女性は男性より低く評価されてきたことは否めない。もちろん、それを補償するはたらきが両者ともに認められるが、まずタテマエとしては男性優位であったと言うことができる。ヨーロッパの文化は男性性の強い文化であるが、そのなかにあって、ユングは早くから女性の意味、女性の価値について指摘し、重要視してきた。従ってユング派においては、女性に関する議論が盛んであり、この章においてはそれらの考えによって論を展開してゆきたい。

既に述べたように、わが国の仏僧は女犯の戒を破るものが多く、これに対して明恵はその戒を一生守り通した稀な例とされている。このことは、明恵が女性を嫌ったとか、これに無関係だったことを意味するものではなく、伝記などを見ると、彼の一生を彩るいろいろな女性が存在していることが認められるのである。とすると、明恵は女性をどのように見、どのように考えてきたのかという疑問が生じてくる。ある男性の生き方について知ろうとするとき、彼が女性との関係をどのようにもったかを知ることによって、相当に本質的なことが明らかになるものである。このような観点から、本章では明恵と女性の関係について、特にその夢を中心に究明してゆきたい。そのためにまず、仏教と女性という点について一般的な考察を述べることにする。

1 仏教と女性

『伝記』によると、明恵の母は自分が妊娠したと知ったとき、「女人は無智にして必ず人身《にんじん》を失却せん。願はくは、大慈大悲、我が後世《ごせ》を助くる程の子一人給へ」と祈ったという。自分は女性だから来世において人間に生まれることはないだろう。だから自分の後世を助けてくれる子(男子)が欲しい、と祈ったというわけであるが、ここに当時の女性たちが、「女であること」を仏教に従ってどのように受けとめていたかが示されているようである。

もともと仏教には、女性は救い難いという考えがあった。女の成仏がいかに難しいかは経典のなかにいろいろと説かれており、そもそも仏教の最初においては、出家者はすべて男であった。しかし、極めて興味深いことに、仏教が日本に渡来してきたとき、わが国で最初に出家したのは、女性なのである。『日本書紀』によると、司馬《しば》達等《たつと》の娘、嶋《しま》が出家して善信尼と名乗り、後に二人の娘を教化して彼女に続いて出家させている。こんな点から考えても、日本仏教における女性の問題は、また違った展開をしていると思われる。

仏教と女性の問題について考える前に、女性の意味ということについて、ユング派の考えを参考に少し述べておく。

女性の意味

第三章において「九相詩絵」について論じた際に、女性という場合、これを母として受けとめるのと、男性の対等の相手としての女性として受けとめるのとでは、その意味が異なってくることに少し触れておいた。もちろん、このような大まかな分類ではなく、その元型としていろいろな多様性を考えてみる方が、女性の現代に生きる生き方を探る上においては有用であろう。(1) しかし、ここではそのような点については割愛して、仏教と女性、明恵と女性の意味を考える上で重要と思われる、既に述べた二つの軸によって論じることにする。

男性と女性について考える場合、いろいろな考え方があるが、ユングは男性的なもの、女性的なものの元型は、男女共にその無意識内に等しく存在すると考えた。ただ、それを意識的にいかに生きるかによって、生き方のスタイルに変化を生じる。たとえば、男性は一般に男性元型に基づいて自分の自我をつくりあげるので、女性元型は無意識内に留まることになる。また、どのような元型がある時期、ある集団にとって優勢であるかに従って文化の差が生じてくる。ヨーロッパにおいては男性元型が強いので、近代における自我は男性も女性もともに男性元型の作用を強く受けている。これに対して、わが国においては女性の元型の方が強かったので、日本人の男性も女性も、その自我を形成するときに女性元型の作用を強く受けているのである。このような点はこれまで他に論じてきたので割愛するが、このような考えに立って女性元型を見たとき、それをなかなか見事に記述しているのが、ノイマンの『グレート・マザー』である。(2) この大著のなかのごく一部を紹介し、それによって女性元型について考えることにしたい。

もちろん、強引なことではあるが、ノイマンは女性元型を図式化して要領よく示している(次頁)。この図によって説明することにしよう。図をみると、M軸とA軸と二つの軸が交差している。Mは母(mother)の略であり、Aはユングによるアニマ(anima)の略である。アニマはラテン語で魂を意味する語であるが、ユングは夢分析における経験を基にして、このような元型の存在を仮定するようになった。ユングは男性の夢にしばしば現われる女性が特徴的な性質をもつことに気づき、それらの元型の存在を仮定してアニマと名づけた。彼がアニマという語を用いたのは、男性にとって、魂のイメージとして女性像が顕現すると考えたからである。彼は分析の過程に従って、アニマ像が段階的に発展すると考え、第一段階を生物的段階、第二段階をロマンチックな段階、第三は霊的(spiritual)な段階、第四は叡智の段階とした。確かにアニマ像には種々の姿があり、それは時に段階的に発展するかの如く見えるときもあるが、筆者はこのような段階的発達説にはむしろ懐疑的であり、これらは常に無意識内に存在し、時に応じて意識に作用を及ぼしてくる、というように考えている。このような点は論じはじめると長くなるので、ここではこれ以上は割愛する。

母なるものの元型と、アニマ元型とをひっくるめて、ノイマンはここに女性の元型を図式的に示しているのである。彼は女性性に「基本的性格」と「変容的性格」とを考え、M軸が前者に、A軸が後者に、主として対応すると考える。女性の基本的性格はこの図の中心に示されるように、「包みこむ」ことであり、大いなる容器のうちにすべてを包みこんでしまう。それがプラスの方向に向かうのがM+のグッド・マザーであり、マイナスの極にはテリブル・マザーのM−が存在する。包みこむ性格がプラスに向かうと、産み育てることになり、その極はいわ

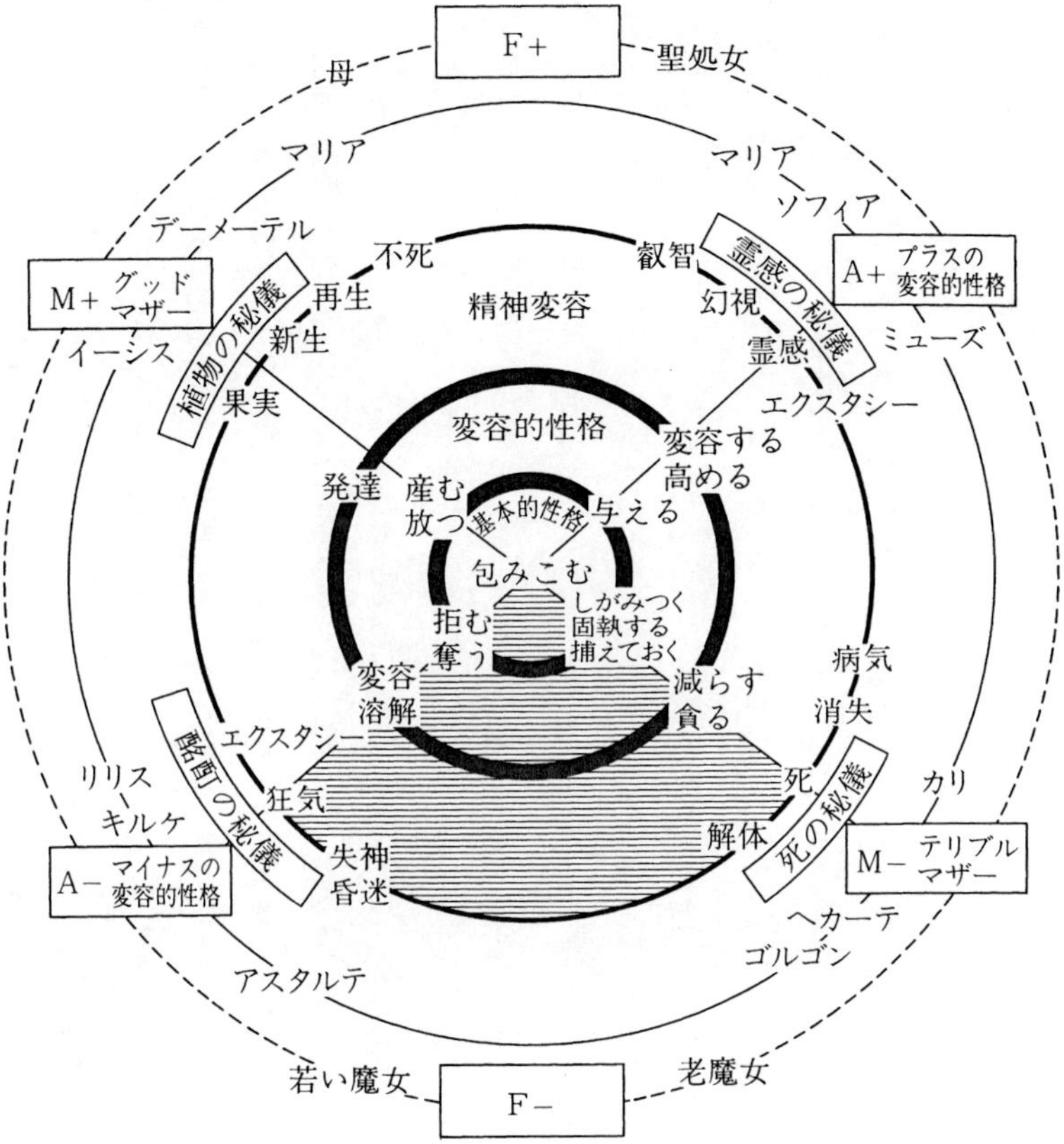

女性元型の模式図（ノイマンによる）

ゆる植物の秘儀としての死と再生へと向かう。これがマイナスに向かうときは、しがみつく、捕らえておくはたらきとなって、ついには死や解体に向かうことになるのである。これに対して、アニマの軸は、プラス方向にゆくと、高め、変容するはたらきが生じ、極点においては幻視、霊感などの生じる霊感の秘儀の世界になる。A軸のマイナス方向は、溶解のはたらきを示し、狂気や失神昏迷の世界に至る。

この図の上方のF^{+}は女性元型のプラス面(Feminine ＋)を示し、下方のF^{-}は同じくそのマイナス面を示している。この図の説明において、ノイマンが極めて興味深いことを述べている。それは、ここに円で示されているものは、実は球体であり、M^{+}、M^{-}、A^{+}、A^{-}の方向は球体に沿って延長し、結局は一つの極点に収斂するというのである。つまり、プラスとマイナスは極点において一致し、そこでは思いがけぬ反転現象が認められると主張するのである。確かに、死と生、霊感と狂気、は紙一重のところで接しており、われわれ臨床家はそのことを身をもって体験させられる。あるいは、芸術家や宗教家もそのような体験を味わうことが多いであろう。

ノイマンはこれらの四つの極点に、それに相応する女神たちの名を記している。M^{+}の点には、エジプトの女神イーシス、ギリシャのエリューシスの秘儀の主人公である地母神のデーメーテルがあげられている。マリアは母にして聖処女でもあるので、M^{+}からA^{+}にわたる存在として位置づけられ、A^{+}点にはグノーシスの女神ソフィア、ギリシャの詩の女神ミューズがあげられている。M^{-}点には、インドのカリ、ギリシャ神話のヘカーテ、ゴルゴンがあげられている。またA^{-}点には、バビロニヤの女神アスタルテ、リリスのような妖精や、キルケのような魔女的な女神があげられている。これらの女神の位置は軸よりも少しどちらかにずれているが、それはそれぞれM(A)軸よりもA(M)軸よりのところに位置することを示すものである。

このような表現も、ノイマンという西洋の学者が試みたものであり、女性元型そのものは全世界に普遍的であるとしても、それを受けとめる人間の意識の在り方が変われば、異なった形で受けとめられるものなので、われわれ日本人としては、何もノイマンの言うとおりに従う必要はないと言える。しかし、ノイマンの考えはある程度われわれにも妥当性をもつし、特に明恵という人が、既に述べてきたように、日本人には珍しい合理性をもち、西洋近代の自我と似たような面を持ち合わせているので、このノイマンの考えが明恵を理解する上で役立つと思い、この説を紹介したわけである。

ところで、日本の文化は母性が優位であるので、女性に対しては何よりも母であることを期待することが強く、M軸に比してA軸のはたらきは弱いと言わねばならない。神話の時代においては、A軸上に存在する女性像もみられたが、仏教が伝来し、わが国が中国を範として国家を形成するようになった頃には、女性のA軸上のはたらきは急激に弱まっていったのではないかと思われる(もっとも、これも実に大まかな話で、わが国の女性を考えるとき、このような二つの軸がどれほど有効にはたらくかについては、疑問の余地も残されるが)。

日本仏教と女性

「日本の仏教は、アジア各地の仏教の中で、特異な性格をもっているが、その特色を解明するための重要な鍵の一つは、女人と仏教という問題であるように思われる」と、大隅和雄はその興味深い論考「女人と仏教」の結びで述べている。(3) 筆者もこれに同感であるが、仏教(日本仏教)と女性について論じたものがあんがい見つからないので、右の大隅の説を参考にして、この問題を簡単に論じてみたい。

仏陀が最初に仏教を創始したとき、女性はその考慮の外にあったというべきであろう。彼の教えに従う人はすべて男ばかりで、出家者は生涯独身で過ごした。彼らは厳重な戒を守ったが、その第一条が婦女と交わらないということであった。おそらく仏陀としては、執着を捨てるという、仏教において極めて重要なことがらを行う上において、女性との関係から生まれてくる執着がいかに捨て難いものであるかを考慮して、このような戒を設定したのではないかと思われる。ところが、このような場合によく生じることであるが、単に女性との接触を断つということが、しだいに女性こそは出家者を誘惑したり、堕落させたりする恐ろしい存在であるという考えへと変化してゆく。実のところ、堕落や誘惑を欲しているのは男性の方であるのに、それは女性へと投影され、女性こそいやしむべき存在であると考えるようになるのである。

このような心のはたらきのためもあったと思われるが、仏教においては、女性は救い難いとか女性の成仏は難しいとかいう考えが強くなってきた。これらのことは仏教の経典に書かれ、たとえば、女一人の業障は、三千世界のすべての男の煩悩の総和に等しい、などということが、『涅槃経』に述べられたりすることとなる。

ところが、大乗仏教になって、出家のみならず在俗の信者をも対象として考え、それらが等しく成仏することなどを考えはじめると、女性の取り扱いが極めて難しい問題となってきた。大乗仏教的な救いは、原理的には母性原理が優位になる。従って、女性に対する拒否を一方で感じつつ、反面では母性というものを高く評価せざるを得ないというジレンマをかかえこむのである。

このような矛盾の解決をはかるためでもあろうか、経典のなかに女性の救済の話が述べられることもある。『法華経』の「提婆達多品第十二」に語られる龍女の話は有名な例である。

釈迦如来の前で、智積菩薩が文殊菩薩に、『法華経』を修行することによって仏になることができたものがあれば、その例を示して欲しいと言った。文殊は、娑竭羅《しゃから》龍王の娘は八歳であるが、自分の教化によって悟りを開いたと答えた。智積はそれに疑念をはさむが、龍王の娘が忽然とそこに現われる。そこで舎利弗《しゃりほつ》が娘に向かって、女の身は汚れていて仏の教えを受けるのに堪え難いから、悟りを得たということは信じ難いと述べる。このとき舍利弗は、女には五障というものがあり、女は梵天王、帝釈天、転輪聖王、魔王、仏にはなれないのに、どうしておまえがそんなに早く仏になり得たのかと詰問している。これに対して、娘は自分のもっていた宝珠を釈迦に奉ったところ、釈迦は早速それを受けとった。娘は智積と舍利弗に向かって、今、釈迦が宝珠を受けとったよりもなお早く成仏できると言うや否や、たちどころに男子になり、仏になった。智積と舍利弗、そのときに集まっていた人々は、龍王の娘が仏となり、法を説いている姿をまのあたりに見たのであった。「智積菩薩及び舍利弗、一切の衆会黙然として信受す」という言葉で、この章は結ばれている。人々ははっきりと、女性が仏となる現実を信受したのである。

この話は女人成仏の話としてみれば、真に画期的なものであるが、やはりこの話は『法華経』の偉大さを説くことの方に重点があるように思われる。「提婆達多品」は、『法華経』の中核としてよりはむしろ付加的な性質の方が強く、『法華経』の力によって、八歳という幼い、しかも女の子さえもが成仏したのだということを強調しているように思うのである。そして、龍女が男子に変わって(変成男子《へんじようなんし》)成仏したということは、本性としての女性の成仏の問題を避けていると考えられるのである。

これと同様のことは、『大無量寿経』の、いわゆる「女人成仏の願」についても言うことができる。これを現代訳によって次に示す。

尊き師よ、もしも、わたしが、さとりをえたのちに、あらゆる無量・不可思議のほとけたちの世界において、女性たちがわたしの名を聞いて、清らかな心を生じ、さとりを求める心をおこし、女としての性を厭うたとして、彼女たちがつぎの世にふたたび女性の身をうけるようなことがあるならば、その間は、わたしは、この上ない正しいさとりを現にさとることがないように。(4)

これが、衆生が救済されることがないかぎり、自分はこの上ないさとりを得ることがないように、という法蔵菩薩の願(いわゆる四十八願)の三十五番目の願である。既に述べたように、これは「女人成仏の願」と言われ、女人成仏の経典的根拠として取りあげられるが、この願を読むとわかるとおり、女人の成仏が直接的に願われているのではなく、女人がその「性を厭うたとして」、来世にふたたび女性に生まれることのないようにと願っているのであり、本性としての女性の成仏は、むしろここでは拒否されているという方が正しいであろう。

法然は、女性の往生について教学的な基礎を得ようとして苦心した。彼は結局、「変成男子」を説くことによって、これを解決しようとしたが、その基礎となったのは、先に示した『大無量寿経』や『法華経』の説くところであったと思われる。なんとか女人成仏の道を見出したものの、それは本質的な点においては成功していないというべきであろう。日蓮も女性の成仏について論を展開したが、そのよりどころは前述の『法華経』の龍女の話である。女性の成仏に関しては、膨大な仏教経典もほとんど述べていないことを、これらの事実が示している。

ところで、このように極端な女性忌避の傾向をもつ仏教が最初に日本にもたらされたとき、本邦最初の出家が女性たちであったという事実は、まことに注目すべきことである。これは、大隅も指摘しているように、日本の土着信仰においては、神のよりましとなるのが女性であったという理由からであろう。このことは、日本において、仏教がはじめはその呪術的な面が重んじられて受け容れられた事実を反映していると思われる。この頃までの日本においては、ノイマンの図式によるA+軸上における女性の霊感的な機能は、もちろん原初的な様相をもったものながら、十分にはたらいていたのである。よりましとしての日本の女性たちは、ノイマンの図式に示される程分化したかたちではなく、M軸とA軸が相当に融合した様相をもって、霊感の機能をはたらかせていたことと思われる。土着の信仰では地母神的な神が優勢であったので、このような様相を示したのであろう。

大乗仏教になって、母性原理の強調がはっきりと認められるが、その大乗仏教が日本に渡来するときに、日本に古来からある地母神的な母性崇拝がその受け容れに一役買ったので、わが国の仏教においては、母性の尊重ということが強く前面に押し出されてきた。この経緯については、勝浦令子が詳しく論じているが(5)、彼女はその論文の冒頭に、観音が和《わ》光同塵《こうどうじん》して女性の姿になった例をあげている。十三世紀頃成立したと見られる『長谷寺霊験記』からの引用である。

法皇ノ御夢ニ、観音光ヲ十方ニ放チ、八大龍王八大童子等ノ無量ノ眷属ヲ引率シテ、法皇ニ告ゲテ云ハク、濁世ノ猛キ衆生ヲ和ラグル事ハ只女人ナリ、我レ此ノ光ヲ和ラゲテ婦女ノ身ヲ現ジテ、久シク末代ニ及ビテ国家ヲ護シ、衆生ヲ利サント思フ。

ここでは観音が聖武天皇の夢に現われ、濁世の衆生を和らげるのは女性であると言い、自分の光を和らげて女性の姿になり衆生を救うと告げた、と記されているのである。親鸞の六角堂の夢(一四三頁)が想起されるが、女性が成仏するためには、まず男性に変わることが必要であるという思想と比べると、観音が女性に変化するという考えは、相当に画期的なものであることがわかるであろう。つまり、仏教は日本に伝来するや、相当な母性尊重の様相を呈することになったのである。

一般的に言って、地母神崇拝の宗教においては、性はタブーであるよりはむしろ、神事として尊ばれる傾向がある。小アジアから東地中海沿岸一帯の古代社会において、聖娼の慣行が広く分布していたことは、周知の事実である。堀一郎は、わが国の古代にも聖娼が存在したのではないかと示唆している(6)。このような事実の有無については確実なことは言えないにしろ、性がタブーではなく、農耕と結びついた儀式などに取り込まれ、比較的オープンで宗教的に高い価値を与えられていたことは事実であろう。このような背景のあるところへ、母性原理が強調される形で仏教が取り入れられたので、わが国においては、仏教の戒を守ることがなかなか困難であったと思われる。

母性原理はすべてを受け容れるところにその特徴があり、母性的な観音の姿に示されるように、すべてを和らげることをよしとする立場に立つと、戒律によって行動を厳しく律することに、あまり価値をおかないようになってくる。その上、性ということが、男性的な強さを弱めてしまうもの、欲情によって人間の意識をおびやかすもの、などとしてよりは、母なるものとの合一、一体感の体験として、むしろ高い価値を与えられる。このような心理的背景があるために、日本においては、仏僧が婬戒を守ることが難しく、また、それを破ることを黙認する傾向が生み出されてきたものと思われる。

性のポジティブな意味として、男性と女性という相反するものの結合ということがあるが、わが国においてはこのような意味合いはほとんどなく、母なるものとの合一、融合ということが大きかったであろう。ともかく女性は、母としてのみその価値が認められるのであり、男性と対等の存在としての女性、あるいはその対等なものの結合としての性、というイメージは極めて弱かったと思われる。

親鸞が後述するように六角堂における夢の啓示によって、女性との交わりを受け容れながら、その和讃などをみると、「変成男子」説をそのまま踏襲しているのは、不思議な気がする。しかし、親鸞が受け容れたのは、女性の母性的側面であり、「女」としての側面は、やはりそのまま受け容れ難かったのではないかと考えられるのである。

2 女性の夢

日本仏教における女性の位置について、ごく一般的なことを述べたが、明恵と女性との関係は、明らかに既に述べたような日本的な在り方とは異なるものである。ここに明恵の人生、明恵の宗教性の在り方の特徴が顕著に示されている。

明恵の周囲にはたくさんの女性が居た。後にも述べるように、承久の乱の際に敗れた朝廷側の公卿や武士の未亡人を明恵がかくまったこともあり、明恵を尊崇して彼の周りに集まる女性は、実に多かったと思われる。明恵が女性にあてた手紙が現在も少し残っているが、それらを読むと、彼の女性に対する態度の一端が窺われ、彼がいかに暖かさと適切な礼儀をもって女性に対していたかがよくわかるのである。そのなかで、井上の尼という人に出した手紙については第二章に少し触れたが、この手紙の右はしの方に追伸の形で、「なでしここれには候はぬに、たまはり候ひぬ。たて候べく候」と書かれている。撫子がここにはないのにいただいた、早速活けましょう、ということだが、このようなことを追伸に書きそえる明恵の心情の暖かさがよく伝わってくる。明恵の女性に接する態度がよく示されている手紙である。

また、上光房という女性に宛てた手紙(7)では、上光房が誰かの供養のために衣と袈裟を送ったのに対して、そんなことをしなくても、本当に供養したいのだったら、上光房が円覚法門を考え、観想することであると説き、衣と袈裟を返送すると書いている。「たゞかく候へば、こと人々もみまね候ておはしましぬべく候へば、おそれながらかへしまいらせ候に候」とあるが、これを受け取ったら他の人たちも真似をするかも知れぬので、というところに明恵の配慮が示されている。また、この文の前に、禅妙房らとあなたとを区別して考えているのではない、決してあなたのことを疎々しく思っているのではない、と断っているところがある。わざわざ禅妙房と名前をあげて、区別しているわけではない、と言わねばならぬところに明恵の苦衷もあっただろう。おそらく女性たちに大きい人気のあった明恵を取り巻いて、彼女たちに嫉妬の感情も動き、明恵はそれについて気を遣わねばならなかったことであろう。

明恵と女性たちとの関係はこのように深いものであり、そのなかで特に督三位局は、明恵に深く帰依し、高山寺の造営にも力をつくしたことが記録されている。(8) 明恵と女性との関係については他にも記録が残されているが、一応このくらいにして、明恵の夢のなかで女性像がどのように変遷していったかに焦点をあてることにしよう。

女性像の変遷

明恵は四十歳のときに『摧邪輪』を著わしたが、その前後のあたりの『夢記』が、現在京都国立博物館蔵となっている。そのうちのひとつは、既に前章に「命生けさせ給への夢」として示した。ところで、この一連の夢は、女性がよく登場するところが特徴的であり、建永元年(明恵三十四歳)にちらりと見た「十五六歳許りの美女」の夢の流れが、ここに来て一挙に噴出してきた感を抱かせる。

この一連の夢を示す前に、高山寺蔵の『夢記』のなかで、年代は不明確であるが明恵が三十六―三十八歳の頃に見たと推定される夢で、女性が登場するのがあるので、それについて少し触れることにする。

一、同十一日の夜、夢に云はく、一つの大きなる河を渡る。中嶋の尼御前と思《おぼ》しき人の乗れる馬の尻に我乗りて、渡らむと欲す。彼の馬、尤も小さし。尼御前、馬を下りて将《まさ》に之に乗せむとす。成弁、小さきに憚《はばか》りて之に乗らず。只歩みて之を渡る。水腰に到りて□渡り了《をは》んぬ。我が乗るべき馬をば、小児に之に乗す。小児は我が後に立ちて之を渡し了んぬ。(「河を渡る夢」)

この夢に現われた中嶋の尼御前がどのような人物かは定かでない。「河を渡る」ことは、何らかの変化をもたらそうとする決意の表明を意味することが多い(一五六頁「大水を渡る夢」参照)。そのときに、それを助けようとして馬に乗せてくれる人として女性が登場する。しかし、馬が小さすぎるので憚って明恵はその援助を辞退する。馬に相乗りするところを、馬が小さすぎて止めるというイメージは、女性との結合を達成するには、動物的な衝動が弱すぎたとも言えるし、動物的衝動を明恵が「卑小」なものと判断したとも言えるであろう。女性との結合の達成ということは、なかなか困難なことである。明恵が腰まで水につかりながら河を渡り切ったということは、ここでは女性と共に相乗りをすることをやめたにしろ、一つの決意をもって変化への方向へ歩みはじめたことを示している。明恵の代わりに馬に乗った子どもは、明恵の将来の可能性を示しているのであろう。

次に京都国立博物館蔵の建暦元(一二一一)年十二月の夢を示す。

建暦元年十二月六日夜、夢に云はく、端政(正)の貴女有り。二人の従女を相従ふ。其の本□、若年の如く面皃(貌)端政なり。高弁、之に謁すと云々。其の八日、京に出づ。九日、民部卿入道殿に謁す。時に故女院の御念珠を得たり。同十日、御手習の反古等を得て、即ち寺に入る。其の初夜、行法の次《つい》でに、此の御具足等を持ちて道場に詣づ。衆徒に対座し奉り、御菩提を祈り奉る。其の夜、四つの夢相を得たり。

一、故女院の恒《つね》に御坐《おはしま》しし処を見るに、張台・御衣《おんぞ》等あり。之を見て哀傷すと云々。

一、十七八歳の女房、藁の如き物のある処に居す。其の向ふに一尺許《ばか》りを去りて座を設《まう》けて、渡し居《す》ゑ奉ると惟《おも》ふ。然して顔を見ず。覚め了《をは》んぬ。

一、前の女房、疲れたる形なり。顔さき少しき高くして、面長き躰《てい》にて色白し。之に謁すと云々。同十六日、京に出で、慈心房に謁す。樋口の宿所に還り、臥眠す。其の暁の夢に云はく、

一、紀州の類親等を相朋《あひとも》ひ海辺に出でて遊戯す。其の日の晩、一所に宿す。夜暁けて物へ行く。其の路、泥地なり。田を鋤き還《かへ》したるが如し。此を踏み越して行く。行きて野山の如くなる処に出づ。見遣《や》りたれば、高き木等の葉も無き多く見ゆ。此処を過ぎて人舎に到るに、二人出合へり。此処にして足をすすぎて又行く。山の峰に到るに、一人の貴女有り。端政奇異なり。□はひきの処にあり、此の人は山の峰に在り。心に思はく、仏事をせられむずるに、願文の如きか等の物を書かるべきに、高弁を待ちて証と為す。誠に書かるべし。さて待ち給ひけりと云々。高弁が共に、倫性房・円宗房両人あり。人はあまたあると思ふとも、余人は眼前には見えずと云々。此の貴女、円珠(宗?)房の手をとらへ給へり。高弁思はく、此《かく》の如き人は中《なか》〱かく御坐《おはしま》すか。即ち思惟す、此《これ》はせめて高弁がゆかり(縁者)とて、むつまじく思《おぼ》し召してこそ、かくあれ、と思ふ。さて、其の後、書かる物一枚許りなり。其の末を読み給ふを聞けば、「御房の御志を以て」と云々。此の下《しも》はよくも覚えず。慥《たし》かにも聞かず。ただ心に思はく、来生に行き遇《あ》はむなれ、と躰に書かるるか。又、読まれもす

るか、と覚ゆ。さて結句に録して、「以て述ぶ」と読まる。時に高弁、同行の顔を見廻すに、心に思はく、此《これ》は此の貴女に謁せるをいたく面目がましく思ひて見廻するや、思ひ賢しと思ふに、きと散乱する心地すれば、慥かに聞くべきの事と思ひて、問ひて曰はく、「何《いか》にとあそばし候ひつるぞ」。貴女答へて曰く、「以て述ぶ、と書き候ひぬるぞ。述べ候とや書くべく候。正月にて候はんずるに」と仰せらる。高弁思はく、此は十二月なり。来たる正月に何事ぞの有るべきや、と思ふ。祝ひの月なれば、御文字をや置くべしと思し召すにこそ、と思ひながら、何にも御心にてこそは、と思ひて、うちこまして御返しも申さず。さて、還《かへ》るに、高く人家の上を踏みて還る。二三段許りにて見遣り奉れば、高弁を見送りて御坐《おはしま》すと云々。覚め了んぬ。

(「山の峰の貴女の夢」)

十二月六日の夢に女性が現われる。以前の夢においては、十五、六歳ばかりの美女がこちらの方を見ている、というのであったが、今回は関係がもっと直接的である。顔が端正であることをはっきりと認め、「高弁、之に謁す」と述べている。なお、明恵はこの前年より、名前を高弁と改めている。

続いて、故女院の菩提を祈った夜の夢として、三つの夢があげられている。この女院が誰を指すのかは解らないが、明恵にとって大切な人であったのだろう。念珠や手習いの反古などをうけとり、故人を偲びつつ眠ったのであろう。その夜、明恵は故人不在の場を夢に見て、夢のなかで故人の死をいたんでいる。しかし、それにすぐ続いて十七、八歳の女房が現われてくる。最初は顔を見ずどんな人か解らなかったが、夢は続いて、その女性が「面長き躰にて色白し」ということがはっきりする。しかし、その女性は疲れているようであった。

このあたりは女院のことが不明なので、あまり明確なことは言えないが、ともかく、明恵の女性像が変化しつつあることが窺われる。女性が疲れて見えるというのは、明恵がこの激しい変化に少しついて行きかねるくらいに感じていることを、示しているようである。おそらくこの頃には、高山寺の当主として、朝廷における多くの女性たちとの交際も急激に増加していったことと推察される。

　次の十六日の夢は長い夢であるが、山の峰で一人の貴女に会うのが大変印象的である。この女性は「端正奇異」であるし、「此の人は山の峰に在り」という表現が、その「高さ」を暗示している。ところで、この女性は明恵と同行した円珠(宗)房の手を取る。これには明恵も驚いたのだろうが、「此《かく》の如き人は中《なか》〳〵かく御坐《おはしま》すか」と思い直す。このような人はこういうところもあろうと思うのだが、「このような」とか「こういう」とかいう点を、明恵が本当のところどう思ったのか明らかではない。思い切って推察すると、このような貴い女性は自分の思ったとおり大胆に行動されるものだ、という感じで、この行為を肯定的に受けとめているようである。そして、円珠房を自分の縁者として親しく感じられたからこそ、このようにされたのだと思う。つまり、貴女の行為は明恵への親しさの現われと見たのである。

　その次に、女性が何か書き物を読むのに、明恵がいろいろと考えるところの文の意味は難解である。ただ、明恵がこの女性に会ったことを「面目がましく」思い、同行した人々の顔を見回しているうちに、われながらおそれいったことであると心を乱したりするところは、彼の人間らしい一面が示されていて興味深い。明恵は行いすました聖者ではなく、相当に感情のままに動く自然児的なところをもった人であったと思われる。

　明恵が帰るときに「高く人家の上を踏みて」帰ったというのだから、彼はこの女性に会ったことで宙を飛ぶ気持だったと言えるし、それはまた、彼を見送ってくれているこの女性が、超自然的な存在であることをも暗示しているのであろう。確かに、この女性は特異な性格をもっている。山の峰という「高さ」と端正さをもつ一方で、初対面の男性の手をとるという思い切った行動をする。女性の「高さ」と「低さ」の両面をもっている。この女性に手を握られた僧が明恵のゆかりの者だということは、明恵とこのような女性との接触が近いことを予示していると思われる。

この夢に続いて、「次の日、十七日、慈心房に謁して此の事を語る」と記されている。おそらく明恵にとってもこの夢は印象的なものであったので、誰かに語らざるを得なかったのであろう。彼らがいったいこの夢についてどのような会話を交わしたのか、興味深いことではあるが知る由もない。これに続いて十八日の夢が記され(略)、その後に「同廿日、降雨の中、鳥羽の御墓所に参る。十六日夜の夢相に符合すべし、云々」という記載がある。これは十六日の夢に符合する現実の出来事のあったことを述べているのだが、残念ながらその内容は不明である。夢は明らかに現実とは異なるし、それらを混同すると馬鹿げた誤りを犯すことになるが、夢と現実は無関係に存在しているのではない。夢が発展してゆくことは、その人間の心の発展が生じたことを示しており、それが外界と無関係に進むことはあり得ない。このあたりの数年間は、明恵としては女性との交わりで何度も危険にさらされたことであろう。それは、時に彼を限りない高みに向かわせるものであったし、また、奈落への墜落の危険を感じさせるものでもあったはずである。

性夢

夢中における明恵と女性との関係は、ますます深くなってゆく。

続く十二月二十四日の夢を次に示す。

一、同廿四日夜の夢に云はく、一大堂有り。其の中に一人の貴女有り。面皃ふくらか（顔）をにして、以ての外に肥満せり。青きかさねぎぬを着給へり。女、後戸《うしろど》なる処にして対面。心に思はく、此の人の諸様、相皃、一々香象《かうざう》大師の釈と符合す。其の女の様など、又以て符合す。悉《ことごと》く是れ法門なり。此の対面の行儀も又法門なり。此の人と合宿、交陰す。人、皆、菩提の因と成るべき儀と云々。即ち互ひに相抱き馴れ親しむ。哀憐の思ひ深し。此の行儀、又大師の釈と符合する心地す　（「性夢」）

これは明恵にとって画期的な夢であっただろう。女性との性的な結合を夢で体験したのである。ただここで、明恵がこのような体験を華厳の教えと符合することとして受けとめているのが重要と思われるが、明確なことがわからず極めて残念である。この夢に現われた女性が、これまでのように端正な女性ではなく、すごい肥満体であったのは、おそらく女性の肉体的な側面が強調されているのであろう。しかし、この行為が行われたのは大きい堂のなかであり、宗教的な場が選ばれている。香象大師は華厳教学の集大成を行なったとされる法蔵のことであり、明恵は法蔵の著作である『華厳五教章』や『探玄記』を書写したり、これについて講義をしたりしているので、大きい影響を受けていたと思われる。この女性の様子や、彼女と交陰したことなどが、法蔵の説く所と符合するものであったと明恵は述べているのである。

　年月が定かではないが、おそらくここに示した一連の夢とほとんど同時期に見たと思われる、これも京都国立博物館蔵の『夢記』の夢に、やはり女性像がつぎつぎと登場している。

　又同夜の夢に、二条の姫宮、帳垂れたる輿《こし》に乗りて、眷属済として奈良へ御詣かと思ふ。輿の内より、高弁を見出し給へりと思ふ。

一、同二月六日、日中眠り入りし夢に云はく、一人の若き尼公有り。墨染の衣を着、京よりと思《おぼ》しくて、来給へり。語りて曰く、「我が父母、極《きは》めて之を愛念す、寵愛……せめてのまいりたさに、きと参るなり」と。即時に還らると云々。

一、同二月十五日の夜、念仏の時、纔《わつか》に眠り入りし夢に、高弁の右方より、一人有り。白衣にして仏前を白《まう》して入ると云々。又、眠り入る。仏の左方に卅許《ばか》りの尼公ありて、懌面して、同高□居給へり。同じく白衣を着給へりと云々。

一、同月廿六日、酉剋《とりのとき》、鳥羽の御墓所に参る。其の夜の夢に、十八九なる女房有り。術《すべ》無くむつまじげにて来たる。予、曰はく、「弁が右に副《そ》ふて寄り懸《かか》り給へ」と。あはれみかなしく思ひて、はたらかずと思ひ、痛はしく思□云々。

これらの夢においても、明恵と女性たちの距離がぐっと接近しているのが印象的である。最後の夢においては、明恵のところへ「むつまじげにて来たる」女房に対して、「寄り懸り給へ」と明恵は声をかけているのである。

これらの一連の夢に対して、明恵が僧として性欲を抑圧しているので、性的な夢をよく見るのだ、などという単純な理解をされると困るので、夢のなかにおける性について少し論じておきたい。フロイトが性欲を重視し、現代人の夢のなかに抑圧された性衝動がどのように顕現してくるかを示したのは、周知のことである。彼はこのことを示すために、いわゆる性象徴論を展開し、ペンや刀などが男性性器の象徴として用いられると主張した。フロイトがこのように性を重視した背景には、当時の彼を取り巻く文化状況が性に対して極めて抑圧的であったこと、および、性というものが人間にとってもつ意味の大きさ、という二点が存在したと思う。後者の点について、ユングは、性は地獄から天国まで存在すると述べたり、性は精神と身体とをつなぐものだという言い方をしたりしている。性は確かに極めて生理的であるが、極めて心理的でもある。性はまた男と女とを結合させ、その結合から新しい生命を生みだす行為であるが、その意味は生物学的にも心理学的にも受けとめることができる。ユングが一生かけて「結合の神秘」の研究をしたように、性は対立物の合一という高い象徴的価値を有しているのである。このような点から考えて、フロイトが性を重視したのも当然と言える。彼がそれをどこまで意識していたかは解らないが、性の言語に還元されるとき、すべてはヌミノース[9]な性質をおびてくるのである。しかし、いろいろな事物を性象徴として読みとっていた彼も、性そのものの夢が出てきた場合、いったいそれを何の象徴だと思ったのであろうか。あるいは、彼の時代の人々は性的な夢を見なかったのだろうか。

性行為の夢は誰でも見ることはあるが、それほど頻度の高いものではない。性欲の抑圧が強いほど性行為の夢をよく見る、という単純な公式も成立しない。たとえば、既に紹介した多聞院英俊の夢には性夢は記録されていない。もっとも、彼がそれを見ても記録をひかえたこともあるだろうから、これからにわかには断定し難いが。あるいは、彼が戒を守っていたか否かも定かではない。

性行為の夢は、確かに性欲が高まったときに見ることもあるが、はるかに心理的な意味をもって生じることが多い。既に述べたように、「結合」とか「関係」とかいうことを直接的に、ヌミノースな感情を伴って表現できるから、そのような意味をもって生じることが多いのである。生理的な側面の強い夢では、夢そのものもそのような感じで生じてくる。「関係」ということが主題となってくると、まったく思いがけぬ相手——つまり性的対象と意識的には思ってもみない人——が選ばれる。そのときは、何らかの意味での「関係」の在り方という面から考えてみると了解されることが多い。また、女性が見るときは、極めて異質なものの「侵入」として、男性が見るときは、呑みこまれ「溶解」する意味をもって見られることもある。従って、単純に性夢を見たと考えるのではなく、その状況についてよく吟味し、検討する必要がある。単に身体的結合のみが強調されたのか、そこにどのような感情が流れたのか、などとチェックすることが大切である。

明恵は性欲を抑圧していたのではない。むしろ女性に対しても性に対しても開かれた態度をもっていて、それだからこそ、彼自身が語っているように、何度も性関係をもつ機会があったが、なんとかそれを乗り越えてきたのである(二四九頁参照)。彼は性をいやしいもの汚いものとしたのではなく、その存在を認めつつ、また一方ではどうしても戒を守らねばならぬという葛藤を生き抜いたのである。だからこそ彼は、女性の夢や性的な夢を隠すところなく記載したのであるし、そこに宗教的な意味をさえ見出そうとしたのである。

ここに示した一連の夢における多くの女性の出現には感嘆させられる。日本人の場合は母性性が極めて強いので、このようなアニマ像の出現は、現代の日本男性でも珍しいと言うべきである。この時期に、明恵の内界には強烈なアニマの布置《コンステレーション》が生じていたと思われる。明恵が激しい修行と隠遁生活の後に、自他ともに許す高僧として京都の高山寺に地位を確立したとき、彼は内界とのより深い関係の確立を必要とし、アニマの強いコンステレーションが生じたのである。一般にこのようなことは四十歳前後に生じ、それが人生後半の課題となることをユングは繰り返し強調しているが、まさにそのことが明恵に生じ、彼の夢における女性像の集中的な出現となったのである。

次に年代は定かではないが、建保二、三(一二一四、一五)年あたりに見たと推察されている夢をもう一つ示す。陽明文庫本に記載されているものである。

一、同十九日夜の夢に云はく、一つの石を得(?)たり。長さ一寸許《ばか》り、広さ七八分、厚さ二三分許りなり。其の石の中に、当《まさ》に眼あり。長さ五分許り、広さ二三分許りなり。其の石、白色なり。而《しか》して純白ならず、少鈍《ややにび》色《いろ》なり。此の眼あるに依りて、甚だ大霊験あり。即ち動躍すること生類《しやうるゐ》の如し。高弁、右手の中に之を挙《あ》げ、上師に対し奉り、之を見せしむ。手を放ちて之を置くに、動躍すること、魚の陸地に在るが如し。上師、之を見て随喜を加ふ。高弁、白《まう》して云はく、「此の名、石眼なり」と。此の石の名なり時に当りて、屋上の下に魚の如き物を懸《か》く。朽ちてその腸《はらわた》等、皆之を失す。其の片眼于(ママ)出づるが如し。然《しか》して其の眼、少しき動く。上師に此の由を白す。其の傍に、又、皮物の如きの物あり。皮は然らず、唯(?)普通の皮なり。此の魚を取り下げて、上師に見せしめ奉らんと欲《おも》ふ。即ち一人の女房あり、来たりて之を取り下ぐ。即ち小鹿(?)勢許りの生類、四足あり。其の背、皆穿《うが》ちたる物なり。女房曰はく、「我、ただならぬに、此《かく》の如き物を手をかくる、何ぞあるべきやらん」と。心に思はく、姫子なり、と。此の生類、糸惜《いとほ》しく思ひて之をいたはる。即ち、此の生類、地に下《おろ》されて云はく、「只、本《もと》の如く釣り懸けられよ」と云ふ。心に思はく、久しく釣り習はされて、此の如く云ふなり、と。以ての外《ほか》に苦痛の気色《けしき》あるなり。又、片手切れたり。即ち、云ふに任《まか》せて之を釣ると云々。此の生類の眼はカレヒたり

上師は是れ、釈迦なり。女房は是れ文殊なり。姫は是れ覚母殿なり。石眼の眼は、此の生類の眼に勝《まさ》るべきなりと云々。（「石眼の夢」）

これは不思議に心惹かれる夢であるが、なかなか難解でもある。そもそも文章の意味が確実にはわからないと

ころもある。この夢は明恵にとっても大切に感じられた夢なのであろう、彼にしては珍しく、「上師は是れ、釈迦なり。……」と直接的な解釈を書き加えているのである。ジラールもこの夢を取りあげて論じている[10]。ジラールはこの石について、明恵が紀州から持ってきて座右に置いて愛玩していた蘇婆《そば》石を連想している。明恵は例の手紙を出した苅磨の嶋へ行ったとき、その海が釈迦の生まれた天竺にまで通じていることを思い、そこで石を拾って帰り、天竺の蘇婆卒堵河になぞらえて蘇婆石と名づけ、生涯にわたって愛玩した。このように石に対しては特別の感情をもつ明恵であったが、夢の中で、石が生命力をもって動きはじめ、それには目までついていた。これは、明恵の心の相当に深いところ、今まで生命力をもたなかった層が活性化されてきたことを示している。

夢の中の上師を明恵が釈迦と見たてたのは、心の深層におけるドラマが釈迦の眼前において生じたもの、と彼が考えたからであろう。ここで明恵が女房を文殊と見たて、文殊が女性像になって顕現したと考えているのは、注目すべきことである。明恵はまた、魚のような獣のような生きものがひどく痛めつけられた姿でぶら下げられているのを、姫だと思い、いとおしく感じていたわる。そして、目覚めたときに、この姫を覚母殿なりと解釈している。覚母は現図胎蔵界曼荼羅の持明院の中尊で、知恵の象徴であり、すべての仏陀の母とされている。ただ、覚母はまた文殊菩薩自身の称としても用いられる。諸仏は知慧から生じるので、知慧の菩薩である文殊を覚母と呼ぶのである。このあたりは、明恵がどう解釈したのかなかなか見当がつきにくいが、筆者としては覚母＝文殊であり、この女房と姫が文殊の二つの面を示しているように思うのである。つまり、文殊の女性的側面はひどくいたぶられており、明恵はそれをいたわろうとするが成功せず、それ自身も「只、本《もと》の如く釣り懸けられよ」と言うので、その言うとおりにしてしまった、ということのように思われる。アニマ像の発展を示す一連の夢の後に、明恵は非常に深い心の層と接触をもつようになったが、未だ救われていない女性的存在、というものに気づかされたのではなかろうか。

これらの夢体験に続いて承久二(一二二〇)年、明恵の夢は爆発的に発展し、頂点に達する感があるが、その一年前に見たと推定される、短いが重要な夢を次に示す。『夢記』の、建保七(一二一九)年七月十三日記載と推定されている三つの夢のなかの一つである。

一、夢に、母堂に謁す。尼の形也。常円房、其の前に在りと云々。

常円房は明恵の姉妹である。この夢は数多くの明恵の夢の記録のなかで、唯一つ、彼の母と姉妹が出現している珍しい夢である(父親の夢は一つも記録されていない)。これは非常に珍しいことで、特に明恵のように十九歳という若いときから夢を記録していると、たとえ両親が死亡していても、夢には両親が少しは顔を出すものである。九歳のときに乳母の夢を見ているが、あるいは、十九歳までは彼も家族の夢をよく見たのかも知れない。十六歳で出家したとき、釈迦が父に、仏眼仏母が母になって、肉親としての父母は、彼の内界においてあまり意味をもたなくなったのであろう。ところが、ここでは突如として、母がその娘と共に登場している。

これは女性との「結合」を経験し、以後のより深い世界へと突入してゆこうとする明恵にとって、一度はその肉親に会うことが必要だったということであろう。遠くに旅立つ人が両親に挨拶に帰るように、このようなことは夢に割とよく生じることである。これは時に妨害的にはたらき、深層への旅立ちや、未知の女性との接触を、何らかの方法で肉親(特に母親)が妨害する夢として生じてくる。明恵の場合は、そのような意味でなく挨拶、あるいは、慰めの意味で母に会ったのであろう。母は既に尼になっていて、仏門に帰依している。明恵は安心して深層への旅を志したであろう。

承久の乱

承久三(一二二一)年に起こった承久の乱、およびそれに続く一連の出来事は、わが国の歴史において画期的なことであり、「革命的」と称することもできることであった。三人の上皇の配流に続いて朝廷領の没収、守護・地頭制の強化があり、乱後十一年目には、それまで日本を支配していた律令制度に代わるものとして、幕府が「貞永式目」を制定したのである。このことは、今まで形式的にしろ朝廷が保っていた権力の中枢としての座が幕府に移ったという事実のみならず、「貞永式目」という法そのものの内容、およびそれを支える思想が極めて画期的であったという意味でも、「革命的」なことであった。これらに関する検討は他の専門書に譲るとして、このような変革の時期に生きた明恵の内界でどのようなことが生じ、それは外界とのどのようなかかわりを生むことになったかについて、夢を中心にして見てみることにしよう。

ある個人の内界における大きい変動が、外界におけるそれと共時的に生起することは、あんがいによくあることのように思われる。明恵の場合もそれに当てはまっており、承久二年における『夢記』の内容は、明恵の内界の著しい変化を反映している。これを見ると、明恵の変革はむしろ承久二年にある程度の完成に達し、承久三年の乱のときには、彼は平静な態度でそれを迎えたのではないかと思われる。もちろん、われわれは承久三年の乱に焦点をあてるからこのように言えるのであるが、このような大変革の胎動はそれ以前から生じており、その時代の人々はそれを感じつつ生きていたであろうから、承久二年、三年という差にあまりこだわることはないのかも知れぬ。実際、明恵の夢のなかには、外界の変化を予示するようなものも含まれているのである。

『夢記』に収録されている承久二年の夢は、年代不詳ながら承久二年と推定されているもの(内容的にもこの推定は正しいと感じられる)をも含めて相当数に達しており、その内容も極めて重要である。そのなかで頂点をなしていると考えられるものが二つある。筆者が「善妙の夢」、「身心凝然の夢」と呼んでいるものである。前者は明恵にとっての女性の意味、後者は身体性にかかわるもので、ともに彼の宗教体験の深さを示しているものである。これら二つの夢については後に詳しく考察するとして、承久二年の夢で印象的なものを少し取りあげてみよう。

承久二年の夢と推定されるもののうち、最初の夢を次に示す。

一、同二月の夜、夢に云はく、船に乗りて大きなる海を渡る。海の上に浮かべる物有り。径《たて》五寸許《ばか》りの円なる物也。形は金色にして、将《まさ》に之を取らむとする間、飛びて手に入る。其の下に七八枚を重ねて物を書けり。之を取りて懐に入ると云々。

内界への旅は、夢のなかで舟の旅に擬せられることがよくある。明恵は舟に乗って海へ出て、図らずも金色の円形の物を入手する。この物が何を意味するかは不明であるが、これ以後に続く内界の旅によって、彼が極めて貴重なものを手に入れるだろうことを、この夢は予示している。そして、五月には「善妙の夢」が出現するのだが、それについては次節に述べる。

『夢記』には、「同七月より、一向に仏光観を修す」という記載がある。この頃より、明恵は熱心に仏光観を修し、これによって多くの好相を得たようである。七月二十九日に仏前で所作をしているとき、眠ったように思うちに、「幻のような大きい門があり、年来誰も人が通っていない、それを一人の童子が開け、人が通れるようになる」という夢を見る。明恵はこれは本尊の許可を得たのだと感じ大いに喜ぶ。このようにして、次々と得た好相が「身心凝然の夢」につながってゆくのであるが、それについては最終章に論じるであろう。

さて、承久三年の乱は、幕府軍の勝利によって、またたく間に終わってしまった。このとき明恵は、朝廷側の武士や公卿などの未亡人をためらうことなく高山寺にかくまった。『伝記』によると、このために怒った鎌倉武士は明恵を捕らえ、六波羅探題北条泰時のところに引っ立てていったという。明恵はすべて覚悟の上であったので、泰然として、彼にとっては敵味方なく、気の毒な人を助けるのは当然のことであると述べ、「是、政道の為に難義なる事に候はば、即時に愚僧が首をはねらるべし」と言い切った。泰時はもともと明恵を尊敬していたので、大いに恐縮して詫びると共に、むしろ、明恵の教えを受けようとした。

承久の乱後に北条泰時が制定した「貞永式目」は、わが法制史上極めて画期的なものであり、明治憲法に至るまで、長期にわたってわが国を支える有効な「法」として活用されることになった。泰時が「貞永式目」を制定するにあたって、その原理的背景として明恵上人が存在したという山本七平の指摘(11)については、既に第二章に紹介した。明恵の説く「あるべきやうわ」の本質が、「貞永式目」のなかに生かされ、それはのちのちまで日本人の生活のなかに生きてきたのである。

親鸞と明恵は同年に生まれ、仏教者としては考え方の異なる立場に立ち、対立的であったとさえ考えられる。彼らの死後、親鸞の教えは現代に見られるように日本中に広がり、大きい影響を及ぼした。これに反して、明恵の教えは、現代においてその流れをくむものは極めて少なく、宗派としては成立しなかったと言っていいであろう。最初にのべたように、明恵は「仏教史」のなかではあまり大きい位置は与えられていない。しかし、山本の指摘するように、日本人の生活に結びついて、生きること全般を律する日本人の考え方の根本に、明恵が大きい影響を与えてきたという事実は、まことに注目すべきことであると思われる。

3 善妙

明恵の夢のなかの女性像がだんだんと発展してきたことを既に示したが、その頂点として、承久二（一二二〇）年の「善妙の夢」が存在する。明恵の夢に現われた善妙は、明恵が編纂した『華厳宗祖師絵伝』（華厳縁起）に登場する女性である。『華厳宗祖師絵伝』(12)は幸いにも、一部の欠損と錯簡はあるが、今日まで高山寺に伝えられている。これによって、われわれは善妙がどのような女性であり、明恵が彼女にどのようなイメージを託していたかをよく窺い知ることができる。この絵巻は、『宋高僧伝』に語られる新羅の華厳宗の祖師、元暁《げんぎょう》と義湘《ぎしょう》に関する物語を絵巻としたもので、詞書《ことばがき》の原文は明恵によって作られたと推定されている。明恵の善妙に対する思い入れの深かったことは、貞応二（一二二三）年、彼が承久の乱による戦争未亡人たちの救済のために建てた尼寺を、善妙寺と名づけている事実によっても知ることができる。

善妙の夢

承久二年五月二十日、明恵は次のような夢を『夢記』に記載している。

一、同廿日の夜、夢に云はく、十蔵房、一つの香炉茶埦《ちゃわん》也を持てり。心に思はく、崎山三郎貞重、唐より之を渡して十蔵房に奉る。之を見るに、其の中に隔て有りて、種々の唐物有り。廿余種許り、之在り。両《ふたつ》の亀、交合せる形等あり。心に、此は世間之祝物也と思ふ。其の中に、五寸許りの唐女の形有り。同じく是、茶垸也。人有りて云はく、「此の女の形、大きに唐より渡れる事を歎く也。」即ち、予問ひて曰はく、「此の朝に来れる事を歎くか、如何。」答へてうなづく。又問ふ、「糸惜《いとほし》くすべし。歎くべからず。」即ち頭を振る。其の後、暫時ありて取り出して見れば、涙を流して泣く。其の涙眼に湛ふ。又、肩を湿《うる》ふ。此《これ》、日本に来れる事を歎く也。即ち、語を出して云はく、「曲問《ごくもん》之人にてやおはしますらむに、其の事無益《むやく》に候」と云ふ。予答へて云はく、「何《いか》に僧と申す許りにては然るべき、思ひ寄らざる事也。此の国には随分に大聖人之思《おぼ》え有りて、諸人、我を崇むる也。然れば糸惜くせむ」と云ふ。女の形之を聞き、甚だ快心之気色ありて、うなづきて、「然れば御糸惜み有るべし」と云ふ。予、之を領掌《りやうじやう》す。忽ちに変じて生身の女人と成る。即ち、心に思はく、明日、他所に往きて仏事有るべし。結縁の為に彼の所に往かむと欲す。彼の所に相具すべし。女人悦びを為して、相朋《あひともな》はむと欲す。予、語りて云はく、「彼《かしこ》に公之有縁之人有り。」心に、崎山の尼公、彼の所に在り。聴聞の為に至れる也。三郎之母の故なり。此の女の形は、三郎渡れる故に此の説を作す 即ち、具《とも》に此の所に至る。十蔵房有りて云はく、「此の女、蛇と通ぜる也。」予、此の語を聞きて、蛇と婚《ま》ぎ合ふに非ず、只、此の女人又蛇身有る也。此の思ひを作《な》す間、十蔵房、相次ぎて云はく、「此の女人は蛇を兼したる也」と云々。覚め了んぬ。

案じて曰はく、此《これ》善妙也。云はく、善妙は龍人にて又蛇身有り。又茶垸なるは石身也。（「善妙の夢」）

この夢は、明恵にとっても重要な夢であることが意識されていたのであろう、最後のところに「案じて曰はく、此《これ》善妙也。……」と彼自身の解釈を書き記している。それに原文を見ると、この陶器の人形が泣くところ、「其の後、暫時ありて取り出して見れば、……此、日本に来れる事を歎く也」の文は、上欄の余白に書き足してあり、彼がいかにこの夢を大切に考え、少しの書き落としもないように努めたかが了解されるのである。

この夢では、明恵が十蔵房から唐より渡来の香炉を受けとる。そのなかには仕切りがあっていろいろな唐物がはいっており、亀が交合している形のもある。五寸ばかりの女性の形をした焼き物があり、唐から日本に来たことを嘆いているということなので、明恵が問いただすと、人形がうなずく。そこで明恵は「糸惜《いとほし》くすべし。歎くべからず」と言うが、人形は頭を振って拒否。そんなことは無用のことと言う(ここの曲問之人という表現の意味は不明)。これに対して明恵は自分は単に僧侶というだけではなく、この国では大聖人として諸人にあがめられているのだと言う。人形はこれを聞いて嬉しく思ったようで、「それならおいとしみ下さい」と答え、明恵が了承すると、たちまち生身の女になった。この突然の変容が、この夢における重要な点と思われる。明恵はそこで明日他所で仏事があるから、そこへこの女性を連れて行こうと考える。実際に行ってみると十蔵房が居て、この女性は蛇と通じたと言う。明恵は、そうではなくてこの女性は蛇身を持ち合わせているのだと思う。そう思っている間に、十蔵房は、この女は蛇を兼ねているのだと言った。

この夢を見て、明恵のような聖人でも性的な夢を見るのだとか、やっぱり性欲は抑え切れぬものだ、などと思う人もあろう。しかし、性欲はあって当然で、それに対してどのように感じ、どのように生きたかが問題なのである。既に述べたように、性の意味は極めて多様で深い。先に紹介した「性夢」は相当に直接的なものであったが、それに比してこの夢は、はるかに物語性をもち感情がこめられている。意識と無意識との相譲らぬ対決のなかから、物語は生み出されてくるのである。

この夢のなかで、明恵が自分のことを「大聖人として諸人にあがめられている」と言うところがある。これだけを見ると、明恵という人が大変に思い上がっているように思えるが、この点については、『伝記』のなかの次のようなエピソードを紹介しておきたい。ある時、建礼門院が明恵に戒を受けることになった。そのとき、院は寝殿の中央の間の御簾《みす》の内に居て、手だけを御簾から差し出して合掌し、明恵を下段に坐らせて戒を受けようとした。これに対して明恵は、自分は地位の低い者だが、仏門にはいったからには、国王・大臣にも臣下としての礼をとることはできない。授戒・説法のためには僧は常に上座につくべきであると経典にも明記されている。自分は釈尊の教示に背いて、院の気に入るようにはできないので、自分以外の誰か他の僧に受戒されるとよろしいでしょうと言い、そのまま帰ろうとした。建礼門院は非を悟って詫び、明恵を上座に坐らせて戒を受けた。この場合でも、明恵はまったく個人的なことではなく、仏教者としての誇りを明確に示したと言うべきである。先述の夢に対して、奥田勲も「夢記の中の自負は、それだけみるとそのあまりの誇りの高さは異様だが、このような明恵の思考体系に位置づけを求めれば決して不思議ではない」と述べている。

この点については、この人形が唐から来たものだということも関連しているように思われる。仏教は中国を経由して日本に渡ってきた。その間に、既に述べたように中国化、日本化の波をかぶってきたのであるが、明恵はひたすら釈尊の教えとしての仏教に心を惹かれ、当時の日本の仏僧たちとは異なる生き方をしていた。明恵は言うならば、仏教の魂が日本に移ってくる間に、生気を失って石化してしまったことを嘆いていたのではなかろうか。この人形が「日本に来た」ことを嘆いているのは、それと関連しているように思われる。明恵が日本における聖人としてあがめられている者だ、などと言うとき、彼は日本における仏教の在り方について責任をもたねばならぬものとして、日本に渡来した「石化した魂」の問題に直面しなくてはならぬという自覚を示しているようにも思われる。女性像を魂の像としても考えるべきことは、ユングの主張しているところである。

生身《なまみ》のものが石化するとか、石化していたものが生きた姿に還るとかいうテーマは、古来から多くの神話や昔話に生じてきたものである。石化しているものを活性化することは、困難ではあるが大切なことである。われわれはこのテーマを、既に「石眼の夢」において見てきた。それがここに継承されていることに気づかされる。「善妙の夢」を見てから約五か月後に、明恵は次のような夢を見る。

一、同十月三日の夜、夢に云はく、木像の不空羂索《ふくうけんざく》観音は即ち変じて生身《しやうじん》と為り、小巻の大般若を賜はる。法の如く頭上に戴き、涙を流して喜悦すと云々。

一、同十月十七日の夜、夢に云はく、生身の釈迦一丈六尺許りの身に見参に入ると云々。上師又、房之傍に在りと云々。

この最初の夢では木像の観音が生身となり、明恵に大般若経を賜わり、明恵は涙を流して喜んでいる。次の夢では、生身の釈迦像を拝したのであり、これらの夢において、明恵の仏教理解がいかに生命力に満ちたものになったかが示されている。

華厳縁起

「善妙の夢」は、その解釈として明恵が「此《こ》善妙也」と言っているので、そのように名づけたのであるが、われわれがこの夢の意味について知るためには、ぜひとも善妙について知ることが必要となってくる。善妙は既に述べたように、『華厳宗祖師絵伝』(華厳縁起)に登場する女性である。そこでその話の要約を次に示すが、もとも

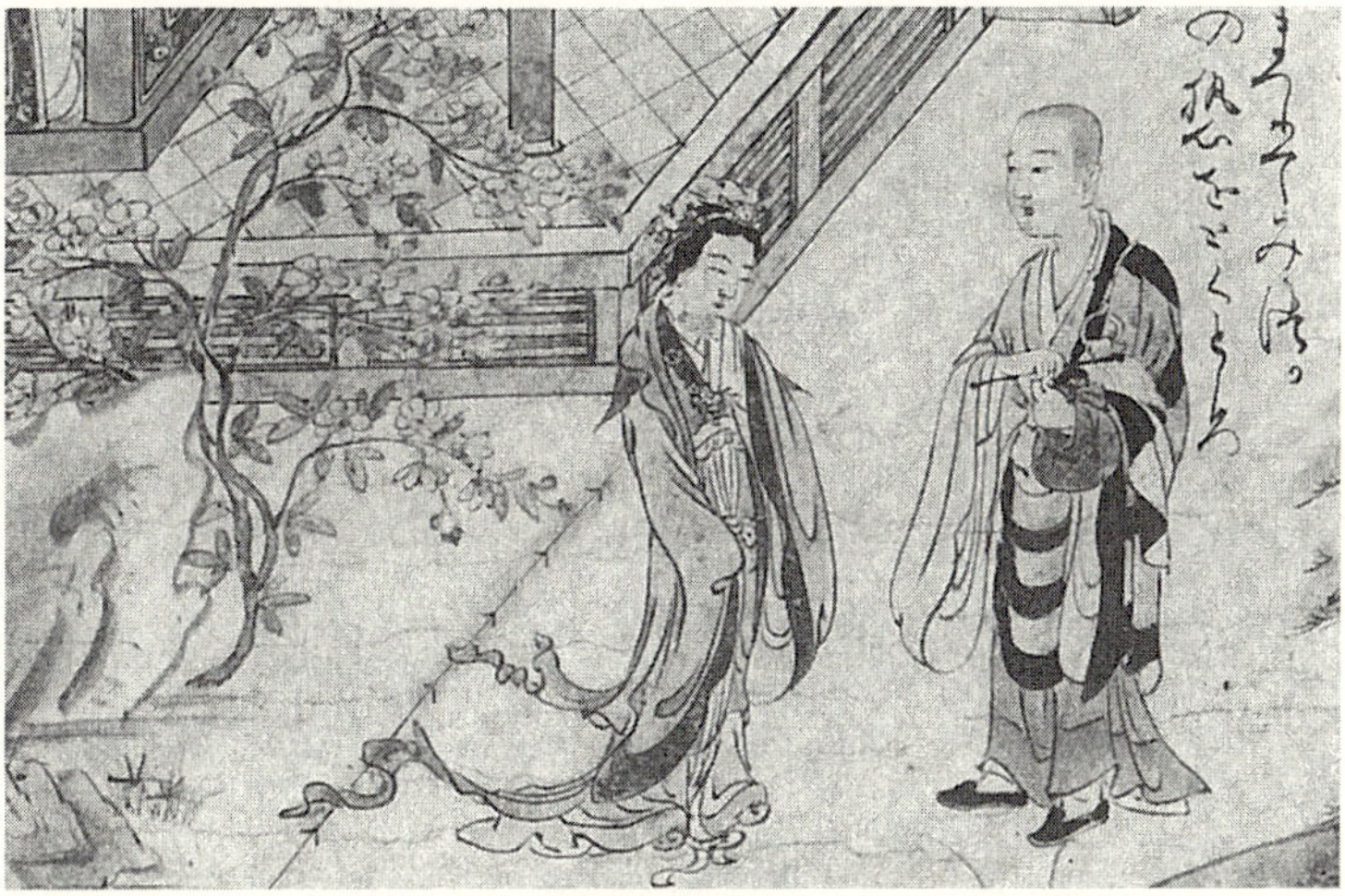

『華厳縁起』義湘絵　義湘と善妙の出会い（高山寺蔵）

とこれは「元暁絵」二巻と「義湘絵」四巻に分けられていたものである。善妙は「義湘絵」に現われるのであるが、この物語はどちらも明恵を理解するために大切なので、両者を紹介することにする。

まず「義湘絵」から述べる。義湘と元暁は二人一緒に唐に行き、仏教を学ぼうとする。たまたま旅の途中で雨に合い、そこにあった洞穴で雨宿りをする。ところが翌日になってみると、ただの穴だと思っていたところは墓場で、骸骨などが散らばっているので、二人はぞっとする。しかし、その日も雨で出発できずにそこに宿ることにした。すると夢に恐ろしい鬼が出てきて、二人を襲おうとする。これは二人が同時に恐ろしい夢を見たことになるわけだが、目覚めた途端、元暁の方は悟るところがあった。前日、何も知らないで安心して寝ていた場所も、墓と知ったときには鬼に襲われた。つまり、一切のことは皆自分の心から生じるので、心のほかに師を尋ねてみても意味がないと悟り、元暁は志をひるがえして、新羅に留まることを決意する。義湘はこれまでの志を変えなかったので、旅が始まってすぐ二人は別れ、義湘一人が唐に渡ることになる。元暁の翻意を知ったとき、義湘はそれに同意をするのでもなく、また反対をするのでもなく、二人は別々にあっさりと異なる道を選ぶところが、なかなか印象的である。

義湘は船で唐に着き、里へ出て物乞いをはじめる。そのうち善妙という美しい娘と出会うが、容姿端麗な義湘を見て、善妙は一目ぼれをしてしまう。そこで善妙は巧みな声で、「法師、高く欲境を出て、広く法界を利す。清くその功徳を渇仰し奉るに、尚、色欲の執着抑へ難し。法師の貌《かほ》を見奉るに、我が心、忽ちに動く。願はくは、慈悲を垂れて、我が妄情を遂げしめ給へ」と言う。義湘はこれに対しても「心堅きこと石の如し」で、「我は仏戒を守りて、身命を次にせり。浄法を授けて、衆生を利す。色欲不浄の境界、久しくこれを捨てたり。汝、我が功徳を信じて、長く我を恨むること勿《なか》れ」と答える。

これを聞いた善妙はたちまちに道心を発して、義湘の功徳を仰ぎ、義湘が衆生のためにつくすのを「影の如くに添ひ奉りて」助けようと述べる。その後、義湘は長安に行き、至相大師のもとで仏法の奥儀を極め、帰国することになる。義湘の帰国を知った善妙は贈り物を整え港に駈けつけるが、船は出た後であった。彼女は歎き悲しむが、贈り物のはいった箱を、義湘のところに届けと祈って海中に投げ入れる。すると、その箱は奇跡的にも義湘の船に届いたのである。善妙はそれに勇気づけられて、義湘を守ろうとする大願を起こし、波のなかに飛びこんでゆく。このとき善妙は龍に変身し、義湘の乗った船を背中に乗せ、無事に新羅まで到達する。

この次に続く義湘絵は戦火によって失われているが、詞書は錯簡によって現存の「元暁絵」の方に入っている。それによって話を続けると、義湘は新羅に帰り、自分の教えを広める場所を求め、一つの山寺を適当なところと考える。しかし、そこには「小乗雑学」の僧が五百人も居るので困ってしまう。そのとき、善妙は「方一里の大盤石」に変身して、寺の上で上がったり下がったりしたので、僧たちは恐がって逃げてしまう。そこで、義湘は

『華厳縁起』元暁絵　琴を弾く元暁（高山寺蔵）

その寺で華厳宗を興隆することになり、浮石大師と呼ばれるようになった。これが「義湘絵」の物語である。

次に「元暁絵」の物語を紹介するが、こちらは義湘の物語ほどには話に起伏がないように思われる。最初の部分は「義湘絵」と同じであり、元暁は義湘と別れて新羅に留まることになる。元暁はそこで内外のすべての経典に通じることになるが、一方では「或時は巷間に留まりて歌を歌ひ、琴を弾きて、僧の律儀を忘れたるが如し」という生き方をする。義湘が戒を守る厳しい態度をとり続けたのに対して、元暁は極めて自由奔放な生活態度をとったのである。絵巻には明確に言われていないが、この話の元となった『宋高僧伝』によると、「居士に同じく酒肆・倡家に入り」と述べられているので、酒屋や遊女屋に出入りしていたことがわかるのである。元暁はこのような行為の反面、「経論の疏《そ》を作りて、大会の中にして講讃するに、聴衆皆涙を流す」有様であり、「或時は山水の辺《ほとり》に坐禅す。禽鳥虎狼、自ら屈伏す」というほどの徳の高さがあった。

ある日、国王が「百坐の仁王会《にんのうえ》」に元暁を招こうとする。

しかし、「愚昧《ぐまい》の人」が居て、「元暁法師、その行儀狂人の如し」というわけで、何もそんな僧を招く必要がないと申し入れ、国王は元暁を招くのをあきらめる。

その頃、国王の最愛の后が重病となり、祈禱や医術をつくすが効果がない。そこで救いを求めて勅使を唐に派遣する。ところが勅使の一行は船で海を渡ろうとするとき、海上で不思議な老人に会い、老人の案内で海底の龍宮に導かれる。そこで龍王から一巻の経を授けられ、新羅に帰ってまず大安聖者という人にその経の整理をさせ、元暁に注釈を頼めば、后の病いは直ちに治るであろうと言われる。勅使は帰国して以上のことを国王につげ、国王は早速に大安聖者を召して、経の整理にあたらせる。続いて、元暁に対して、経のために注釈をつくり講義をすることが求められる。元暁は早速その仕事にかかるが、それを嫉む人に注釈を盗まれ、三日の日延べをして貫って完成する。

元暁は法座に臨んで経を講ずるときに、「一個の微僧無徳に依りて、先の百坐の会に洩れにき。今日に当たりて、独り講匠の床に上る。甚だ恐れ、甚だ戦《をのの》く」と言ったので、それを聞いた列席の僧たちは皆顔を伏せて、大いに恥じいったという。元暁は無事に講義を終え、后の病いも快癒する。元暁のその経に対する注釈は、金剛三昧論と名づけられ、世間に広く流布するところとなった。以上が「元暁絵」の話の大略である。

これらの物語における義湘と元暁の性格は、極めて対照的である。そして、これまで論じてきたことからも明らかなように、この二人は、明恵の内面に存在する対立的要素を際立てて表現しているように思われる。先学が指摘するように、絵巻に描かれた元暁の顔が、しばしば樹上坐禅像の明恵の顔に似ているのが印象的である。「島への手紙」にも自ら記していたように、「物狂おしい」ところがあるのをよく自覚していた明恵は、「その行儀狂人の如し」と言われた元暁の行いに、強い親近感を抱いたことと思われる。

「義湘絵」の方には理論的とも言えるような長い説明文がついており、そのなかで、善妙が龍に化して義湘を追ったのは「執着の咎《とが》」に値しないか、という問いに答えるところがある。確かに男女の愛欲による執着から、女が蛇や龍に化身して男を追いかける話はよくあるところだ。それと善妙の場合とはどう違うのか、というのである。義湘と善妙の物語を読んでただ感心してしまうのではなく、このような疑問を発し、それに答える形で思索を深めてゆくのが明恵の特徴の一つである。

ここで明恵は、善妙の最初の義湘に対する気持は確かに煩悩のなす業には違いないが、善妙は単に龍になったのみでなく、大盤石と化して仏法を護った。これを見ると、単なる執着などというものではなく、高められた菩提心となっていると主張している。そして、愛には親愛と法愛があり、前者は人間の煩悩にもかかわるものであるが、法愛は清らかなものである、と注目すべき意見を述べている。ところが、『華厳縁起』の詞書には、校注者の小松茂美によれば、二か所の書き損じがあるとされる。それをそのまま次に示す。書き損じの所は、小松による推定を（　）内に記す。

愛に親愛・法愛有り。法愛は一向に潔《きよ》し、親愛は染浄（「汚」か）に近せり。信位の凡夫は、親愛は優れ、法愛は劣《おとる》なり。三賢十地は、法愛は優れ、親愛は劣なり。或は、十地にはただ法愛のみ有り。若し愛心の事識地を所依《しょい》として、染汗（「汚」か）の行相に起こるをば、乖道の愛と名づく。

ここに述べられた「三賢十地」の三賢は、華厳における菩薩の五十二位の階位のうち、十住、十行、十回向の階位の総称であり、十地は最高の十階位を指している。つまり、凡夫は親愛が多く法愛が少ないが、菩薩となって階位が高くなるにつれ、法愛のみになるというのである。この文において、極めて興味深いのは、親愛は染汚と書くべきところを誤って、「浄」とまったく逆の字を書いてしまっていることである（染汗の「汗」は、原文おそらく「汙」（「汚」と同字）であって、こちらは問題はないのではなかろうか）。原文を書いた明恵が既に書き損じていたのか、その文を書写した人物が間違ったのか、今では確かめようがないが、ともかく興味深いことである。

愛を親愛と法愛に分けることは、頭では納得できるとしても、そんなことが本当に可能であろうか。法愛のみの世界など存在するのであろうか。親愛は、果たして単純に「染汚」と決めつけられるのであろうか。ここには、簡単には答え難い問題が多く内包されているのである。事実、明恵もこの段に続いて、「彼の十住の菩薩、如来の微妙の色身を愛して、菩提心を発《おこ》す。これ即ち、親愛の菩提心なり。況《いはん》や、軽毛退位の凡夫有徳の人に於て、愛心無きは、即ち法器に非ざる人なり」と明言している。親愛が生じてこそ、そこから深い信仰が生まれてくるのである。

愛の問題には、永遠の謎を含んでいると言ってもいいほどのものがある。明恵が親愛と法愛という言葉でこれを割り切り、親愛に「汚」の字を当てようとしたとき、彼の無意識は、はっきりとそれに抵抗を示した、と見ることができるようである。

女性像の結実

『華厳縁起』に語られる元暁と義湘の姿は、極めて対照的であった。この両者の女性に対する態度もまさにそうである。そのような点を考慮して、これを表に示してみた。これを見ると、二人の行動の対比がより一層明らかに認められる。

まず最初に、唐土に行くか行かないかで二人の態度は分けられる。続いて、彼らの性に対する関係を見てみると、義湘の方には「性の拒否」がはっきりと認められ、せっかくの善妙の求愛を拒絶する行為にそれが示されている。これに対して元暁は、『華厳縁起』にはそれと書かれてはいないが、『宋高僧伝』によると娼家へも出入りしていたとあるので、元暁は性を受け入れていたと言える。明恵は戒を守り切り女性との接触をもたなかったが、このような元暁を高僧として受け入れ、絵巻まで作製させた事実は、明恵の人生観の一端を示すものとして重視すべきである。

義湘と元暁の対応関係

義　湘	元　暁
唐土に行く（教えを外国に求める）	途中で帰国（教えを内に求める）
性の拒否（善妙の愛を拒絶）	性の受け入れ（娼家へ出入りする）
女性（善妙）に助けられて教えを伝える	教えを伝えることによって女性（王妃）を助ける

次に女性との関係であるが、義湘は善妙が龍になったり、大盤石になったりすることによって、善妙に助けられて華厳の教えを一般に伝えることになる。これに対して、元暁は金剛経の教えを一般に伝えることによって、王妃の病いを癒やし、これを助けるのである。どこまで意識して作られたかは解らないが、これら二つの物語のあまりにも見事な対照性に感心させられるのである。

元暁と女性の関係を見ると、そこに二種類の女性、娼婦と王妃、が存在していることがわかる。前者は女性の肉体が強調され、しかも不特定多数の男性との接触が可能である。これに対して、王妃は一般の男性にとって接触が不可能な存在である。このような女性像の極端な乖離は、日本の男性の場合、現代においてもよく見られるところである。元暁はさすがに、この両者にそれぞれの方法で接してゆくことができている。この場合、王妃という存在を、国民全体の母として見ると、それは身体的に接触不可能であるが、国民すべてを精神的に包みこんでいる母と見なすことができる。ここで娼婦を、どのような男性であれ受け容れてくれる存在として考えてみると、王妃―娼婦は、母性の軸における両端として見なすことができる。これは必ずしも、一九九頁に示したノイマンの図式と重なり合うものではないが、あれにヒントを得て考えるならば、M軸と直交するA軸はどうなっているのかという疑問が生じてくる。

ここで義湘の物語を見ると、義湘と善妙の関係こそ、A軸、つまりアニマの軸において生じていると思われる。王妃―娼婦の軸は、あくまで集団的な関係である。しかし、アニマの軸はあくまで個人的である。善妙はあくまで個人としての義湘にほれこんでいる。ここでは、個対個の関係が重要である。善妙の義湘に対する情念は強い拒否に遭うが、それによって彼女の愛は浄化され、宗教的なものへと高められる。海の底を泳ぐような龍から空に浮かぶ石への変身は、その高さへの昇華を示しており、物語はその宗教的な価値に重点をおいて語られる。

しかし、龍が最後に石化したことは、何を意味しているだろうか。石化はその永続性を示すものである一方、そこに生じた情念が生命力を失うことを意味する。[13] 義湘と善妙が成した偉大な仕事は、アニマ軸上における情念の石化という犠牲の上に立ってなされたと言えないであろうか。石化された善妙は、いつの日か再活性化され救済されることを待って、そこに立ちつくすことになったと思われる。『華厳縁起』は兵火のなかをくぐって奇跡的に現在まで残ったのであるが、善妙の龍が石化する部分のみは、そのとき失われてしまったのである。筆者にはこれは単なる偶然とは思われない。石のなかに閉じこめられていた情念の火が、ある時に突如として燃えあがり、自らを焼きつくしてしまったのだとさえ思われるのである。

このように考えてくると、明恵の「善妙の夢」が成就した仕事の意義が、はっきりと認められてくる。夢のなかで、明恵は石化していた善妙を活性化することに成功したのである。このような課題の遂行に結びついていたので、明恵も夢のなかで、自分は大聖人として諸人にあがめられているのだ、などと言明する必要を感じたのであろう。よほどの態度でもって臨まないかぎり、陶器に生命力を賦活することは不可能であっただろう。

ここで元暁と義湘、それに明恵の夢における女性像を、明恵の内界における女性像として図示すると、左の図のようになるであろう。縦のM軸は母性の軸、横のA軸はアニマの軸であるが、必ずしもノイマンの軸と一致する構造をもつわけではない。

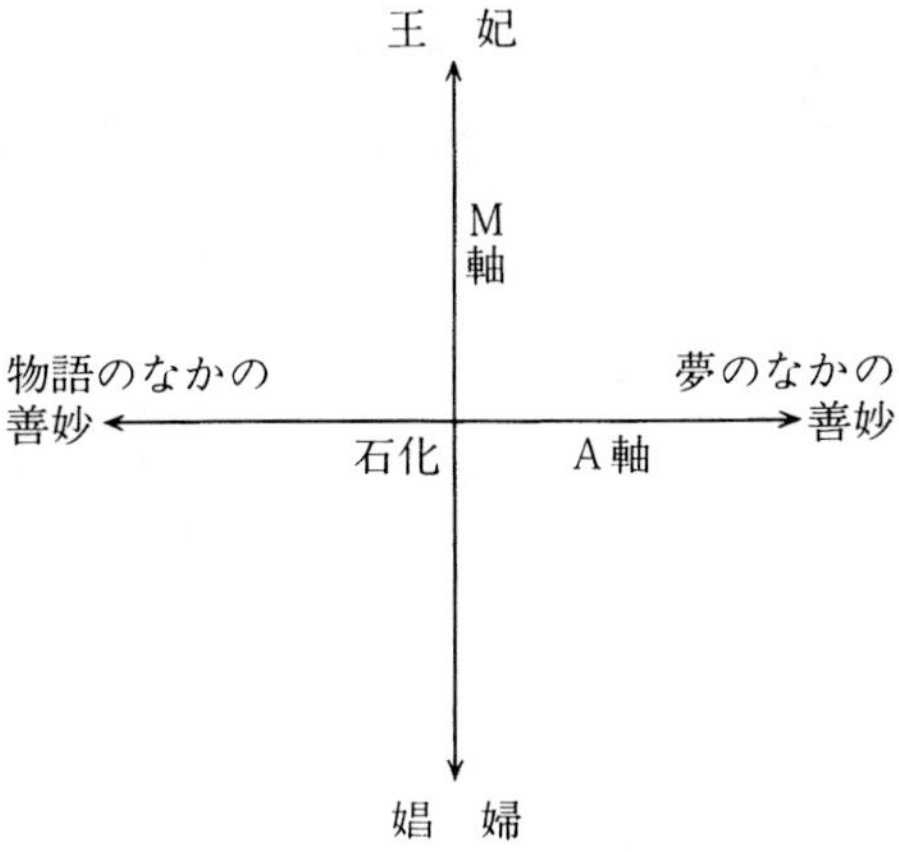

明恵における女性像

元暁と女性の関係において語られた、王妃と娼婦はM軸の上端と下端に位置づけられる。どちらも多くの人を無差別に「受け容れる」母性をもつが、前者は身体的関係がなく、後者は身体的に関係する女性である。これに対して、A軸の左端に位置づけられるのは、『華厳縁起』の物語のなかの善妙である。この女性は乙女であり、個人として男性との関係を求める。しかし、王妃と同じく、乙女として男性との身体的接触はない。このA軸の右端に位置づけられるのは、明恵が夢のなかでみた女性で、「此《これ》善妙也」と解釈した善妙である。この女性はA軸上に存在しつつ、男性との身体的接触をもつ女性である。

このA軸、M軸においてもノイマンの言うような極点のパラドックスが成立するようで、M軸の上下、A軸の左右はその端でつながっているようである。元暁は言うならば、自らM軸の下方へと落ちこんでゆくことによってこそ、王妃との接触を可能にしたと考えられないだろうか。当時の多くの僧は、M軸の下方の女性と接触を持ちつつ、なまじ上昇していって王妃のところに至ろうとしたが、誰も成功しなかった。つまり、当時の高位の僧や有徳の僧たちは、「その行儀狂人の如し」という元暁のように、王妃に近づくことができなかったのである。

同様のパラドックスは、A軸においても言うことができる。日本人にとっては、そもそもM軸の力が強すぎて、A軸の女性像をもつことが少ないのであるが、A軸の左端の女性に会ったとしても、安易に右方への移動を開始するや否や、石化が生じるか、あるいは、M軸上での落下が生じ、母なるものとの一体化としての性関係になってしまうことが多い。明恵は左端の女性像の限りない左への移動、つまり、戒を守り切ることによって、右端への飛躍をなしとげたのである。女性との肉体的接触を拒否することによって、はじめて女性との真の接触を可能にしたのである。これはなんとも凄いパラドックスである。

石化した善妙に生気を与えた明恵は、言うならば、「九相詩絵」に示されていたようなアニマの死に対して、それを再生せしむる仕事を、日本文化のなかで行なったとも言うことができる。ただ明恵の仕事は、あまりにも他の日本の人々とスケールが異なっていたので、その真の後継者は一人もなかったと言えるだろう。明恵自身も、後継者をつくる意志がなかった。しかし、彼の成し遂げたことは、わが国が西洋の文化と接触し、本当の意味でのそれとの対決がはじまろうとしている現在、意義をもつのではないか、と筆者は考えている。

「善妙の夢」に続いて、同じく承久二年の七月頃に見たと推定される夢を次に示す。

一、夜、夢に、五六人の女房来り、親近《しんごん》して予を尊重す。此の如き夢想多々也。後日記せるが故に分明ならずと云々。

女房たちが数人来て明恵に親しくする。このような夢が多いということだが、さもありなんと思われる。おそらく明恵は、他の僧たちとは異なって、女性たちを見下すことなく親しくし、しかもそれが性的関係に堕してしまわない態度で接することが可能だったのではあるまいか。次に十一月七日の夢を示す。

一、同十一月七日の夜、夢に、一つの大きなる池有り。広博也。上師有りて、樋口の女房に仰せて云はく、「此の池へ躍るべし。」（水連なる時に躍る心地す）然るに、此の女房、飛ぶ鳥の如く横さまに飛びて、此の池に入る。後に来れる時、其の衣《え》服《ぶく》湿《うる》はず。上師等、之を御覧ず。

この夢に出てくる樋口というのは、明恵が京都に出てきたときに宿所としていた彼の庇護者の一人であろうと言われている。その妻に、上師が池に飛びこめと言う。飛ぶ鳥のように池に飛びこんだが、後になってみると衣服がぬれていなかったというのである。何だか面白いが、どう解釈するかは難しい。ただ、「ぬれる」という表現は男女の性関係を連想させる言葉なので、何か相当に思い切ったことを行いながら、それは「ぬれる」関係にはならなかった、ということか、と思ったりもする。上師の命令で池へ躍り込むとか、空を飛ぶなどのイメージに、精神的なかかわりと強い決断などのことが連想される。

次に、奥田によって承久三年の夢と推定されている夢を二つ示す。

一、同十一月三日、申《さる》の尅《こく》、案に寄り懸りて眠り入る。夢に、三昧観の時の毘盧《びる》舎那《しやな》像を見る。其の像の左

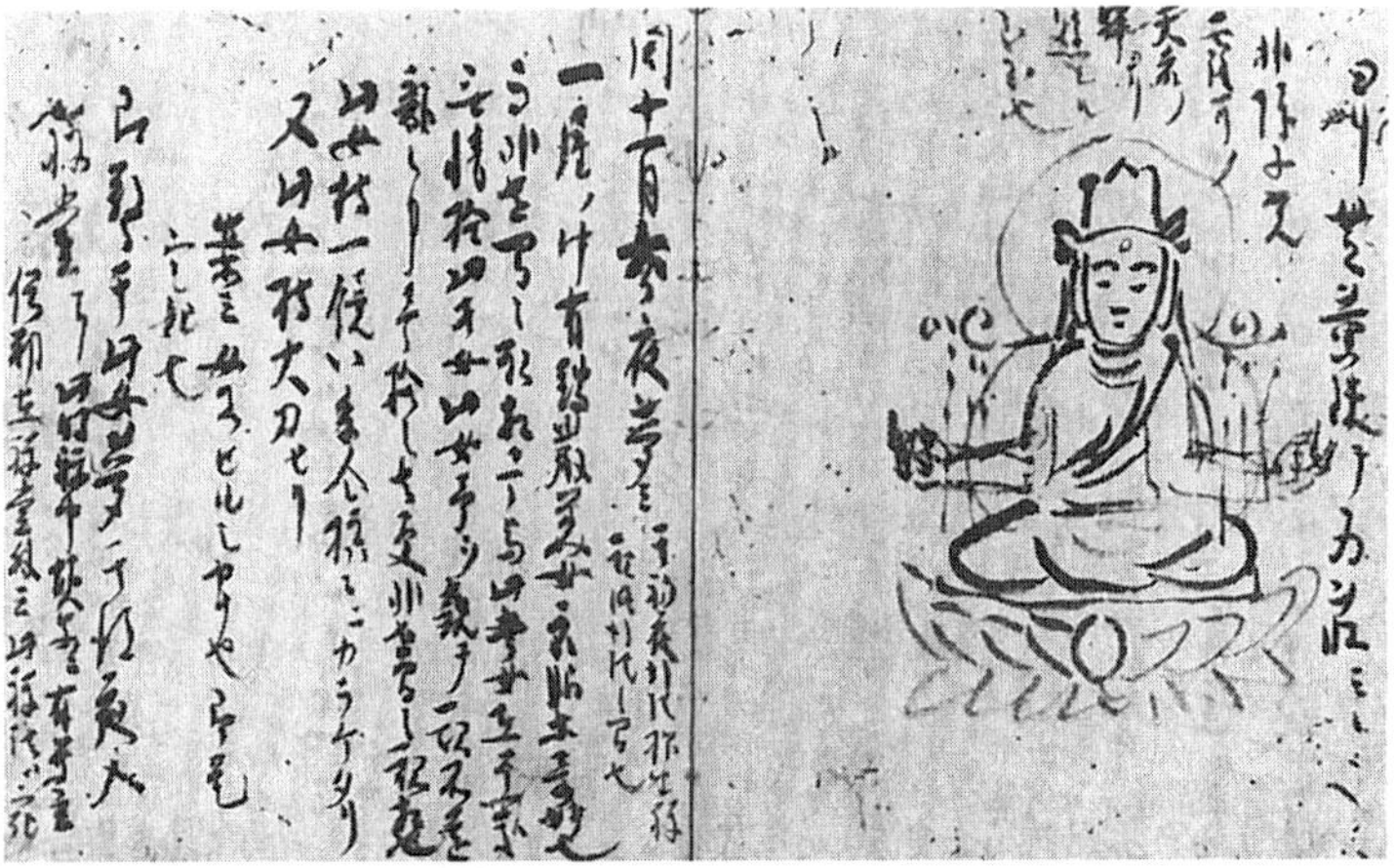

『夢記』毘盧舎那の妃の夢(高山寺蔵)

右に、覆耳《ふに》の天衣の中程より黄なる珠を貫きて荘《かざり》と為すと云々。障子の光に非ずして、覆耳の天衣の半ばより懸れる瓔珞也。

一、同十一月六日の夜、夢に云はく、其の初夜の行法は、抑坐禅して行法を修せむと欲する間也一屋の中に端厳なる美女有り。衣服等奇妙也。而るに、世間之欲相に非ず。予、此の貴女と一処に在り。無情に此の貴女を捨つ。此の女、予を親しみて遠離せざらむ事を欲す。予之を捨てて去る。更に世間之欲相に非ざる也。此の女、一つの鏡を持つ。糸金を以て様々にからげたり。又、此の女、大刀を持せり。

　案じて云はく、女は毘盧舎那也。即ち是、定めて妃也。

(「毘盧舎那の妃の夢」)

ここでは十一月六日の夢について論じるが、その前の十一月三日に毘盧舎那像を見て、明恵がその絵まで描いて記録しているので(写真参照)、あわせて紹介することにした。十一月三日、明恵は自分の信仰する華厳宗の本尊である毘盧舎那仏を見て非常に嬉しかったのではなかろうか。ところが、彼自身の解釈によると、毘盧舎那の妃である貴女の夢を六日に見て、しかも、その女性を無情に捨て去るのである。

この夢は筆者にとって難解なものであり、あれこれと随分考えた末、次のような考えに落ち着いた。この夢で印象的なことは、端厳な美女が親しみをもって寄ってくるのを、明恵が無情に捨て去る、ということと、この夢を解釈して、明恵が「女は毘盧舎那也。即ち是、定めて妃也」と明言していることである。この夢は先に取りあげた「善妙の夢」と相補的な関係をもっていると思われる。つまり、「善妙の夢」では女性との関係にコミットした明恵が、ここでは「予を親しみて遠離せざらむ事を欲す」る女性に対して、「無情に此の貴女を捨つ」という行為に出るのである。

仏教において無視されがちな「女性」に対して、明恵がそれを評価する態度をもつ稀有な僧であったろうという考えは、「善妙の夢」の解釈において示しておいた。そして、この「毘盧舎那の妃の夢」を見た頃は、承久の乱の後に明恵が多くの戦争未亡人を救ったこともあって、現実に貴女が親しみを感じて寄って来るのに対して、これを「無情に捨てる」ことも、明恵には必要であったのではなかろうか。

何度も述べてきたように、明恵は当時の僧には珍しく戒を守り抜いた人である。女性との接触を断ちつつ、明恵の心は揺れ動いたであろう。それに、華厳の教えによるときは、次章に述べるように、「一々の小さな塵《ちり》のなかに仏の国土が安定しており」「一つの小さな塵のなかに仏の自在力が活動して」いると考えるほどであるから、一人の女性を毘盧舎那仏の顕現、あるいはその女性的なはたらきの顕われとして見ることも、当然と言えるであろう。

このように考えてくると、ある女性が僧に対して親しく寄ってくるとき、その僧は重大な葛藤にさらされることになる。僧としての戒を守るためには女性を拒否しなくてはならないし、しかし、一方でそれは仏の女性的側面を拒否することにもなるのである。この葛藤に対して、おそらく万人共通の「正しい」選択というのは無いのではなかろうか。人間にとって可能なことは、自分にとって「これだ」と思うことに全存在を賭けてコミットすると同時に、その選択に伴って失うもの——選択に伴う影の側面——について十分意識することではなかろうか。選択には、かなしみや損失が伴うが、そこで決断できぬ人は、己の生を生きたことにならないと言える。無情に貴女を捨てた後に、「女は毘盧舎那也。即ち是、定めて妃也」と明言した明恵の態度に、彼の宗教者としての決断と、その決断の意味の自覚を見ることができる。

　このようなときに「正しい」選択は無い、と述べた。要はいかに決断し、いかにその意味を知るか、ということになると思われる。この選択に際して、明恵は戒をとったのであるが、彼とは逆の選択を行なったのが、彼と同時代に生きた親鸞である、と言えるのではなかろうか。その親鸞と女性との関係について、次節で考察することにしよう。

4　親鸞と女性

　仏教における女性、あるいは、性の問題を、明恵と同時代において正面から受けとめようとした、もう一人の仏僧が親鸞である。明恵が法然を厳しく批判したことは既に述べたとおりである。法然—親鸞の仏教観と明恵のそれとは、著しい対立を示している。それは彼らの個性や生い立ち、仏教との最初のかかわり方、などのいろいろの差が反映されたものであるが、ここでは、彼らと女性との関係の在り方の差について論じてみたい。異性との関係の在り方は、その人の生き方の根本的態度と深いつながりをもっているようである。

当時の仏僧たちと女性との関係については、明恵没後五十年に著わされたものであるが、『沙石集』の「末代には、妻もたぬ上人、年を逐《お》うて希《まれ》にこそ聞えし。後白河の法皇は、隠すは上人、せぬは仏と仰せられけるとかや。……今の世には、かくす上人猶すくなく、せぬ仏いよ〳〵希なりけり」という文が、端的に状況を示している。はじめはそれでも隠れて行なっていたが、この頃では隠す人も少なくなった、と述べている。女性関係のみならず、当時の仏僧の堕落ぶりは相当なものであったらしく、明恵の没年（一二三二）に出された「貞永式目」の「追加法」を見ると、「供用の物と号して遠近の屋舎を煩はし、ほとんど恥辱を施す者あり」などというのから、果ては収奪、横領、盗み、に至るまで僧侶の罪が並べたてられ、厳重に処罰する旨が述べられている。これらの点を紹介して、山本七平が、「あらゆる宗教は堕落し得るもの、そしてそれは俗界以上に徹底的に堕落し得るものであるが、同時に宗教改革《リフォーメーション》も対抗宗教改革《カウンター・リフォーメーション》も可能なのである」(14)と述べているのは、まさに当を得ている。
これら多くの堕落した僧侶のなかで、明恵と親鸞はまったく異なる方法ではあるが、ひとしく女性の問題に直面していたのである。

親鸞の夢

親鸞には次のような有名な夢の記録がある。

六角堂の救世大菩薩、顔容端政(正)の僧形を示現して、白衲の御袈裟を服著せしめて、広大の白蓮に端座して、
善信に告命して言《いは》く、
行者宿報にて設《たと》ひ女犯すとも

我れ玉女の身と成りて犯せられむ
一生の間、能《よ》く荘厳して
臨終に引導して極楽に生ぜしめむ
救世菩薩、此の文を誦して言く、此の文は吾が誓願なり。一切群生《ぐんじゃう》に説き聞かすべしと告命したまへり。
斯《こ》の告命に因《よつ》て数千万の有情にこれを聞かしむと覚えて夢悟《さ》め了《をはん》ぬ。

この文中に「善信」とあるのは、当時の親鸞の名前である。この夢記は、現在、親鸞の真筆と伝えられるものが残されている。この記録には年月が書かれていず、親鸞についての伝記などから、建仁三（一二〇三）年のこととされているが、松野純孝の考察によって[15]、おそらく建仁元年、親鸞が二十九歳のときのことであろうと推察されている。

親鸞は性の問題と対決し、解答を得ようとして、六角堂で百日の参籠にはいり、九十五日目のあかつきに、既に示したような夢告を得たのである。六角堂の救世観音の夢告は、たとい女犯することがあっても、観音自身が女性となり犯される側になって、臨終の際には極楽に導いてやろう、というのだから、なんとも有難いお告げである。この観音の言葉を、たとえば次のような仏陀の言葉、「池に生える蓮華をば、水にもぐって折り取るように、すっかり愛欲を断ってしまった修行者は、この世とかの世とをともに捨てる。あたかも蛇が旧い皮を脱皮して捨てるようなものである」[16]と比較してみると、その相違に驚かされるのである。救世観音は愛欲を断てとは言わなかったばかりか、もしお前が女犯をするなら、自分は犯される女性になろう、と言ったのである。

仏教のこのような著しい変貌、母性原理の強調は、親鸞のときになって急に生じたのではない。親鸞の時代より以前に成った仏教の説話集を見ると、仏教のなかで母性的な要素が強調されてくる経過を認めることができる。たとえば、『今昔物語』巻第十六、本朝付仏法の巻には、多くの観音による救済の物語が記されているが、そのなかで、「女人、清水の観音に仕へて利益を蒙りたる語《こと》第九」には、観音が嫗《おうな》になって顕現し、若い女性を助ける話が述べられている。これと、もう一つ注目すべき話は『日本霊異記』中巻の「愛欲を生じて吉祥天女の像に恋ひ、感応して奇《めづら》しき表《しるし》を示しし縁第十三」で、これは『今昔物語』、『古本説話集』などにも類話が記されているが、吉祥天女の像が修行者の愛を受けいれる話である。この話では、在俗の仏教修行者が山寺に来て住むが、そこに吉祥天女の像があった。修行者はこの吉祥天に恋をして、天女のような美しい女性を与えて下さいと祈り願った。ある夜、夢の中で天女と交接したが、翌日、吉祥天の像をよくみると、裳の腰のあたりに、不浄の物が染みついて汚れていた、という話である。この話はいろいろに解釈できるが、ともかく、吉祥天女が人間の愛欲を受け容れてくれた、という事実は注目に値することである。

これらの話は仏教の説話として、「お話」の域に留まっているが、親鸞の見た夢は、親鸞の真摯な態度との関連で、啓示の域に高められている。吉祥天女の場合は、『涅槃経』の「多婬の人は、画ける女にも欲を生ず」という言葉の引用が行われているように、この修道者の多婬がなじられるようなところがあり、それが『古本説話集』の類話になると、笑話に堕しかねないくらいになる。もちろん、この話でも「何ぞ忝《かたじけな》くも天女専自《もはら》ら交《まじは》りたまふ」というところがあり、天女の情けを強調する面もあるが、親鸞の夢告では、観音菩薩の限りない慈愛に加えて、その決然とした意志のようなものが感じられ、宗教的な高さが感じられるのである。

真宗高田派専修寺に、親鸞による「三夢記」というのが伝えられている。これまで学会では偽作とされてきたが、古田武彦はこれを真筆ではないが真作であるとした(17)。ともかく、それを、松野純孝の紹介に従って次に示す。

(1)建久二年九月十四日夜(聖徳太子が、善信に告勅。親鸞十九歳)
我が三尊は塵沙《じんさ》の界を化す
日域は大乗の相応の地なり
諦《あきらか》に聴け、諦に聴け、我が教令を
汝が命根は応《まさ》に十余歳なるべし
命終りて速《すみやか》に清浄土に入らん
善く信ぜよ、善く信ぜよ、真の菩薩を
(2)正治二年十二月三十日四更(同十二月上旬、比叡山南の无動寺《む》のなかにある大乗院において。如意輪観音の告命。親鸞二十八歳)
善いかな、善いかな、汝の願将《まさ》に満足せんとす
善いかな、善いかな、我が願、亦満足す
(3)建仁元年四月五日夜寅時(六角堂の救世大菩薩が善信に告命。親鸞二十九歳)
行者宿報にて設《たと》ひ女犯すとも
我は玉女の身と成りて犯せ被《ら》れむ
一生の間、能く荘厳し
臨終引導して極楽に生ぜしめむ

この「三夢記」は建長二(一二五〇)年、親鸞が七十八歳のときに、娘の覚信尼におくったものと言われている。(3)の夢は、先に紹介した夢と同一である。この夢記の真偽に関する文献学的な論議には、専門外の者として何も言えないが、夢の内容については、十分にありそうなこと、と言うことができる。おそらく、近代の啓蒙主義が強かったときは、夢がうまくできすぎている、という点から疑問を抱いた人も多かったろうが、これまで述べてきたところからもわかるとおり、うまくできすぎているくらいの夢が、このような宗教的天才に生じてくることは、むしろ当然とさえ言えるのである。

ただ、親鸞の夢記は詩の形をとっており、明恵の『夢記』が、夢をそのまま記録しているのと異なっているので、余計に作為的な感じを抱かせたのであろう。(1)の夢の終わりに、「善く信ぜよ、善く信ぜよ」という繰り返しがあるが、「善信」というのは親鸞がこの夢を見てから約十年後に名のった名前であり、それがここに入りこんだりしているのは、おそらく後年の偽作者の作為であろうと見なされたりするが、これはむしろ逆に、親鸞にとって強いインパクトをもったこの夢の内容から、彼が後年に自分の名前を「善信」としたのであろうとも思われる。いずれにしろ、夢の実態を知らない浅薄な合理主義によって、親鸞の夢や信仰を理解しようとするために、疑問が生じたものと思われる。

親鸞の(1)の夢を、古田武彦が明恵の十三歳のときの捨身と対比して考えているのは当を得ている。親鸞の場合は「汝が命根は応《まさ》に十余歳なるべし」という夢告を受け、明恵は自らの命を棄てようとした。どちらも青年期に「命を賭けた」態度で仏教に対してゆこうとしたことが、これらの話によく示されている。なお、親鸞が(1)の夢告を得た十九歳という年齢は、明恵が『夢記』を書きはじめた年齢であることも興味深い事実である。(1)の夢で、親鸞は余命が十余歳であることを告げられる。これには文字どおりその頃に死ぬであろう、という意味と、内的に見れば強烈な変化、つまり、死と再生を経験するであろうという意味とが考えられるが、夢(3)のような体験が二十九歳に生じたことを見ると、後者の意味で夢(1)が正しかったことがわかるのである。明恵には捨身を通じての死と再生の体験があったが、死と直面してのぎりぎりの精進を通じてこそ、両者共に——方向は異なるとしても——高い宗教体験をもつことができたと思われる。夢(2)の「汝の願将《まさ》に満足せんとす」というお告げは、おそらく精進に疲れ果てていた親鸞に対して、満願の日の近いことを示して激励するような意味で、夢が生じたのであろう。

このように、明恵と親鸞は立場こそ異なるが、当時の仏教界のなかで他僧と異なり、女性の問題に正面から直面しようとしたこと、その解決の過程で夢が大きい役割をもったことに、共通点を見出すことができる。そこで、女犯の問題について焦点を当てつつ、明恵と親鸞の対比に注目してみたい。

女犯

明恵と親鸞の女性に対する関係を論じるにあたって、特にそれを夢との関連において述べるとき、女性を男性の内界における存在、メタファーとして見る立場によっていることを特に強調しておきたい。さもなければ、親鸞の夢を単なる性欲肯定の夢として受けとってしまうような愚を犯すことになったり、明恵の夢を、戒を守っている清僧も性欲に苦しんでいることの証しとして受けとめるような浅はかさにおち入ることになる。

ところで、当時の僧が婬戒を守るのにどれほど苦労したかという話が、他ならぬ『明恵上人伝記』に語られている。これは明恵の弟子喜海が、寺で他の僧たちと暮らすよりも一人で隠遁したいという望みをもったとき、明恵が話してきかせたことで、その前半は既に紹介したが(一七四頁)、それに続いて、明恵は阿闍梨公尊の体験したこととして次のようなことを語っている。公尊は他僧との接触をうるさがって山の中に隠遁した。半年ほどは仏道に専念したが、思いもよらず性欲が高まってきて、それを抑えこもうとするが消えそうにない。そのような状態では修行の邪魔になるばかりだから、欲望のままに行動して迷い心を一掃しようと思い、変装して色街にゆくが急病になって帰ってきてしまった。しかし、またしても欲望に取りつかれ京都の街に出てゆくが、路で先のとがった杙《くい》を踏みつけて痛みが強く、またもや引き返すことになる。次のときはやっと色里に到着したが、知り合いの人に遭って逃げ帰ってくる。このような有様が続いて、結局公尊は隠遁の難しさを知り、神護寺に帰ってくるのである。

この話を聞いて、喜海は隠遁の志を棄てるのだが、ここに語られている公尊の話に、婬戒を守ることの難しさが如実に示されている。明恵もその難しさに触れて弟子たちに語ったことが、『伝記』に次のように記されている。

上人常に語り給ひしは、「幼少の時より貴き僧に成らん事を恋願ひしかば、一生不犯《ふぼん》にて清浄《しやうじやう》ならん事を思ひき。然るに、何《いか》なる魔の託するにか有りけん、度々《どど》に既に婬事を犯さんとする便り有りしに、不思議の妨げありて、打ちさまし〳〵して終《つひ》に志を遂げざりき」と云々。

これを見ると、明恵も誘惑に負けそうになったことが何度かあったが、「不思議の妨げ」があって果たさなかったということがわかる。従って、明恵も結局のところ、先に示した公尊と五十歩百歩であり、特に「清僧」などと呼ぶほどのことはないと思う人もあろう。このあたりは意見の分かれるところであろうが、筆者は次のように考えている。性欲を感じないとか抑圧し切るのが素晴らしいのではなく、それを感じつつ、いかにそれと直面していったか、に重要な点があると思う。そして、確かに、そのような大きい問題の場合、人間の意志力のみでは対処することができない、と明恵は考えたのではなかろうか。彼が誘惑に負けそうになったことは、彼の意志力よりも性の力の方が強かったことを示している。しかし、そこに妨害が生じた。そのとき、それを「不思議」と判断すること、その判断には人間の自我のはたらきが関与しており、さらにそれを踏まえて、性欲を「打ちさまし〳〵」するところには、意志の力が作用している。公尊の場合も、いろいろと思いがけぬ妨害がはたらいた。しかし、それを「不思議」と判断し、それを己の態度の変更におよぼしてゆく自我の力が、彼には不足しているのである。

親鸞の場合も、単純に性欲を肯定したのではない。もしそうであれば、何も悩むことはない。あるいは少し悩んだにしろ、公尊の態度に示されるように、「修行の邪魔になるばかりだから」などという姑息な弁解によって、性欲に身をまかそうとしたであろう。親鸞はあくまでも簡単に判断を下すことを避けて、答を超越的存在から得ようとした。そこで彼の得た「観音自らが女性となって受け容れる」という答は、何を意味したのであろうか。それは彼が後年に説いた「自然法爾《じねんほうに》」につながるものではなかろうか。人間の心の底から生じてくるものを、「自然」として見る。しかし、それが彼の言う「自然《じねん》」にまで高められるためには、深い苦悩と夢告とを必要としたのである。

日本人の「自然」に対する考え、また日本の自然《じねん》は西洋の概念である nature とは異なること、nature を自然《しぜん》と訳したため、現代の日本人はこれらのことを混同していて誤解が生じやすいこと、(18) などについては、既に他に詳しく論じたので省略する。ただひとつ指摘しておかねばならぬことは、「自然」をどう見るにしろ、そこには、それと人間の意識との関係をどう見るかという大きい問題が残されてくることである。人間がまったく自然の一部であるのなら、人間に自我意識などというものは存在しないであろう。西洋の近代自我は、むしろ自我意識に焦点を当て、強化された自我によって、それから切り離されたものとしての自然《ネーチャー》を観察し、支配しようとしてきた。仏教は逆に、この「自我」への執着を取り除くことを主張してきた。しかしながら、人間が生きているかぎり「自我」を消滅することは難しい。従って、これを自然《じねん》との関連でどう取り扱うかに、明恵と親鸞の差があり、それは彼らがメタファーとしての女性とどうかかわったかという点に、よく示されているのである。

メタファーとしての女性を考える上において、二三七頁に示した図をもう一度参照していただきたい。これを参考にして考えると、親鸞はこの図のM軸上の超越を成し遂げたものと言える。つまり、娼婦の方向への下降を通じて、「一切群生《ぐんじやう》に説き聞かすべし」という夢告を得て、精神的な次元において、日本の王妃の位置へと高められたのである。観音との一体感は、自然との一体感を示している。しかし、ここで注目するべきことは、親鸞の「自然」の解釈である。有名な「自然法爾章」には次のように述べられている。

自然《じねん》といふは、自はおのづからといふ、行者のはからひにあらず、しからしむといふことばなり。然といふは、しからしむといふことば、行者のはからひにあらず、如来のちかひにてあるがゆへに。

ここで「然」を「しからしむ」と読ませているところに興味が湧いてくる。「自然」という語は中国から由来しているが、福永光司によると、この語が文献に現われるのは老荘学派の古典文献が最初であり、その意味するところについては、彼は、自然という語は「「オノズカラシカル」すなわち本来的にそうであること(そうであるもの)、もしくは人間的な作為の加えられていない(人為に歪曲されず汚染されていない)、あるがままの在り方を意味し、必ずしも外界としての自然の世界、人間界に対する自然界をそのまま意味しない」[19]と述べている。これを見ると、親鸞の自然は中国の考えに極めて近いにもかかわらず、「オノズカラシカル」ではなく、「おのづからしからしむ」と読ませるところに、微妙な差があると思われる。「行者のはからひ」と「如来のちかひ」が異なるから「しからしむ」のであって、もしまったく同じであれば「オノズカラシカル」わけであろう。如来のちかいがあくまで根本であることを認めつつ、そこに行者のはからいが存在することも認めるところに、親鸞の苦悩が示されている。「行者のはからひ」は、あんがい、甘いぜんざいに入れられた少量の塩のようなものではなかろうか。この塩も取り去って「オノズカラシカル」とすれば随分とすっきりするようだが、かえってそれでは甘さが引き立たなくなってしまう。そこのところに、親鸞以後の真宗の僧たちに、堕落してゆく者が生じてくる契機のようなものがひそんでいるように感じられる。

明恵の方はどうであろうか。彼が「あるべきやうわ」を強調するとき、まず「ある」ことに注目する点において、それは親鸞の「自然《じねん》」と共通する面をもっている。これは女性とのかかわりという点で言えば、明恵が『華厳縁起』のなかの元暁に、相当な感情移入を示したことに示されている。黒木幹夫が親鸞と明恵(宣長も加えて)を比較して論じ、それらに日本人の伝統的思惟様式が共通してみられると指摘しているのも、この線に沿ってのことと思われる。[20]黒木は「親鸞と明恵の基本的な考え方に変りはない。両者ともに、現実は計り知れないものだという認識が、そもそもの発端になっている」と述べているが、筆者も同感である。ここに述べられている「現実」は、親鸞にとっては「自然《じねん》」であり、明恵にとっては「ある」、つまり存在そのものであったのである。

「あるべきやうわ」については既に論じたので繰り返さないが、明恵が「あるがままに」と言わず、「あるべきやうわ」と言ったところに、親鸞との差が拡大されてくる。このことは、女性とのかかわりで言えば、既に示したような明恵と善妙のかかわり、先の図におけるアニマ軸の存在が関連してくる。戒を守り切ること、そこには強い自我の関与を必要とする。しかし、それだけでは駄目で、それは右方向への跳躍を必要としている。この跳躍によって、「自我」をあくまで重要としつつも、自我が世界の中心ではないことを学ぶことになるのである。自我の強さに頼ろうとしながら、この跳躍ができずに居る人は、しばしば「石化」してしまう。石化したために女性と交わらない人々は、戒を守っているのではない。何もかも石化して生命力を失ったものに、戒などをたてる必要もないのである。明恵が非難しているような、単に「学問」にのみ熱心な学僧のなかには、このように石化してしまった人も居たことだろう。多くの知識と堅い思考のなかで、魂が死んでしまうのである。

M軸、A軸ともにかかわった明恵は、人間的に魅力ある人となったが、その人間存在そのものがコスモロジカルに意義あるものとなったにしても、自分の考えを尖鋭な「教義」として伝えることはできなかった。これに対して親鸞の立場は、伝統的な日本人の心性にマッチするところがあるし、「教義」として提示しやすいということがあった。もっとも、これはM軸上の超越であり、西洋人の考えるイデオロギーや「教義」は父性原理との結びつきで確立されるものなので、それらとは相当に異なるものであったが、ともかく、日本人にアッピールする「教義」と成り得たものと思われる。

このような点から、既に述べたように、「宗教史」的に見るとき、親鸞の占める地位と明恵のそれとは、比べものにならぬほどの差を生じることになった。しかし、これも既に述べたように、山本七平は、鎌倉時代以来明治に至るまで、日本人の生き方を律してきた「貞永式目」の思想的背景として、明恵の思想があったことを指摘している。「貞永式目」は世界のなかでも稀な「法」であり、法理上の典拠をもっていない。それを背後において支えているものが、明恵の「あるべきやうわ」に他ならないと山本は言うのである。山本はまた、『明恵上人伝記』が明治に至るまで、「おそらく最も広く読まれた本の一つである」と述べている。これは、親鸞の教えが宗教界において日本人に強い影響を与えたのに対して、明恵の考えが日本人の日常的倫理に強い影響を与えたことを示している。おそらくこれは、明恵の立場が教義的に尖鋭化されたものでなく、また「自我」との関連をも考慮したものであるだけに、日常生活に必要な自我の存在をも組み入れた考えとして、日常倫理に役立ったとも見られるのである。このことはもちろん、明恵と親鸞のどちらが宗教的に深かったか、などという問題とは関係のないことで、両者の考え方の根本的な差が、このようなところに反映したものと思われる。

明治になって西洋流の学問が強くなると、教義として鮮明な——と言っても、それは西洋流の教義とまったく異なるところに意義があるのだが——親鸞が宗教史の前面に出てきて、明恵はその場を失ってしまったわけである。現在においては、西洋においても知のパラダイムの変換がさまざまに意図されているし、既に述べたように、日本人が西洋の文化との対決を迫られていることを考えると、明恵の意味について考えることは、現在における課題でもあると思われる。

注

(1) たとえば、ユング派の分析家グーゲンビュールは、彼の著書『結婚の深層』(樋口和彦/武田憲道訳、創元社、一九八二年)のなかで、女性の元型として多くをあげて論じている。
(2) ノイマン、福島章他訳『グレート・マザー』ナツメ社、一九八二年。
(3) 大隅和雄「女人と仏教」、『図説日本仏教史3　国民仏教への道』法蔵館、一九八一年、所収。
(4) 早島鏡正訳「大無量寿経」、中村元編『仏典Ⅱ』筑摩書房、一九六五年、所収。
(5) 勝浦令子「古代における母性と仏教」、『季刊日本思想史』22号、一九八四年。

(6) 堀一郎『わが国民間信仰史の研究』第二巻、東京創元社、一九六一年。
(7) 田中久夫「上光房あての上人自筆消息」、『明恵讃仰』11号、明恵上人讃仰会、一九八〇年。
(8) 奥田勲「明恵上人と督三位局」、『明恵讃仰』9号、明恵上人讃仰会、一九七八年。
(9) ヌミノースは、宗教学者ルドルフ・オットーが宗教体験の本質を記すために、その著『聖なるもの』のなかで用いた用語で、ユングもよく用いる。表現し難く、神秘的で、おそろしく、直接的に体験され、神性についてのみふさわしいものに対する言葉。
(10) F・ジラール「明恵上人の『夢之記』について(二)」、『明恵讃仰』13号、明恵上人讃仰会、一九八二年。
(11) 山本七平『日本的革命の哲学』PHP出版社、一九八二年。
(12) 『華厳宗祖師絵伝(華厳縁起)』日本絵巻大成17、中央公論社、一九七八年。
(13) 「石化」については、グリム昔話の「忠臣ヨハネス」との関連で下記の書で論じた。河合隼雄『昔話の深層』福音館書店、一九七七年。〔本著作集第五巻所収〕
(14) 山本七平、前掲注(11)書。
(15) 松野純孝『親鸞——その行動と思想——』評論社、一九八〇年。
(16) 中村元訳『ブッダのことば』岩波書店、一九五八年。
(17) 古田武彦「半生の霧」、吉本隆明編『親鸞』法蔵館、一九八四年、所収。
(18) このことを明確にしたのは、柳父章である。柳父章『飜訳の思想「自然」とNATURE』平凡社、一九七七年。
(19) 福永光司「中国の自然観」、『新岩波講座 哲学5 自然とコスモス』岩波書店、一九八五年、所収。
(20) 黒木幹夫「親鸞・明恵・宣長」、『現代思想』13—7・臨時増刊、一九八五年。

第七章　事事無礙

夢の中の女性像の変化が、明恵の内的な成熟の過程を示していることを詳しく見てきたが、それと平行して、明恵の信奉していた華厳の教えに沿った夢の展開が、『夢記』のなかに認められる。明恵にとっては、現実に行う修行も夢も同等の価値あるものであり、彼は経典によって知り得たことや彼の行なっている行法と夢とは、密接に関連し合っているものとして受けとめていたのである。

このような夢の系列としては、現存する『夢記』の最初にあげられている「文殊現形の夢」が、その最初のものと考えられるが、ここでは承久二(一二二〇)年の多くの夢のなかで、この流れに属すると思われるものについて考察したい。明恵の『夢記』を、このような観点から解釈したものとしてジラールの労作[1]があるが、それを参考にしつつ、筆者の考えを述べてゆく。

1　身心凝然たり

兜率天上に登る

承久二年六月に明恵は次のような夢を見たことが、『夢記』に記載されている。

一、六月の禅中に、兜率天上《とそつてんじやう》に登る。弥勒の宝前に於いて、金《こがね》の桶を磨きて沈香《ぢんかう》を之に入れ、一人の菩薩有りて、予を沐《あ》ましむと云々。(「兜率天に登る夢」)

この夢の中の兜率天は、欲界の六天のうちの第四番目である。この天の内院は、将来、仏となるべき菩薩の住処とされ、弥勒菩薩がここで説法をしていると考えられている。その兜率天に登った夢なのだから、これは明恵にとって重要な夢である。ところで、この夢については、彼の著作である『華厳仏光三昧観冥感伝』に、より詳しい記述があるので、それを次に紹介する。

承久三年夏六月、円覚経普眼の章に依りて坐禅す。其の坐禅中に好相を得たり。謂《い》はく、我が身、忽ち軽くして虚空に挙上《あが》り、四王天に至る。四王天従《よ》り忉《たう》利天、夜摩天を越えて、即ち兜率天に到り、弥勒の楼閣の宝前に着す。然るに弥勒菩薩を見奉らず。楼閣の前に一人の菩薩有り。其の形、普賢菩薩の如し。忽ち沈水香を以て磨き、黄金の桶に入る。人間《じんかん》の足桶の如し。其の勢また同じ 即ち、其の香水を以て予の遍身を沐浴せしむ。身心適悦すと。即ち出観し畢《をはん》ぬ。

ここでまず注目すべき点は、この夢の日付である。「承久三年夏六月」と書かれているのだが、『夢記』のこの夢は、奥田勲によって承久二年の夢と推定されている。前章に述べたように、承久二年の夢と推定されている一群の夢があり、奥田は最初『夢記』の第十篇にあるほとんどの夢を承久二年のものとしていたが、その後の研究により、承久三年のものもあると推定している。(2) しかし、この夢は承久二年のものと考えている。承久二年か三年か、あまり違いはないと思われるかも知れないが、これは大変なちがいなのである。というのは、承久三年は承久の乱が起こった年であり、そうなるとこの夢は、承久の乱のまっただ中で見られたことになり、これに続く夢の解釈においても、すべてその点を配慮しなくてはならなくなってくる。ところが、高山寺に伝えられる『栂尾御物語』によると、この夢の日付は承久二年六月十六日になっている。それでは一体どちらが正しいのか、ということになるが、もう一つ決め手になると思われることがある。それは、この『華厳仏光三昧観冥感伝』(以後『冥感伝』と略記)の最初にある、承久二年の夏に禅中に得た好相(後述)というのが、『夢記』の原本を見ると、この「兜率天に登る夢」と同じ帖に記されているのである。そして、これらの夢の記載の間に大きい空白などがないので、連続して記入されたことはほぼ間違いがないと思われる。以上の点から、やはりこれらの夢を承久二年とするのが正しいであろう。「承久三年」は、おそらく写本時の誤記であろう。

少し横道にそれたが、『冥感伝』に記されている夢を見ると、『夢記』の記載より大分詳しく述べられていることがわかる。身が軽くなって虚空にあがり、四王天、忉利天、夜摩天を経て四番目の兜率天に至ったこと、および、そこには弥勒菩薩が見当たらなかったことが述べられている。おそらく、明恵は未だ弥勒に会うまでには至っていなかったのであろう。しかし、普賢菩薩に香水で身体を洗ってもらったのだから素晴らしいことである。明恵はこれを「身心適悦す」と表現している。このようにして、上田三四二が「明恵は一個の透体である。彼はあたうかぎり肉体にとおい(3)」と適切に表現したような存在へと、徐々に近づいてゆくのである。

『冥感伝』を見ると、この夢に続いて、「其の後、頻《しき》りに好夢有り」としてその好夢が紹介されるのだが、これも『夢記』に記載されているので、そちらの方を次にあげる。

一、六月、天より一つの棹垂れ下る。其の端一丈許りは縄也。予之を取るに、其の末は晴天に属して之に付く。五十二位に分別すと云々。又、人月性房有りて云はく、「東大寺の大仏、年来思へるに似ず小さき仏也。又、片つ方に金《あかがね》薄くして、土の躰《てい》、現ぜり。下を土にて造れるが顕《あらは》ると覚ゆ。予、諸人に勧進して鋳奉らむと欲す。直ちに諸人之依用《えよう》も不定《ふぢやう》に思ひて結構せず」と云々。同夜の夢也　（「天よりの棹の夢」）

これらの夢を読むと、明恵が若いときに見た「塔に昇る夢」や「五十二位の夢」などを想起させられる。事実、明恵も『冥感伝』のなかで、二十歳頃に見た夢としてそれらの夢について言及している。当時生じた上昇の主題が、長年月の間に徐々に発展させられ、ここで兜率天にかかわる一連の夢として開花しているのである。

この夢について『冥感伝』に記されてあるところを見ると、天より垂れ下がってきた棹は、その本が縄になっており、明恵はそれに取り付いて天を仰いだとある。そして、この棹は五十二重に分かれ、菩薩の五十二位を表わすと述べている。明恵は『冥感伝』のなかで、この夢についての解釈を試みており、天よりの棹の端についている一丈ほどの縄は、菩薩の五十二位のうちの最初の十信であるとしている。十信、十住、十行、十回向、十地に等覚、妙覚を加え五十二位になるが、明恵の教義体系によると、最初の十信位を達成したものは、既に成仏していると考えるのである。十信の次の十住位の初住の発菩提心に達すると、それは「不退転」の位であり、文殊の導きによって五十二位を遍歴する、つまり、仏の位に至っていると考えるのである。明恵のこのような考えは、次項に示す「身心凝然の夢」によって明確化される。

これに続く東大寺の大仏の夢について、明恵自身の『冥感伝』に述べている解釈は、ジラールも述べているように「極めて不明瞭」である。東大寺の大仏が思ったより小さく、鋳造し直す必要があるというあたりは、わが国におけるそれまでの華厳の受けいれに問題があり、明恵がここで新しい解釈を世に示す必要のあることを示唆するものであろうか。

承久二年七月二十九日、明恵は禅中に好相を得る。これは『夢記』にも記載されているが、『冥感伝』の冒頭に、より詳しく述べられている。そちらの方から引用してみよう。

問ふ、何を以て此《これ》光明真言の、此の三昧に相応せる真言なるを知るや。答ふ、談ずること輙《たやす》からずと雖《いへど》も、冥《ひそか》に大聖の加被有り。予、承久二年夏の比《ころ》、百余日此の三昧を修するに、同じき七月二十九日の初夜、禅中に好相を得たり。すなはち、我が前に白き円光有り、其の形、白玉の如し。径、一尺許《ばか》りなり。左方に、一尺二尺三尺許りの白色の光明有りて充満す。右方に、火聚《くわじゅ》の如き光明有り。音《こゑ》有りて告げて曰はく、「此は是れ光明真言なり」と。出観の時、思惟すらく、甚だ深意あり、火聚の如き光明は、悪趣を照曜する光明なり、別本の儀軌にいはゆる「火曜の光明有りて悪趣を滅す」とは即ち此の義なり、と云々。

この禅中好相は、はっきりと承久二年と書かれているが、『夢記』のこの記録とのつながりで、既に述べたように、他の一群の夢が承久二年のものと断定できるのである。ここに「此の三昧」と述べられているのが「仏光三昧観」であり、この好相を明恵は仏光三昧観の基礎づけのひとつと考えたのである。彼の見た「光明」は「悪趣を滅す」ものとされているが、このような光明はまた、まさに華厳の世界という感じを与える。井筒俊彦は、

「このお経（華厳経）の展開する存在ヴィジョンが、隅から隅まで「光」のメタファーの限りない連鎖、限りない交錯、限りない重層の作りなす盛観である(4)」ことを指摘しているが、明恵は「仏光三昧観」を修していて、このような素晴らしい光の世界に接したのである。

このような「光」のヴィジョンは、最近とみに報告されるようになった臨死体験者の光の体験を想起させるものがある。

最近の蘇生術の急激な発展と、死の状況に直面してゆこうとする人々の増加によって、一度は医学的に死んだと思われながら蘇生してきた人たちに、その間の体験を聞く研究が盛んになりつつある。その結果、それらの臨死体験の報告には相当な共通点が存在することが認められている。それについては詳述を避けるが、その中で、多くの人が「光の生命」とでも名づけるべき不思議な光明に出会う体験が報告されている。この光は、有名な『チベットの死者の書』に述べられる「光明《オエセル》」との類似性を感じさせるものがある。このような点から、明恵は禅中にしばしば「臨死体験」と類似の体験をもち、そのなかでこのような「光明」に接することがあったのではないかと推察される。既に「明恵の意識」について論じたが、明恵の禅中の意識の状態は、臨死の状態に等しいほどの域に達することがあったのではなかろうか。

身心凝然の夢

明恵の兜率天に至る一連の夢のハイライトは、筆者が「身心凝然の夢」と名づけている夢である。明恵自身もそう感じたのであろう、この夢の後に、その解釈というより、夢に触発された彼の教義的な論を展開している。夢の勢いがそのまま持ちこまれたような、間然するところのない文章である。これは承久二年八月七日の夢である。

一、同初夜坐禅の時、滅罪の事を祈願し、戒躰を得たり。若し好相現ぜば諸人に戒を授けむと祈願す。其の禅中、前《さき》の六月の如く、身心凝然たり。空より瑠璃の棹、筒の如くにて、其の中虚《むな》しき也と思ふ。其の末を取りて、人有りて予を引き挙ぐ。予、之に取り付きて兜率に到ると覚ゆ。其の筒の上に宝珠有り。浄き水流れ出でて、予之遍身に灑《そそ》く。其の後に、心に、予之実躰を見むと欲す。其の面、忽ちに明鏡の如し。漸々に遍身明鏡の如し。即ち、円満なること水精の珠の如し。動き転じて他所に到る。又、音《こゑ》の告げ有るを待つに、即ち声有りて云はく、「諸仏、悉《ことごと》く中に入る。汝今、清浄を得たり。」其の後、変じて大きなる身と成り、一間許りの上に七宝の瓔珞有りて荘厳すと云々。即ち観より出で了んぬ。又、其の前に真智恵門より出でて、五十二位を遍歴す。即ち、信位之発心は文殊也。仏智は十重を分ち、此の空智を現ず。此の十住の中に一切の理事を摂《せふ》して、諸法尽きぬ。即ち、文に云はく、十方如来の初発心《しよほつしん》は、皆是、文殊の教化《けうけ》の力なりといふは是也。文殊の大智門より十住の仏果を生ずるが故也。真智に於いて住果を生ずといふは、仏果の文殊より生ずる也。信位に於いて初住の一分を生ずといふは、文殊、仏果の弟子と為《な》る也。即ち、因果の相即する也。此の下十行は、之、普賢の大行の具足する也。十廻向は理智の和合也。此より十地を生じ、理智を作《な》すこと無く、又、冥合を証得する也。仏果は此《これ》、能生《のうしやう》也。定《ぢやう》の中に於いて忽ちに此の義を得るは、即ち、因果、時を同じくする也。之を思ふべし。紙筆に記し難しと云々。（「身心凝然の夢」）

この夢は『冥感伝』にも詳しく述べられている。『夢記』には書かれていない部分もあり、これは極めて大切な夢であるから、重複もするが『冥感伝』の記載を次に示すことにする。

同八月七日に至り、初夜の禅中に、身心凝然として、存るが如く、亡《な》きが如し。虚空中に三人の菩薩有り。是れ、普賢、文殊、観音なり。手に瑠璃の杖を執《と》りたまふ。予、左右の手を以て堅く杖の端を執る。菩薩、杖の本を執り、予、杖の末を執る。三菩薩、杖を引き挙げたまふ。予、杖に懸《かか》りて速《すみや》かに兜率天に到り、弥勒の楼閣の地上に着す。其の間、身《しん》清涼として心《こころ》適悦す。譬《たと》へ取らんに、物なし。忽ち瑠璃の杖の、宝地の上に立つを見る。其の杖の頭に宝珠あり。宝珠より宝水流れ出で、予の遍身を沐浴す。爾《そ》の時に当たりて、予の面《おもて》、忽ち明鏡の如く、漸々に遍身明鏡の如し。漸々に遍身の円満なること水精の珠の如く、輪の如く運動す。其の勢、七八間許りの舎宅の如し。禅中に心想有るが如く、奇異の想ひを作《な》す。時に、忽ち空中に声有るを聞く。曰はく、「諸仏、悉く中に入る。汝今、清浄を得たり」と。其の後、本《もと》の身に復《かへ》るに、即ち七宝の瓔珞有りて虚空中に垂《た》れ荘《かざ》る。予、其の下に在りて、此の相などを得ると与《とも》に、定《ぢやう》を出で畢《をは》んぬ。

これらを見ると、『夢記』には「前《さき》の六月の如く、身心凝然たり」とあって、六月の「兜率天に登る夢」のときも、同様の状態になったことが解るが、この「身心凝然」とはどのような状態を言うのだろうか。これについては『冥感伝』の「身心凝然として、存るが如く、亡《な》きが如し」という表現が理解を助けてくれる。おそらく身も心もひとつになり、しかも、それは極めて軽やかな、あるいは、透明な存在となったのであろう。明恵の場合は、修行を通じて、その身体存在が心と共に変化するところが特徴的である。身体は、彼にとって幼少のときから常に問題であった。空から降りてきた瑠璃の棹によって、明恵は兜率天へと上昇するが、そのとき棹をもって明恵を引きあげてくれたのが、普賢、文殊、観音の三菩薩であることを、『冥感伝』の記述が明らかにしてくれる。兜率天に到達するときの感じが、そこには「身清涼として心適悦す」と表現されている。

杖の上に宝珠があり、そこから流れでる宝水によって明恵の全身が洗われるのは、前の「兜率天に登る夢」と同様である。このときに明恵の体には大きい変容が生じ、まずその顔が鏡のようになり、続いて体全体が水精の珠のようになる。まさに「透体」というべき状態である。そのときに声がして、「諸仏、悉《ことごと》く中に入る。汝今、清浄を得たり」と言う。この「諸仏、悉く中に入る」というところが、次項に説明するように、まさに華厳の世界の体現という感じを与える。

これに対する明恵のコメントは、前の「天よりの棹の夢」のときに述べたことを、もっと詳しく論じている。つまり、十信の位の達成は、文殊の智によってする五十二位の遍歴に通じ、成仏に至っているという彼の考えを開陳している。このコメントの結びとして、「定《ぢやう》の中に於いて忽ちに此の義を得るは、即ち、因果、時を同じくする也」と述べているところも、いかにも華厳らしい考えである。華厳の教えとこの夢との関連については、次項に述べる。

このような夢に接すると、明恵という人にあっては、その宗教における教義の理解、修行の在り方、またそれによって生じてくる夢想などのイメージが一体となり、統一的に把握され、それに今までに示してきたような彼の生活の在り方も関連してきて、「行住坐臥」のすべてが、深い宗教性と結びついていたことが解る。

ここで少し楽屋話めくことを一つ。『夢記』を通読しているうちに、この「身心凝然の夢」のすぐ後に続いて、「同十八日に之を記す。其の夜、同十日に彼の事あり」という記録があり、これが心に残った。そして続いて読みすすむうちに、前章で取りあげた「毘盧舎那の妃の夢」に至り、ここで明恵が「彼の事」と書いたのは、女性との関係において、記録しておくべきだが明らさまには書かぬ方がいいと判断されることがあったのではないかと考えた。「毘盧舎那の妃の夢」については既にコメントしたが、このように考えるとすると、これらは承久三年のことである方が、承久の乱後の明恵が女性と接触をもつ機会が多かっただけに、蓋然性が高いのである。ところが、当時は『夢記』に関する一番信頼し得る資料は『明恵上人資料第二』であり、そこでは奥田勲がこれらはすべて承久二年のこととしていた。

ところで、『夢記』の影印本文を見ると、前記の「彼の事あり」の記録は、極めて小さい字で、おそらく余白に後で書き込んだのではないかと思われ、筆者の推察を強化するような感じを与えた。ここで女性に関することというのは、既に前章に論じたとおり、明恵にとっては極めて深い意味をもつことであり、戒を破りかけたときに「不思議な」ことが生じたことを、彼は大切に考えているので、そのような体験についての心覚えを、ここに留めておこうとしたのではないかと推察したのである。

このような点と、承久二年の夢があまりに多いこともあって、おそらく承久三年の夢が錯簡によってはいりこんでいるのではないかと考えていた。そのときに『冥感伝』のなかに、既に述べたような「承久三年」という日付を見出したので、これで疑問が晴れたと思ったが、そうなると「身心凝然の夢」や「善妙の夢」などまでが承久三年のものとなる可能性が生じてくる。筆者の考えとしては承久二年に、このような深い宗教的体験を成就したからこそ、明恵は承久の乱のなかで冷静に対外的に対処できたのだ、としていたので、これらの夢も承久三年となると、そのへんの理解が困難となってくるのである。そのようなとき、奥田勲の新しい研究に触れ、まさに「同十八日に之を記す。其の夜、同十日に彼の事あり」の行より承久三年のことと判定されていることを知り、理解の筋が通ったようで嬉しく思った次第である。もちろん、この「彼の事」について、あるいは「毘盧舎那の妃の夢」について、女性との実際的な関係を考えるのは、筆者の当て推量に過ぎないのではあるが。

「身心凝然の夢」は、明恵の宗教的体験のひとつのハイライトをなすものと言えるが、次に『夢記』のなかで、奥田によって承久三年の夢と推定されているもののうち、最後に記録されている夢を示す。

一、六月二日の夜、夢に云はく、何処よりぞ物(西？)へ行かむと思ふ。然るに、一条の大臣殿之御門に到りて、一疋の黒き犬有り。足に纏《まと》はれて親馴を作《な》す。心に思はく、余、年来此の犬を飼へり。然るに、今日出でし時見えず、此の御門に到りて待ちけり。いつ此処へは来たりけるやらむ、今は相朋《あひとも》ひて離るべからずと思ふ。其の犬、小さき馬の如く、わかき犬にて、毛色、光り鮮かにきらめきて、櫛を以てけづれるがごとしと云々。

（「黒犬の夢」）


高く高く兜率天にまで至った明恵は、この夢では一匹の黒い犬と随分と親しくしている。人格の発展の過程において、高く昇ることと、深く下降することは共に必要である。兜率天において弥勒に接することも、地上で黒い犬と親しく遊ぶことも、共に重要なことである。もし、この黒犬のような夢が明恵の『夢記』にまったく出て来なかったら、筆者としてはおそらく、明恵の自己実現の過程に懐疑の目を向けたであろう。高いものも低いものも、白いものも黒いものも、善も悪も、すべてがその過程には含まれてくるのである。

黒い犬が足にまとわりついてきたとき、明恵は自分はこの犬を年来飼っていたのだと思う。そして、「今日出でし時見えず、此の御門に到りて待ちけり。いつ此処へは来たりけるやらむ、今は相朋《あひとも》ひて離るべからずと思ふ」。このような記述に接すると、これはますます華厳的だと筆者は感じてしまう。どうしてそれが華厳的なのか、それに答えることも配慮しつつ、次に華厳の世界について簡単に触れておきたい。

華厳の世界

実のところ、筆者は『華厳経』はおろか仏教全般に対してほとんど関心がなかった。明恵の『夢記』に惹かれ、明恵に導かれて、『華厳経』などに目をとおすようになった。ところが、それはあまりにも茫漠としており、簡単に理解を許すようなものではなかった。生まれつき目の見えない人が、成人になってから手術によって目が見えるようになる。そんなとき、まず見えてくるものは、光、光、光のみで、個々の事物の形態など全然見えて来ないものらしい。これとまったく同然で、『華厳経』には光のみ満ち溢れていて、個々の章が何を表わし、それらが全体としてどんな関係にあるのかは、まったくわからないのである。しかし、わからないままでともかく読んでいると、不思議に心のなかに何かが伝わってくる感じがしてくるから妙である。『華厳経』についての解説のなかで、中村元が「この経典は複雑であり、また茫洋としてつかみどころがない。しかしはっきりわからないままでも心して読んでいくうちに、なにか途方もなく大きな、大海原のようなブッダの悟りが、ひたひたとわれわれの心にもうちよせてくるのを感ずる」[5]と述べているのは、まことに適切な言葉である。

筆者としては、到底これを自分の考えでまとめることなどできないので、「身心凝然の夢」[6]の理解にもつながってくるものとして、井筒俊彦がエラノス会議において発表した華厳哲学に関する論を基にして、簡単に華厳の世界と明恵の夢との関連について述べてみたい。

華厳思想の究極は、法界縁起にあると言われたりする。この法界という語は簡単には説明し切れないことのようだが、一応『望月仏教大辞典』を見ると、いろいろな意味が書かれている。そのなかで「④華厳教学では」という項を示すと、「「現実のありのままの世界」と「それをそのようにあらしめているもの」との二つを相即的に表現する語として用いられる。すなわち、⑴法は性の義。法性(真如)に同じ。⑵界は分の義。法性のあらわれ。世界のこと。それゆえ法界は、一面では世界・宇宙と同義である。他面では真如・法性などと同義である。法の世界」となっている。これだけ読むと解りにくいかも知れぬが、短い文のなかに華厳の考えがうまく述べられていることが、むしろこれから後の説明を読まれるとよくわかるであろう。

法界はまず出発点として、「現実のありのままの世界」であるが、「それをそのようにあらしめているもの」は何かを考えだすことによって、その意味合いが変わってくるのである。それを華厳思想では、⑴事法界、⑵理法界、⑶理事無礙法界、⑷事事無礙法界、の四種の法界の体系に組織化している。これを井筒の論を借りて説明したい。

事法界はわれわれが普通に体験している「現実のありのままの世界」で、そこでは、それぞれの事物は明確に他と区別されて自立的に存在している。これは「華厳的な言い方をすれば、事物は互いに礙《さまた》げ合うということ。AにはAの本性があり、BにはB独自の性格があって、AとBとはそれによってはっきり区別され、混同を許さない」という状態である。

ところが、このように事物を区別している境界線を取りはずして、この世界を見るとどうなるだろうか。「限りなく細分されていた存在の差別相が、一挙にして茫々たる無差別性の空間に転成する。この境位が真に覚知された時、禅ではそれを「無一物」とか「無」とか呼ぶ」のであるが、華厳の術語によると、このようにして見られた世界が「理法界」ということになる。

理屈っぽい言い方になったが、これは理論的な筋道だけを述べたからで、「この境位が真に覚知される」ためには、禅定に入ることを重ね、『華厳経』を唱える行を必要とする。実際に『華厳経』を見ると、「華厳経における説法は、それを聞くものが理解できるようにという配慮はほとんどなされていない。ただひたすら目覚めの世界を、目覚めの通りに語ってやまないのである。いいかえれば、その説法は、目覚めから衆生に向けられているのではなく、目覚めから目覚めへと、その放つ光明の及ぶかぎりの海原の果てを見きわめようとしているかのごとくである」(7)という玉城康四郎の言葉が適切に表現しているように、ともかく光の渦に取りこまれて、ぐるぐるまわっているような感じになる。しかし、このような「体験」を積み重ねてゆき、通常の意識と異なる意識に達してこそ、「理法界」がわかってくるのであろう。

「事法界」においては、ものとものとの区別がある。「AをAたらしめ、AをBから区別し、Bとは相違する何かであらしめる存在論的原理を、仏教の術語では「自性《じしょう》」(svabhāva)」という。ところが、「理法界」においては、ものの区別がなくなるので「自性」が否定されてしまう。つまり、自性は実在するものではなく「妄念」にすぎぬものになってしまうのである。これは井筒の言葉によると、「存在解体プロセスの、一応の、終点です」ということになる。実際に『華厳経』を見ると、一切が無自性で虚空のようなものであることが、繰り返し説かれている。

この絶対的に空化された世界は、いわゆる何もないという意味での無や空ではなく、無限に「有」の可能性を秘めているものである。つまり、理法界の「空」は、「無」と「有」の微妙な両義性をはらんでいる。従って、「無限の存在可能性である「理」は、一種の力動的、形而上的創造力として、永遠に、不断に、至るところ、無数の現象的形態に自己分節していく。……「空」(「理」)の、このような現われ方を、華厳哲学の術語で「性起」と」呼ぶのである。

華厳哲学において、「性起」の意味を理解することは重要であるが、「一番大切な点は、それが挙体「性起」である」ことだと井筒は主張する。「つまり「理」は、いかなる場合でも、常に必ず、その全体を挙げて「事」的に顕現する、ということ。だから、およそ我々の経験世界にあるといわれる一切の事物、そのひとつ一つが、「理」をそっくりそのまま体現している」のである。「「理」はなんの障礙《さまたげ》もなしに「事」のなかに透入して、結局は「事」そのものであり、反対に「事」はなんの障礙もなしに「理」を体現し、結局は「理」そのものである、と。「理」と「事」とは、互いに交徹し渾融して、自在無礙。この「理」「事」関係の実相を、華厳哲学は「理事無礙」という術語で表わす」のである。

「挙体性起」などという言葉をきくと、明恵が石を愛し、島に手紙を出しなどしたりした行為がよく理解できるのである。ひとつひとつのものを「理」の挙体性起として見る、明恵はそのような心境に達して、この世界の事物に接していたのであろう。

「理事無礙」の世界において、「事」が存在することになったが、そもそも無自性とされた「事」が、どうして個々別々のものとして存在し得るのか。これを説明するために「事事無礙」の法界が必要となってくる。たとえば、A、B、C、……という別々のものが存在するとき、Aそれ自身は無自性であるが、B、C、……との関係性においてそれはAであると考えられる。このことは、B、Cについても同様であり、Bは無自性であるが、A、C、……との関係性においてBであり、それは、AともCとも異なるのである。

このことを井筒は図式的表現を用いて、次のようにうまく表現している。「例えばAというもののAとしての存立には、BもCも、その他あらゆるものが関わっている。Bというもの、Cというもの、その他一切、これとまったく構造は同じです。結局、すべてがすべてに関わり合うのであって、全体関連性を無視しては一物の存在も考えることができない。あらゆるものの、この存在論的全体関連構造を、仮りに図式的に視覚化すれば、大体、左のような形になるでしょう。もっとも、この図は、すべてのものが相互に関わり合う有様を、ある一瞬に捉えて図式化したものにすぎません。いわば共時的《サンクロニック》な構造です。しかしこの存在関連においては、A、B、C……などのうちの、ただ一つが動いても、もうそれだけで全体の構造が変ってくるわけでして、一瞬一瞬に違う形が現成する。つまり、全体を通時的《ディアクロニック》な構造としても考えなければなりません。左の図式は、通時性を補って見ていただきたいと思います。」

このような世界は、『華厳経』のなかで、「そこでは一々の小さな塵のなかに仏の国土が安定しており、一々の塵のなかから仏の雲が湧きおこって、あまねく一切をおおい包み、一切を護り念じている。一つの小さな塵のなかに仏の自在力が活動しており、その他一切の塵のなかにおいてもまた同様である」(8) などと説かれている。ある一つのものの存在に全宇宙が参与しているのであり、ある特定のものがそれだけで個として存在することは絶対にあり得ず、「常にすべてのものが、同時に、全体的に現起するのです。事物のこのような存在実相を、華厳哲学は「縁起」といいます。「縁起」は、「性起」とならんで、華厳哲学の中枢的概念であります」ということになる。

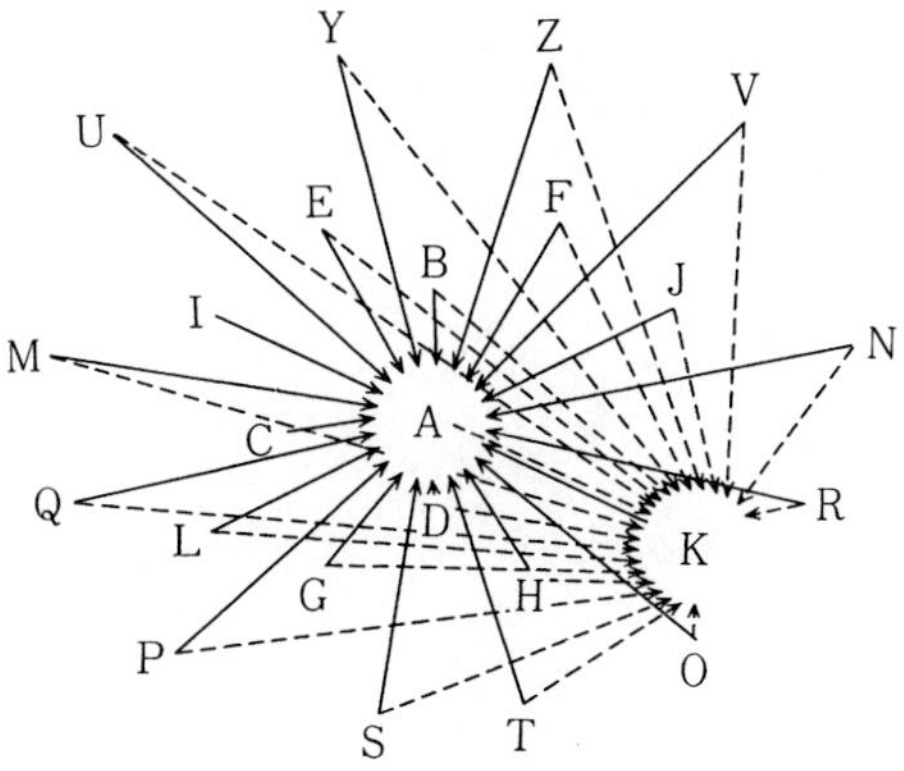

(『思想』733号の井筒論文より)

以上のことを井筒は、「有力」「無力」に基づく「主伴」的存在論によって説明している。今、仮にA、B、Cという三つの異なるも

仔犬像(高山寺蔵)

のがあるとする。これは華厳の考えに従うと、そのどれもが同じ無限数の存在論的構成要素(ａｂｃｄｅ……)から成っている。しかし、そこにA、B、Cの差がどうして生じてくるかと言うと、無限の構成要素のなかのどれか一つ(または幾つか)が「有力」であるとき、残りの要素は「無力」の状態になると考えられる。ここに「有力」とは積極的、顕現的、自己主張的、支配的であり、「無力」はその逆である。つまり、ものが性起するとき、どれかの要素が「有力」的に現起し、それが主となって、「無力」的に現起したものは従となる。すなわち「主伴」の論理である。しかし、ここで大切なことは、「無力」な要素は見えないといっても、それは普通の人間の場合であり、仏や菩薩には、もちろん「無力」な要素も見えるのである。この両方が見える人を、井筒は「複眼の士」と呼んでいるが、「複眼の士」の目は「常に必ず、存在の「無力」の構成要素を、残りなく、不可視の暗闇から引き出してきて、いかなるものをも、「有力」「無力」両側面において見ることができるのです。このような状態で見られた存在世界の風景を叙して、華厳は、あらゆるものが深い三昧のうちにある、というのであります」。

これが華厳における「事事無礙」の法界である。

ここで、先に示した「黒犬の夢」について考えてみよう。ふと一匹の黒犬を見る。それが足にまとわりついてくるとき、「この犬を年来飼っていたのだ」と明恵は直覚する。言ってみれば、すべての人はその心の中に黒犬を飼っているのだが、それに気づく人と気づかない人とが居るだけなのである。この犬は自分の犬だと気づくこある。と、それは「無力」の要素の存在に気づくことに他ならない。そこで「今は相朋《あひともな》ひて離るべからず」という明恵の決心が、大きい意味をもってくる。この夢を見て筆者が「華厳的だ」と思ったのは、このような点からなのである。

以上、華厳思想の真髄を極めて簡単にして述べたが、これを踏まえて、「身心凝然の夢」を見ると、その意味の深さがますますわかってくるのである。身体が水晶のような透体となり「諸仏、悉《ことごと》く中に入る」というのは、華厳における事事無礙の思想のイメージとして真に素晴らしいものと言うことができる。ここで注目すべきことは、明恵が事事無礙の思想を理解したというのではなく、彼の身体存在そのものが、事事無礙の世界を体現したという事実である。明恵にとって、華厳の世界がわかるということはそういうことである。心身共に、己の全存在をかけて、それを知ることが必要だったのである。このようなことが成就するためには、戒を守り、定を修めして、どれほどまでに心を鍛え、身を鍛えなくてはならなかったか、測り知れぬものがある。

2 示寂

晩年の明恵は、高山寺において著述をしたり、多くの講義を行なったりした。当時に並ぶもののない高僧として崇められ、彼の講義にはいつも多くの聴衆がつめかけた。しかし明恵は、このように衆生に対して外的にはたらきかけるのみならず、内的な修行も怠らず、たとえば元仁元(一二二四)年、五十二歳の冬には高山寺の裏の楞伽山《りょうがせん》に籠り、ひたすら禅定にいそしんでいる。このように、社会的な地位が高まっても最後まで修行に努めた点が、明恵の特徴であると言うことができる。

この間に彼の行なった多くの宗教活動については、他の書物の記載に譲って、ここでは晩年に明恵の見た夢のなかで印象的なものについて論じると共に、彼の死の様相について触れてみたいと思う。ある人がいかに死んでゆくかということは、つねにその人の生き方を反映するものだ、というほどの強い一般化をする気はないが、やはり、人の死んでゆく姿は、その人の人生の多くのことや、その本質について物語っているように思えることが多いのである。

此の夢は死夢と覚ゆ

既に述べたように、明恵は元仁元年の冬に楞伽山に籠り、そこで意味深い夢を見たことが『行状』に記録されているが、『夢記』には残っていない。このときは夢に阿弥陀如来がよく現われ、「光明」がよく来て照らした。光の主題はずっと続いていたものと思われる。また縄床の上に坐り思惟しているとき、たちまち一人の菩薩が現われて、そこに仰臥した。その体は蓮花が重なったように見え、その蓮花を一つ一つ開いて見ると、その身中は水精か瑠璃のようで見えないところはなく、「炳然映徹シテ無障無碍《げ》ナリ、万境コト〲ク其ノ身分ニ備ハレルヲ見ル」という在り様であった。「身心凝然の夢」の続きをここにみる想いがする。

またあるときは、自分は色究竟天《しきくきようてん》よりも高く、色究竟天を目の下に見、三界のうちで自分より背が高いものはないと思った、という夢を見ている。これは明恵が若い時に見た「塔に昇る夢」の流れに属するものである。色究竟天が色界の最高の天であることなどは、そのときに説明した。

これに続いて、『行状』には次のような記録がある。「又夢ニミル、十二縁起ト云フ物ヲ越ヘスグルニ、老死ト云ヒテ死人ノアルヲ超セムトスルニ、恐怖シヲボヘテコレヲ超セズ、後日又夢ヲ得タリ、サキノ如ク老死ノトコロニイタル、先日恐怖シテコレヲ超セズ、今度コヘスギナムト思ヒテソノ上ヲヲドリ超フト見ル云々。」（「老死の夢」）

この夢も「塔に昇る夢」と同じく、一回目の夢で果たせなかったことを、何日か後に果たしている。最初は「老死」という死人のいるところを超えられなかったのを、次には超えるというものであるが、この頃から、明恵にとって「死」に対する準備が相当着実にはじまっていると感じられる。明恵ほどの人でも、一回目は老死が恐ろしくて超えられない、というところが印象的である。

『夢記』を見ると、その最後のものとして、寛喜二（一二三〇）年、明恵五十八歳のときの記録がある。これは二つの夢だけであるが、それを共に次に示す。

寛喜二年七月の晦《みそか》の夜、夢に云はく、高さ数十丈の所に、広さ一尺許りの板を二枚、之を立つ。予此の上に登りて、天竺等の道々を行く心地有り。其の上に一人有りて、予を助く。下に二人の女房有りて、予を押し上げて登らしむ。此、即ち煩ひ無くして登り了《をは》んぬ。心に思はく、年来登り得ざりし処に、今已《すで》に登り了んぬ。所作已に弁じたるの思ひを作《な》すと云々。（「女性に助けられる夢」）

寛喜二年十二月、梵網伝の奥疏《あうしよ》を読むべき事、之を思ひ立つ。其の間、喜海法師に共不共《ぐうふぐう》之事を案ず。日数を経たる処、同十一日の夜、夢に云はく、故乗善房行俊、馬の医也在生之間、過去を廻転《ゑてん》し、老年変じて十二三歳之少童と成る。高弁、子細有るに依りて、此の少童之師と成る。夢の中に如経観《によきやうくわん》を思ふ。過去一切劫、安立未来今、未来一切劫、廻益《ゑやく》過去世と云々。今此の廻転の事、此の経文の如く也と云々。即ち覚め了んぬ。禅河院時の香を見せしめたる処、答へて云はく、「丑の始めなり」と云々。燈下に望みて之を記し了んぬ。

の草庵に於いてと云々。

この最初の夢は素晴らしい夢である。「年来登り得ざりし処に、今已《すで》に登り了んぬ」というような高みに登る作業をやり抜くのだが、それを二人の女性が助けるのである。上に引っぱりあげる人の性は不明だが、下から押しあげてくれる女性二人。しかも、「天竺等の道々を行く心地有り」というのだから、明恵があれほどまでに渡天竺を願っていたことなどを考え合わせると、明恵にとって、この夢が大きい成就の感じを抱かせるものであったことは間違いない、と思われる。明恵は夢の中で石化していた女性に生命力を与え、現実においても、多くの戦争未亡人たちを助けて善妙寺を建立したりした。しかし、内的には多くの点で女性たちの助けによって自己実現の道を歩んできたことを、この夢は告げている。このような成就の体験は、しかし、死の近いことを予測してのことかも知れない。

次の十二月の夢は、既に亡くなっている馬の医者の乗善房行俊が生きていて、老人が変じて少童となる。明恵は何かの理由でその少年の師となる。「如経観」についてはよく知らないが、老人が少童になったりするところに、輪廻を感じさせるものがある。この馬の医者の乗善房と明恵との関係などがわかると面白いのだが、不明である。

この翌年、寛喜三年の十月一日より明恵は年来の痔が再発し、不食も生じて臨終かと思われるほどになる。その後少し持ち直すが、『行状』によると次のような夢を見る。

大海ノ辺《ほとり》ニ大盤石サキアガリテ高クソビヘ立テリ、草木花菓茂鬱シテ奇麗殊勝ナリ、大神通力ヲモテ大海ト共ニ相具シテ十町許リヲヌキ取リテ、我ガ居処ノカタハラニサシツグト見ル、此ノ夢ハ死夢ト覚ユ、来生ノ果報ヲ現世ニツグナリ。(「死夢」)

「此ノ夢ハ死夢ト覚ユ」と断定するところがなんとも言えないが、その内容もまた意表をつくものがある。「大海ノ辺《ほとり》ニ大盤石」云々という景色は、明恵の好んだ白上の峰を思わせるものがあるが、それをもっと素晴らしくしたものであろう。それを神通力で運んできて、自分の居処の傍に置いたのだから、もう死ぬ準備はできたと考えたのであろう。(この「来生ノ果報ヲ現世ニツグナリ」という文における「ツグ」は、その前の文にある「サシツグ」と同じ意で、「接《つ》ぐ」と解せられるが、『伝記』の文は「来世の果報を現世に告ぐる也」となっている。どちらとも考えられて断定し難い。)

ユングも死ぬ少し前に、死の夢と彼が感じた夢を弟子たちに告げている。それは次のような夢である。(9)

彼は「もう一つのボーリンゲン」が光を浴びて輝いているのを見た。そして、ある声が、それは完成され、住む準備がなされたことを告げた。そして、遠く下の方にクズリ(いたちの一種)の母親が子どもに小川にとびこんで泳ぐことを教えていた。

ボーリンゲンは、ユングが特に愛した彼の別荘である。はじめ彼は自ら煉瓦を積んで塔をつくり、電気、水道などを一切用いず、ここでよく瞑想にふけったりしていた。夢のなかで、彼は「もう一つのボーリンゲン」が「あちら」に完成され、新しい住人を待っていることを知らされるのである。明恵の場合は、「あちら」の世界を神通力で引き抜いてくるのだが、ともかく、両者共に、次に住むべき所が夢のなかに提示され、どちらもそれを「死夢」と判断しているのは興味深いことである。

我、戒を護る中より来る

寛喜四(一二三二)年正月十日には病状が悪化し、臨終かと思われた。しかし、その後また持ち直し十九日に寂滅した。この間にとった明恵の行動は、詳しく『行状』や『伝記』に記されているが、まったく見事というほかはない。詳しくは原文を参照していただくとして、ここにはごく簡単に明恵の臨終について述べることにしたい。

十一日には置文《おきぶみ》(遺言)を定め、没後の寺の運営その他につき、弟子たちにそれぞれ後事を託した。十二日から臨終の行儀に従って坐禅をし、その間に人々に仏道を説いた。明恵は弥勒菩薩像の前で臨終の儀を行なったが、これは弥勒の浄土、兜率天への上生を願ってのことであったと思われる。明恵が「我は後生資《たす》からんとは申さず。只現世に有るべき様にて有らんと申す也」と強調したことは、既に紹介したが、これはあくまで現在を生きる覚悟について述べたことで、これによって彼が後生の存在を否定したとか、後生における浄土への上生を願わなかったとか考えることはできないようである。

十五日には坐禅をしているとき、数刻の間、明恵の呼吸はほとんど止まり、身体は冷えてしまい、入滅かと弟子たちは思ったが、かねて明恵から、「たといその期かと思っても、定め置いた以外に手をかけたりして、騒いだりすることのないように」と言われていたので、弟子たちはひたすら弥勒の宝号を唱え、真言を誦していた。その時に弟子の霊典は、弥勒の大座の左のすみの宝珠から香煙が急に立ちのぼり、それが雲のようにたなびき、弥勒の像がゆらめきながら空中に浮かび出るのを見た。同時に明恵の口から白光がさして弥勒の宝前を照らすのを見た。十八日、霊典がこのことを明恵に告げると、明恵もその時に好相を見たことを述べ、仏法の不思議は今に始まることではないと言った。

十六日には明恵は「入滅の儀には端坐と右脇臥と二通りあるが、その期に臨んで起きているのも煩わしいので、釈尊の御入滅に合わせて右脇臥にする」と言い、その姿勢になり仏号を唱えた。このような様子が翌日も続いたが、十九日の辰の一点(午前七時頃)、「手ヲ洗ヒ袈裟ヲ着シ、念珠ヲ取リテ看病者ニヨリカ、リテ安坐シテ告ゲテ云ハク、今ハ其ノ期也、ヲノ〳〵陀羅尼ヲ誦シ宝号ヲ唱フベシト云ヒテ」(以下『行状』より引用)、観にはいった。暫くして観より出て、自分の人生をふり返って述懐をし、『華厳経』の一節を高らかに唱え、人々にも「南無弥勒菩薩」と唱えることをすすめた。暫く禅定にはいったが、出観すると、「今ハ臥シヤスムベシ、其ノ期近ヅキタリト覚ユ、カキヲコスベカラズ」と言い、右脇臥に臥した。弟子の定真が「其ノ期スデニ近ヅキ給ヘリト見ユ」と告げると、目を開いて、「其ノ事ミナ存知スルナリ、又年来習学シテ思惟観察セシトコロノ法門コト〴〵クミナ心ニ浮ビテ一事モワスレザルナリ」と言って目を閉じた。喜海が枕近くに寄って聞くと、かすかな声で明恵が「我、戒ヲ護ル中ヨリ来ル」と告げた。これが最期の言葉であり、終生、戒を守り切った明恵に真にふさわしい言葉であった。

其ノ後ソノ形チ歓喜ノヨソヲヒ忽チニ顕ハレ、微咲《みせう》ヲ含メルガ如クシテ奄然《えんぜん》トシテ寂滅ス、春秋六十矣、同廿一日夜、禅堂院ノ後ニ葬歛《さうれん》ス、其ノ間形色《ぎやうしき》アヘテアラタマラズ、眠レルヨソヲヒニコトナラズ、又十八日ノ夕方ヨリ異香恒《つね》ニ匂フ、諸人多ク嗅《か》グ、葬歛ノ後両三日ノ間、異香猶ヲウセズ。

この文によって『行状』は終わりを告げている。稀に見る大往生であり、当時の人々は明恵が兜率天に上生したことを信じたという。

弟子の定真は「最後臨終行儀事」を明恵の没後に記し、明恵の臨終の様子を記録しているが、その中に、多くの人々が明恵の死を夢で予見した事実を記載している。その中の一、二をあげると、正月三日に大福寺執行貞俊阿闍梨は、雲にまで達している宝塔を明恵が上って行き、塔の下には門弟をはじめ道俗が群集している夢を見て、夢の中で明恵の入滅かと思った。ユングが死んだとき、ユングの友人ヴァン・デル・ポストは、ユングがマッターホルンのような山の頂に現われ、「そのうちにお目にかかりましょう」と言って山陰に消え去ってゆく幻像《ヴィジョン》を見ているが、(10) 似たようなイメージである。また、正月十九日、信然阿闍梨の叔母は、西方からたなびいてきた紫雲の中に明恵が立っている夢を見たという。

明恵の生涯はかくして、生まれたときより死に至るまで、夢が常に深い意味合いをもってかかわっていたのである。

注

(1) F・ジラール「明恵上人の『夢の記』——解釈の試み」、『思想』七二一号、一九八四年。
(2) 奥田勲「明恵上人関係典籍の奥書・識語について——附・明恵上人夢記第十篇錯巻考——」、高山寺典籍文書綜合調査団編『高山寺典籍文書の研究』東京大学出版会、一九八〇年、所収。
(3) 上田三四二『この世この生』新潮社、一九八四年。
(4) 井筒俊彦「事事無礙・理理無礙(上)——存在解体のあと——」、『思想』七三三号、一九八五年。
(5) 中村元「解説」、中村元編『仏典Ⅱ』筑摩書房、一九六五年、所収。
(6) 井筒俊彦、前掲注(4)論文。これは井筒が一九八〇年にエラノス学会において、下記の題目で発表したものを、自ら日本文にしてまとめ直したものである。以下、特に断らぬかぎり本論文からの引用である。T. Izutsu, "The Nexus of Ontological Events : A Buddhist View of Reality," Eranos Jahrbuch, 1980, pp. 357-392.

(7) 玉城康四郎『永遠の世界観　華厳経』筑摩書房、一九六五年。

(8) 玉城康四郎訳「華厳経」、中村元編『仏典Ⅱ』筑摩書房、一九六五年、所収。

(9) Barbara Hannah, Jung his Life and Work, A Biographical Memoir, Michael Joseph, London, 1977, による。河合隼雄『ユングの生涯』第三文明社、一九七八年、参照。〔本著作集第一巻所収〕

(10) L. van der Post, Jung and The Story of Our Time, The Hogarth Press, 1976. 前掲注(9)『ユングの生涯』参照。

II

自己を描く
——現代の十牛図の試み

はじめに＝十牛図への関心

禅における悟りに至る過程を表現した「牧牛図」について、知っている人は多いことであろう。廓庵の「十牛図」をはじめ、いろいろな牧牛図があるが、最近、禅文化研究所より出版された、マ サティヤム サヴィタ『さがしてごらんきみの牛』は、現代女性の手になる牧牛図として、きわめて興味深いものである。今回、これについてコメントするにあたって、筆者と「牧牛図」との関連に焦点をあてながら、それがどのようなものであるかを、簡単に述べておきたい(文中、尊敬する人や親しい人が出てくるが敬称は略させていただく)。

「牧牛図」について、筆者が最初に知ったのは、一九五九年アメリカ留学中である。分析家シュピーゲルマンが関心をもっていて、相国寺蔵周文筆の十牛図の写真に鈴木大拙による英訳のコメントを付した小冊子を見せてもらった。当時、筆者は禅にほとんど関心をもっていなかったが、頓悟を強調する禅において、修行の過程が段階的に図示されていると思い驚いたのである(これは浅薄な理解であるが)。

その後、スイスのユング研究所に留学したが、その間に日本の文化に対する関心が筆者のなかでだんだんと強くなってきた。その頃、箱庭療法の創始者として日本でもよく知られているドラ・カルフより、前述の小冊子をもらったのである。彼女のところには、鈴木大拙も何度か泊っており、その際に何部かもらったものだとのことであった。

ユングは個性化の過程ということを強調する。そういう点もあって、牧牛図は人格変化の過程を示すものとしても読みとれるので、欧米人が強い関心をもったのであろう。鈴木大拙もその点を意識して、牧牛図を西洋に紹介することに努めたと思われる。彼は一九五三年にスイスのエラノス会議で講義をしたときも、先述の小冊子を参考のために配布している。

一九六五年にユング派分析家の資格をとり帰国したが、その二年後に、柴山全慶・直原玉青『禅の牧牛図』(1)に接し、いろいろな牧牛図のあることを詳細に知ることができて、ますます興味をそそられた。普明による牧牛図のように、黒い牛がだんだんと白く変化してゆくのもあるし、巨徹の「白牛図」のように、牛はもともと白いのだと強調するのもある。枚数も十枚と限らず、四枚、六枚、十二枚のもある。それぞれが悟りに至る過程の受けとめ方の差を明らかにしていて、実に興味深い。

当時、筆者は箱庭療法をわが国に導入し、箱庭という作品の変化にいかにして人格変化が表現されるか、などということを講義していたので、この「牧牛図」をスライドで示すことによって、そのようなことを論じるための助けとしたのだが、なかなか効果的であったようである。

当時、幸いにも京大教育学部で同僚であった上田閑照には直接に十牛図について種々教えを受けた。(2)これらの体験を基にして、十牛図を、ユングによる個性化の過程を示したものと思われる錬金術の『賢者の薔薇園』の十枚の図と比較し、一九八二年に「元型としての老若男女」(3)として発表した。これはその後に独訳され、近く英訳も出版されるが、日本人と欧米人の自己実現の過程を比較検討したものとして、欧米人からも関心を寄せられている。

その小論を書きながら、筆者は欧米と日本との差を明らかにしつつ、現代に生きるわれわれとしては、両者とは異なる「第三の道」を探し出す努力をするべきではないか、と考えていた。

今回、縁あって一人の現代女性による「十牛図」が描かれてゆく過程に接することができたときも、前述した「第三の道」を探る努力のひとつの顕われとして、筆者は感動しつつ見ていたのである。これが女性によって描かれたことも、嬉しいことであった。

さがしてごらんきみの牛

この本は「詩画・十牛図」と名づけられているが、廓庵の十牛図を踏まえた十枚の版画と、それに対するプロローグ三枚、エピローグ二枚の計十五枚の図と、それに付せられた同一作者による文より成立っている。これらの図は、現代に生きる一人の女性の魂からおのずと浮かびあがってきた――と言っても、そこには深い苦しみや歓びなどの感情体験を伴いながら――ものである。

このようなものは、絵に直接に触れ、そこから自ら感じとることが一番大切であり、興味のある方はぜひそれを試みていただきたい。そこから何を感じとるかは人によってそれぞれ異なるはずであり、もちろん、そこに正しい見方とか間違った見方などというものがあるはずがない。筆者は既に同書に自分のコメントを書かせていただいたので、ここにはそれとあまり重複しない形で自分の感じたことを書かせていただく。

われわれがかつて廓庵などの牧牛図に接したとき、製作者の意図はともかくとして、それを禅における悟りへの「手引」として受けとめてきたように思う。そして、その受けとめ方がだんだんと硬直してきて、このような過程を経なければならない、とか、これが正しい悟りへの道だ、などと単純に思いこんでしまう傾向が強くなっていたように思う。それに対して、ここに一人の現代女性が自らの牧牛図を示したのみならず、「さがしてごらんきみの牛」と各人に対して訴えかけているのは、まことに画期的なことと言わねばならない。自分自身にとっての牛といっても、それは伝統と無縁であることはできない。そこに描かれた図は相当に廓庵の十牛図との平行性をもっている。しかし、これはこれで独立した存在ともなっている。

この図が一人の女性によって描かれたことにも大きい意味がある、と筆者は思っている。誰かが「模範」なり「規範」なりを示し、それに従って生きてゆくという考え方をするとき、それに従う従順を美徳とするものとしては、これまでのわが国では、女性の姿が考えられてきた。しかし、今回は女性が敢えてひとつの提示を行なったのである。ただ、それが男性に代わって女性が異なった模範を示そうとしたのではなく、自分のイメージを提出しつつ、「さがしてごらんきみの牛」と、一人一人に呼びかけているのが極めて特徴的である。筆者は、ここに非常に新鮮で現代的な感じを受けるのである。

この図は既に述べたように、廓庵の十牛図と類似点を多くもっている。しかし、後にも述べるように相違点も随分ある。禅家の方がどう言われるか興味深いが、筆者としては、これは「禅の悟り」について描いたものと言うよりは、現代の日本女性の一人が自己実現の道を歩もうとするとき、その心の深みから湧きあがってきたイメージを捉えたものとして、独立に見た方がいいように思われる。そしてそれが人間の自己実現の過程にかかわるものとして、かつて筆者が西洋の錬金術の図と十牛図とを比較検討し得たように、比較してみることに意義があると思われるのである。

円と牛と

現代の牧牛図と廓庵の図と比較すると、いろいろ細部において相違が見られる。前者は彩色されているのに対して、後者は白黒の図である。前者にはプロローグがあって、少年が町のなかの茶店で老人から、牛の逃げたことを知らされることになっている。その他いろいろとあるが割愛して最も重要と思われる点にのみ焦点をあてて論じてみたい。

十牛図は禅の修行の過程を向上発展の過程として示す意図をもっている。ところが、これは下手をすると、修行というものが段階的になされ、最後に究極の目標に達するという直線的な「進歩」および「完成」の図式を示すものとして誤解されやすいのではなかろうか。このような点に注目して、柳田聖山は、普明による「牧牛図」が第十番目に円相を配しているのに対して、廓庵は円相を八番目に配し、その後に第九返本還源《へんぽんげんげん》、第十入鄽垂手《にってんすいしゅ》としている事実を取りあげ、次のように論じているのは教えられるところが多い[4]。

「向上の修道を説く「十牛図」の最後に、廓庵が第九と第十に配する返本還源と入鄽垂手の世界は、明らかに逸脱であろう。これら二つは、むしろ証位に属すると言えるからである。しかし、廓庵は、一般に証位とされる世界を修に含めることによって、修行のすべてを証と化し、証のすべてを現実の生活とした。証は、現実生活の中に実修されるのである。」

つまり、廓庵の十牛図は、直線的な「進歩」の図式となることを避け、言うなれば、最初の段階から既に「悟り」は潜在しているのである。このことはまた、最後の悟りは修行の第一段階へ続くことをも意味し、極めて円環的なイメージを提示する。このため廓庵の図においては、第一の「尋牛」の図をはじめとして、すべて円によ

『さがしてごらんきみの牛』エピローグ第２

『さがしてごらんきみの牛』プロローグ第３

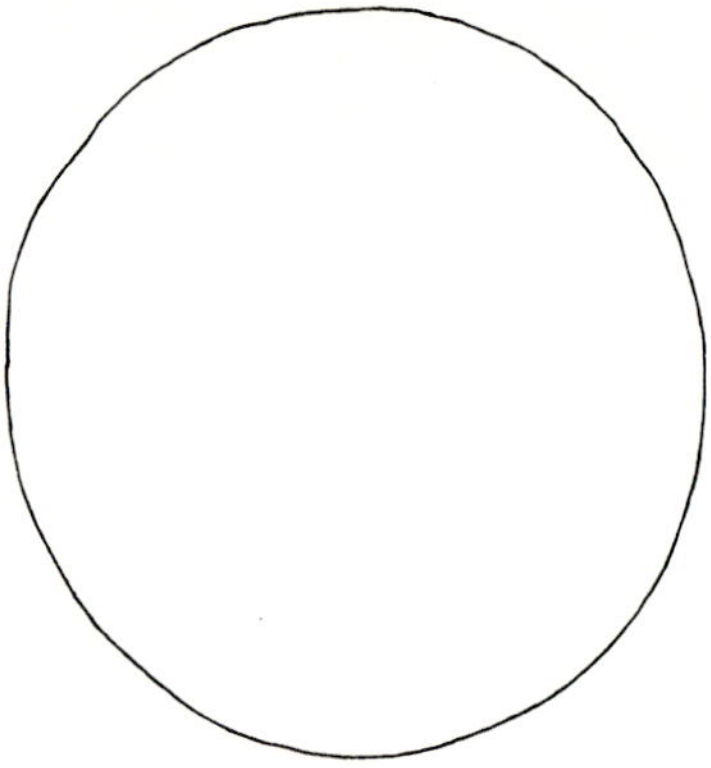

廓庵「十牛図」第８

『さがしてごらんきみの牛』第８

『さがしてごらんきみの牛』第 9

廓庵「十牛図」第 9

『さがしてごらんきみの牛』第 10

廓庵「十牛図」第 10

って囲まれているのである。つまり、円は第八に至って突然出現するのではなく、第一図以来のテーマであった。この点を柳田は大いに強調している。

この柳田説を念頭において、現代の牧牛図を見ると、驚くべきことに気づかされる。プロローグの第三図では、牛のなかに円(夕日であるが)が包まれている。そして、第十図においては、牛が消え去って円が残るどころか、牛が二匹も描かれているし、エピローグは、牛を追う少年の姿で終りとなる。つまり、ここでは、円よりもむしろ牛が徹頭徹尾重要な役割りを担っている。廓庵のそれと同じく、第七、八、九図では牛が消え去ってはいるが。

円より牛への強調点の移動について、どう考えるべきか。簡単に結論を下すことはできないが、筆者は次のように考えている。自己実現の過程とか、個性化の過程とかを考える場合、下の段階よりだんだんと向上していって最高の完成された段階に至る、というイメージをもつと非常にわかりやすい。自分はまだまだ未熟であるからもっと努力して向上しなくては、とか、あの人は既に完成された人だ、とか。しかし、人間の生きる過程というものは、本当にそうであろうか。高いと思われている人があんがい低かったり、その逆のこともしばしば起こるのではないか。

普明の牧牛図が――本来の意図はともかく――直線的向上のイメージを与えやすいのに対して、廓庵の図は円相を八番目に配すことによって、修行の過程の円環的性格を巧妙に示すものとなったのは、柳田の指摘するとおりである。ところで、現代の牧牛図における牛の強調は、それをもう一歩進めた形で、過程の完成よりも過程そのものに強調点を置こうとしているように感じられる。もちろん、そこに漸進的向上の側面が皆無というのではない。そこに描かれた「牧牛」の過程や、だんだんと満ちてくる月の姿などによって、漸進性のイメージも提供されている。しかし、だからといって、それは「完成」に至るのではなく、牛はいつでもまた出かけてゆく可能性を残している。そもそも、牛が居るのか居ないのかさえも疑わしいほどなのである。

現代に生きる人間は、円相のなかに安住していることは出来ないことを、この牧牛図は告げているように思われる。

注

(1) 柴山全慶解説・直原玉青画『禅の牧牛図』創元社、一九六七年。

(2) 上田閑照の考えは下記に述べられている。上田閑照・柳田聖山『十牛図　自己の現象学』筑摩書房、一九八二年。

(3) 河合隼雄「元型としての老若男女」、大江健三郎他編『老若の軸・男女の軸』岩波書店、一九八二年。〔本著作集第十三巻所収〕

(4) 柳田聖山、前掲注(2)書。

親鸞の夢

——仏教の父性原理と母性原理

仏僧と夢

夢は多くの文化に共通に、古来から何らかの啓示を与えるものとして尊重された。しかし、西洋近代における合理主義、啓蒙主義によって、その地位は急速におとしめられ、近代人の多くは夢を非合理で無意味なものと考えるようになった。今世紀になって、フロイトやユングなどの深層心理学者が、再び夢に注目し、あらたにその重要性を強調するようになった。欧米においては、一般に深層心理学による夢の理解が受け入れられてきたが、わが国はその点で他の先進国に遅れをとっていると考えられる。

わが国においても、『古事記』に見られるように、夢を神の啓示としてみる態度が古来より強く、中世になると多くの文献に夢の記事が認められるようになった。ただ、わが国は欧米の合理主義を取り入れるのに忙しかったので、アカデミズムの世界では夢のことは不問にされ、ここに取りあげる親鸞をはじめ、多くの有名な仏僧が重大な夢を見、それを記録しているにもかかわらず、あまりそれらについて正面から論じられることがなかった。最近になって事情が変化して、仏僧の夢について論じられることが増加してきたことは、嬉しいことである。

筆者は仏教についての知識は乏しいが、夢の分析は、ユング派の分析家として多くの経験を有しているので、その立場から、親鸞の夢についてコメントすることにしたい。フロイトの本もあまり読まず、「フロイト的解釈」を試みる学者と同様に、筆者も親鸞のことを知らずに、親鸞の夢を解釈するのか、という批判を受けそうで心配である。ただ現在のところは、その両方を極めた人があまりいないので、お互いの方から発言し、誤りを正しつつ協同作業を行うより仕方がない、と考えている。仏教や親鸞に対する誤解が筆者の論のなかにあるときは、諸賢の御批判を得て訂正していきたい。

仏僧と夢と言えば、すぐ思い出されるのは明恵(一一七三―一二三二)である。親鸞と同時代に生き、生涯にわたる『夢記』を残した。これについては既に他に論じたので省略する(『明恵 夢を生きる』、本巻所収)。親鸞と同時代あるいはそれに少し遅れて現われた、慈円、一遍なども、きわめて重要な夢を見ている。また、当時よく読まれ、あるいは話されていた、と思われる仏教説話のなかにも、仏僧の夢に関するものが相当にある。それらを見ると、当時の仏僧たちが、夢を啓示を得る手段、あるいは、もう一歩進んで、夢の体験そのものを宗教体験として尊重していたことがわかるのである。

親鸞も夢を大切にしていたのであろう。それだからこそ、後に論じるような「夢記」を残したのだと思われる。ただ、彼の場合は明恵のようにその生涯にわたって書きつけたのではなく、彼にとって最も重要と思われるものを残したのである。

親鸞の三つの夢

現在、親鸞の夢として伝えられているものには、もっともよく知られているものとして、次の「親鸞夢記」がある。これは親鸞の高弟真仏の書写したもので、その漢文を読み下したものを次に示す。

六角堂の救世大菩薩、顔容端政(正)の僧形を示現して、白衲の御袈裟を服著せしめて、広大の白蓮に端座して、善信に告命して言《いは》く、

行者宿報にて設《たと》ひ女犯すとも
我れ玉女の身と成りて犯せられむ
一生の間、能《よ》く荘厳して
臨終に引導して極楽に生ぜしめむ

救世菩薩、此の文を誦して言く、此の文は吾が誓願なり。一切群生《ぐんじやう》に説き聞かすべしと告命したまへり。斯《こ》の告命に因《よつ》て数千万の有情にこれを聞かしむと覚えて夢悟《さ》め了《をはん》ぬ。

この文中、「善信」とあるのは、当時の親鸞の名前である。この「夢記」は、現在、親鸞の真筆と伝えられるものが残されているが、それには年月が記されていない。この夢は親鸞にとって、もっとも重要なものであると思うので、後に詳しく論じるとして、まず、親鸞が見たと伝えられている、その他の夢を検討してみよう。
真宗高田派専修寺に、親鸞による「三夢記」というのが伝えられている。偽作、真作、両方の説があるようだが、それを次に示してみる。

(1)建久二年九月十四日夜(聖徳太子が、善信に告勅。親鸞十九歳)

我が三尊は塵沙《じんさ》の界を化す
日域は大乗の相応の地なり
諦《あきらか》に聴け、諦に聴け、我が教令を
汝が命根は応《まさ》に十余歳なるべし
命終りて速《すみやか》に清浄土に入らん
善く信ぜよ、善く信ぜよ、真の菩薩を
(2)正治二年十二月三十日四更(同十二月上旬、比叡山南の无《む》動寺のなかにある大乗院において。如意輪観音の告命。親鸞二十八歳)
善いかな、善いかな、汝の願将《まさ》に満足せんとす
善いかな、善いかな、我が願、亦満足す
(3)建仁元年四月五日夜寅時(六角堂の救世大菩薩が善信に告命。親鸞二十九歳)
行者宿報にて設《たと》ひ女犯すとも
我は玉女の身と成りて犯せ被《ら》れむ
一生の間、能く荘厳し
臨終引導して極楽に生ぜしめむ

この「三夢記」は建長二(一二五〇)年、親鸞が七十八歳のときに、娘の覚信尼におくったものと言われている。このうちの(3)は、既に紹介したものと同一である。この夢に関する文献学的な真偽については、専門外なので論

じることはできないが、夢の内容についていては、親鸞の夢としてありそうなことに思えるし、了解もつくものである。その点について少し述べてみる。

まず、(1)の夢は「汝が命根は応《まさ》に十余歳なるべし」という点と、「命終りて速《すみやか》に清浄土に入らん」という点とに重点があると思われる。夢において、死や死の予告が生じるときは、もちろん文字どおりそのことを意味していることもあろうが、比喩的な死、つまり何ものかの終り、絶滅を表わし、しかも、すべての終りは何らかの新しいもののはじまりであるという意味において、急激な変化を示すことがある。親鸞が十九歳で十年後の死の予告をうけ、そのときは「清浄土に入る」ことになるということは、そのときに死なずに生きながらえるならば、浄土には入れないことを意味しているとも考えられる。

(3)の夢について考察するときにも述べるが、親鸞にとっては、性ということが大きい問題であったに違いない。十九歳の彼にとってそれと闘うことは大変なことであり、それどころか、どうして僧が妻帯してはいけないのか、という疑問もあったかも知れぬ。しかし、僧が淫戒を破るときは、もちろん浄土に生まれることは出来ない。後世を祈る気持が強かったとすれば、長く生きながらえて、性に汚れ、後世に不幸を招くよりは、早死しても浄土に生まれることを願いたい気持も働いたのではなかろうか。

親鸞と同時代に生き、やはり「性」ということと正面から取り組んだ明恵は、十三歳のときに自殺を試みている。この自殺は未遂に終ったが、このときの明恵の心のなかにも、親鸞について述べたのと同じようなことが生じていたかも知れない。汚れた長い人生をおくるよりも、汚れを知らぬうちに死に、それによって浄土に行くことができる。このようにまでは考えなかったにしろ、ともかく、親鸞にしろ明恵にしろ、当時の僧たちが淫戒についていては、「隠れてする」ことによってごまかしているときに、仏僧であることと、性について正面からごまかさずに考えることとを両立させようとする限り、それが命がけのものである、という覚悟を要したのであろう。親鸞は(1)の夢を見て、十九歳より十年の間に決死の覚悟で修行をする必要を感じたことであろう。比叡山における修行は、しかしながら、彼に決定的なものを与えず、彼は山を下りることになる。比叡山を去って法然のもとに行くことは、彼にとってまさに「死」を意味するものがあったと思われる。

(2)の夢は、おそらくこの間における親鸞の内面的な変化に見るべきものがあったことを示すものであろう。親鸞の願は満足させられるだろうことが予示されている。そして、それは如意輪観音の願でもあった。

このような前置きがあって、決定的な(3)の夢が生じるのだが、これは後に論じることにして、その前に、親鸞が晩年に得た夢によって和讃をつくった事実を紹介しておかねばならない。

『正像末浄土和讃』のなかの草稿本中に、「康元二歳丁巳二月九日の夜寅時、夢告にいわく」として、

弥陀の本願信ずべし
　本願信ずるひとはみな
　摂取不捨の利益にて
　無上覚をばさとるなり

と記し、「この和讃をゆめにおほせをかふりて、うれしさにかきつけまゐらせたるなり」と附記されている。

夢のなかで創造活動が生じる例は、これまでにも報告されている。タルティーニが作曲した『悪魔のトリル』は、夢のなかで悪魔がバイオリンで弾いた曲を後で思い出したものだとか、スティーヴンスンの有名な『ジキル

とハイド』の物語も、彼が夢に見たものと言われている。この和讃の夢は、親鸞が八十五歳のときのものであるが、老いてなお、彼の魂は生き生きとはたらき、新しい創造を行なっていたことがわかるのである。

これらの例を見ても、夢が親鸞にとって、どれほど重要であったかが窺われるのであるが、やはりこれらのなかでもっとも重要なのが、最初にあげた夢であろう。この夢については、建仁元年、親鸞二十九歳のときのものか、あるいはそれより二年後の建仁三年のものかについて論争がある。筆者はこれに対しては、何も言う資格がないので、ともかく、親鸞が二十九歳頃に見たものとして、その内容について論じることにする。

性のジレンマ

この夢が性にかかわるものであることは、誰が見ても明らかである。そして、後に親鸞が妻帯することから考えても、この夢は性にかかわっていると思われるだろう。しかし、ここで注意しなくてはならぬのは、「性」ということの意味である。二十九歳の親鸞が性の衝動に悩んでいたことは事実であろうが、そんなことは別に夢に告げられずとも、ほとんど自明のことであろう。問題は、性ということについて親鸞がどれほどに考え、また、仏教というものがそれにいかにかかわってきたか、そして、性とは人間にとってどのような意味をもつか、などについて考えてみることではなかろうか。

キリスト教と仏教とは性のタブーが特に強い宗教である。聖職者は性的関係をもつことを禁止される。しかし、すべての宗教がそうなのではない。古代農耕社会に広く分布していた大地母神崇拝の宗教においては、植物生命の再生儀礼と結びつき、性の事実はきわめて宗教的なことであり、聖娼などの制度があったこともよく知られている。母なる大地との合一という点から見れば、女性の体と合一することは、きわめて宗教的な儀式とさえ考えられる。

わが国固有の宗教は本来このような面を持っていたと思われる。そのような基盤のところに仏教が伝来してきたのだから、変貌を遂げるのも当然ではなかろうか。そもそも仏教の本質にそのような点が存在していたとさえ言えないだろうか。

仏教の歴史的変遷について語るだけの知識をもち合わせているわけではないが、門外漢の心理学者として考えられることは、釈迦の教えは、その最初の方法論にきわめて父性原理的な厳しさをもつが、それによって到達する意識状態は、母性的な要素を多分にもっているということである。釈迦は悟りを開くために家を出たのであり、彼は家族のみならず、この世とのつながりをすべて打ち棄て、まったくの孤独のうちに道を切り拓いたのである。このように、家族との関係を切り棄てる上において、父性原理が強く作用し、このことを特に強調する間は、彼にとって、女性はその宗教の対象としては考えられなかったし、出家した僧が女性と交わりをもつことは厳に戒むべきことであった。

戒と禅定とによって、彼の得た悟りは、自と他、内と外、生と死、その他のあらゆる区別をなくすものであった。無自性などというのであれば、男性と女性の区別も、心と体の区別もなくなるのではなかろうか。釈迦が到達した点から見れば、女性が仏門にはいることも許容できたであろうし、いわゆる大乗的な仏教の考えが生じてくるのも当然であろう。後者のような考えが中国を経て日本に伝わってくる間に、それはまた老荘の考えにも影響されたであろうし、日本に到来したときは、むしろ、誰彼の区別なく救済するような母性的側面が強調されやすい状態になっていたのではなかろうか。

仏教を受けいれたわが国は、おそらく地母神崇拝的な宗教観をもっていたであろうし、最初に仏教に帰依したのは女性であったという史実にも示されているように、仏教受容における女性の役割は、わが国において大であったと思われる。このような考え方で仏教を受けいれたとするならば、女性を排したり、女性との交わりを禁止したりする、ということは、日本人の理解した仏教の教えに照らしてみても、理解し難いことだったと思われるのである。

かくて、日本人はそれなりに仏教を理解して取り入れたものの、日本古来の考え方からしても、ともかく戒を厳重に守ることはおかしいと感じられたのであろう。そこで日本式に、表向きは戒を重要であると言いながら、隠れて女性と交わる僧が数多く出てきた、と思われるのである。彼らの理解した仏教の本質はきわめて母性的であり、母との合一の象徴であった性行為を禁止することは、理屈に合わないのである。

ここで、親鸞の夢にかえってみると、この夢も唐突に出てきたものではなく、その先駆者をもつことが認められる。まず、名畑崇氏の発見によって、親鸞とほぼ同時代に在世した金胎房覚禅が撰した『覚禅鈔』のなかに、次のような文があることがわかった。

本尊、王の玉女に変ずる事
又云く(もし)邪見心を発して、婬欲熾盛にして世に堕落すべきに、如意輪我れ王の玉女と成りて、その人の親しき妻妾となりて共に愛を生じ、一期生の間荘厳するに福貴を以てす。無辺の善事を造らしめ、西方極楽浄土に仏道を成ぜしめん。疑ひを生ずることなかれ。

この文は実によく親鸞の「夢記」と似ているのである。これについて考えるためには、もっと時代を遡って、

『日本霊異記』中巻の「愛欲を生じて吉祥天女の像《かたち》に恋ひ、感応して奇《めづら》しき表《しるし》を示しし縁」について考えてみなくてはならない。この話では、在俗の仏教修行者が山寺に来て住むが、そこに吉祥天女像があり、その像に修行者は恋をしてしまう。そして天女のような美しい女性を与えて欲しいと祈り願った。ある夜、夢の中で天女と交接したが、翌日、吉祥天の像をよくみると、裳の腰のあたりに、不浄の物が染みついて汚れていた。その男は、「わたしは天女に似た女が欲しいと願っていたのに、どうして畏れ多くも天女ご自身がわたしと交接されたのですか」と、恥ずかしく感じた。『今昔物語』の巻十七、四十五はこの話を基にして、ほとんど同じことが述べられている。『古本説話集』第六十二話の「和泉国々分寺住持艶寄吉祥天女事」は、もう少し手のこんだ話になっている。かねつき法師が吉祥天に恋をする。夢に吉祥天があらわれ、何月何日にどこに来てみるようにと告げる。目が覚めて、実際に言われたとおりに行ってみると、素晴らしい女性が居て結婚する。この女性のおかげで家もつくられるが、「自分以外の女性を相手にしないように」と約束させられる。その後、この男はどんどん財産も増やし幸福になるが、とうとう約束を破って他の女性と関係してしまう。すると、例の女性は怒って、「いまは、我かへりなむ。ここにえあらじ」と言って去る。そのとき、大きな桶を置いて行ったが、その桶には「このほうしの、としごろのいんよくといふ物を、ためをかせ給へりけるなりけり」ということになる。

いずれの話においても、淫欲の強いのはよからぬことという感じがあるが、『日本霊異記』のなかには、「何ぞ忝《かたじけな》くも天女専《もはら》自《みずか》ら交りたまふ」という文もあるので、天女の情けを強調する点も見逃すことができない。『古本説話集』は、終りのあたりは笑話めいてくるが、この女性と結婚したため家もできるし、財産もできる、というあたりは、『覚禅鈔』のなかの、「その人の親しき妻妾となりて共に愛を生じ、一期生の間荘厳するに福貴を以てす」という言葉そのままの感じさえするのである。

つまり、既に述べたようなわが国における地母神崇拝的傾向は、仏教と融合して、吉祥天の説話となった。これ以上詳しくは取りあげないが、『今昔物語』などの説話において、観音が女性像として顕現し、母性的な愛を示すのが認められる。これらの流れは、観音が親鸞の夢において女性の役割をとることと紙一重のところに迫っている。

これらの日本の伝統のなかで、仏僧が母性的な原理へ傾けば傾くほど、女性との合一(母への回帰)を悪として考えることは難しくなり、なしくずし的に淫戒が破られていったのも了解できるところである。このとき、親鸞はそのようなあいまいさに耐えられず、自ら問題に直面して苦悩した。それは、根本的に言えば、仏教をいかに受けとめるか、法然のもとに行くのか、古来からの仏教理解の方にとどまるのかということにつながる。

法然の教えは、仏教における母性的側面を極限にまで推しすすめている。しかし、すべての宗教は父性と母性の不思議なバランスを保っているものであるが、それを当時の教えに反して敢然と主張するところに、逆説的にその父性が存在していた。親鸞の場合、他の僧たちのように淫戒に対してあいまいに対処するごまかしを排除し、正面から苦悩し、そして、母性の原理にまっしぐらに従うこと、法然にひたすら従うことの決意を、常識に反して妻帯という行為として世に示すこと、そのことのなかに彼の父性は生かされたのである。

このように見てくると、六角堂の夢は、彼個人の性の問題が、日本の仏教における重大な問題とまったく重なって生じていることに気づかされる。彼の夢は、古い説話や『覚禅鈔』の流れに沿いつつ、個人の性を超えて、きわめて普遍的な父性と母性という「性」の問題に高められており、それは法然の教えに従うかどうかというきわめて宗教的な決断とかかわっていると思われる。そのことは、彼の得た夢告が『覚禅鈔』のそれとよく似ているにもかかわらず、「行者」という一般的呼びかけをもち、後者における「福貴」という言葉が脱落し、最後に

「一切群生に説き聞かすべし」という「告命」を有していることに示されている。彼はこの夢によって、自分の宗教的使命を明確に把握したものと思われる。

附記
　多忙のため、文献をあげて確実に引用する形で書けず申訳ない。特に、松野純孝、名畑崇、金治勇、藤島達朗、古田武彦氏らの諸説を自由に参考にさせていただいた。ここにお詫びとお礼を申しあげたい。

いま、宗教とは

一　現在の状況

「宗教」に関して、現在の状況をどう認識するか。これに対しては実に多様な答が返ってくることであろう。このことは特にわが国において著しいであろう。というのは、そもそも「宗教」ということをどのように考えるのか、という根本のところで、日本人は既に多様な答をもっているからである。日本人は宗教的か宗教的でないか、という問いが何度も外国人から、そして日本人自身からも繰り返され、「日本人の宗教心の有無についての論争は恐らく永久に続くことになろう(1)」とさえ言われるほどである。このような多様性のなかで、まったく両極端の意見として、宗教など無用、あるいは有害である、という意見と、いまこそ必要なのは宗教である、という意見とが、おそらく同じくらいの強さで共存しているのが、現代の状況ではなかろうか。

しかし、ごく最近にこの問題に関して特筆すべきことが生じた。それは、ソ連のゴルバチョフ書記長のローマ法王訪問である。これは、ヨーロッパ各国のトップニュースとなった。わが国においては、その日のトップニュースは、フィリピンのクーデターであった。むしろ、このことが非常に大きく報じられたので、国民の関心は、ゴルバチョフのローマ法王訪問に向かわなかったが、ヨーロッパでは、フィリピンのクーデター騒ぎは、彼らから考えて、「世紀の大事件」とも言うべきゴルバチョフ・法王会談の陰に隠されてしまうことであった。

これは、考えてみると「世紀の大事件」ではなかろうか。「宗教は阿片なり」と明言しているグループの長が、ひとつの宗教集団の長と親しく会って話合いをするのである。これは百年以上にわたって、誰しもその可能性すら考えなかったことではなかろうか。ただ、ここで注意すべきことは、このことが現在における宗教の優位性を示しているとのみ言えないことである。ゴルバチョフは別にキリスト教に帰依するために行ったわけでもないし、キリスト教の力によって、ソ連が変化したわけでもない。ここまでソ連、およびゴルバチョフを変化せしめたのは、ソ連および世界の経済状況であり、その経済的政策の一環として、ローマ法王を訪問した、と言えぬこともないからである。つまり、人間を動かす最大の動力は経済――もの――である、とも言えるだろう。

従って、このことから、精神か物質かなどという古臭い論争に戻ることは無意味であり、ここから学ぶべき最大のことは、宗教的次元においてまったく相反する二つの集団が、いま、共存の努力をしようとしていることである。考えてみると、古来から、人間が人間のために行なった殺人と、人間が「神」のために行なった殺人とを比べると、後者の方がはるかに多いのではなかろうか。このような言い方には賛成できないにしても、人間が主観的に悪と感じている殺人――強盗など――に比べると、主観的な善のための殺人――戦争など――の方が、比較にならぬほど多いことは認めるであろうし、その主観的善の決定の背後に、何らかの絶対者の存在を見出すことは、それほど難しいことではない。単純に考えれば、自分が絶対と仰ぐ存在に敵対するものを排除してゆくことは善のはずである。そのような観点からみると、ゴルバチョフとローマ法王との会見は、いま、宗教を考える上において無視できない大事件である。

ローマ法王とゴルバチョフは、まったく思いがけない結びつきであるが、筆者自身の私的な経験で、宗教と経済の思いがけぬ関連を感じさせられたことを述べてみよう。それは、一九八四年にヨーロッパ・マネージメント・フォーラムが行うシンポジウムに招待されて講演をしたが、そのときの課題のひとつとして、日本人の宗教心ということがあった。ヨーロッパの一流のビジネスマンが、どうして日本人の宗教に対して関心をもつのか不思議に思ったが、ともかく出かけてゆくことにした。筆者は話のはじまりに、「ヨーロッパの一流のビジネスマンが宗教に関して深い関心をもたれるのを奇異に感じたが、わが国においては、宗教家の人たちが経済に深い関心をお持ちのようなので、これでうまく釣合いがとれるのかも知れません」と言って爆笑を誘ったが、これも冗談とばかりは言えないような気がする。宗教家がお金もうけに努力し、ビジネスマンは、わざわざ遠いところから講師を招いて、宗教について知りたいと願う。聖と俗の境界は、現在においては存在していない、と言いたいほどの状況である。

「宗教」に関する現在の状況を考える上において、無視できないのは、わが国において無数に活動している新しい宗教の動きである。これらを真の意味で「新しい」と言えるかは問題であるが、ともかく以前に聞いたことのない名を冠しているという点では、新しいと言わねばならないであろう。最近、記憶にある例で言えば、オウム真理教などというのがある。これに対しては、「生き血を飲ませる」、「財産が一円になるまでお布施を」という類の記事によって、ある週刊誌が糾弾を行なったので、一般によく知られるところになった。他の宗派ではいわゆる「霊感商法」などに関連して、お金を集めてゆくので、これらの「反社会性」が糾弾され、また、一般の人々は、どうしてそのような「非科学的」で「非合理」なことが、人を動かすのか、と不思議に思うのである。

オウム真理教においては、修行によって超能力を獲得すると主張されるそうであるが、新しい宗教がいわゆる超能力と結びつくことも多い。教祖の特別な能力が人を惹きつけるときと、信徒は修行によってそれが獲得できる、という場合とがある。そこでは、テレパシーなどの超常現象が話題になる。このような新しい宗教、あるいは偽宗教の類は、アメリカにおいても、そして、ソ連においても相当に多いようである。自然科学が発達した今日において、なぜこのようなことがよく生じるのかについては、後に論じることにする。

新しい宗教を非難するときに、その非科学性が攻撃されるように、宗教と科学とは敵対的に感じとられることが多い。特に、わが国においては、調査研究などに数字として出てくる結果としては、神を信じない人が六五％もあるくらいなので、(2)科学的であるということは、すなわち、宗教的でないことだと考える人も多いことだろう。しかし、ことはそれほど単純ではない。

宇宙飛行士といえば、現代科学とテクノロジーの頂点に立つ人間といえようが、彼らが宇宙飛行の間に、宗教的感情とも言うべき畏怖の感情を体験し、そのうちの何人かは、宇宙飛行士をやめた後で、宗教的な仕事に直接関係するようになった。このようなことは最初はあまり語られなかったが、立花隆がインタビューを試み、このような話を引出すことに成功した。(3)宇宙飛行士のなかには、自分の宗教的体験について話をしたくともその機会がなく、立花の質問によって、そのような機会を与えられたことを喜ぶものもいたという。

このような例を見ると、日本人の多くの人が信じるように、科学的イコール反宗教的とは言えないことがわかる。しかし、日本では他人を非難するときに「宗教的だ」と表現することがあり、それは非合理なことを強引に主張するとか、それによって他人をだましている、というようなニュアンスをもつことがある。ただ若い人たちは、むしろ、このような宗教嫌いの傾向から自由になっているようで、宗教に関する抵抗感も弱いように思われる。

現在の状況のなかで、宗教とは無関係に見えながら、背後には宗教の問題が存在していると考えられることは多くある。たとえば、少年たちのシンナー吸引について考えてみよう。シンナー吸引に興じていたひとりの少年にその体験を聞くと、シンナー吸引によって引き起こされる幻覚体験において、彼らは共通に観音様の姿を見、それとの一体感のような感じを楽しんでいたという。この少年たちの場合、言うならば、観音像に示される、グレートマザーのイメージとの一体感という、極めて宗教的な体験を求めていたのであり、もし、彼らがそのような宗教的体験をする場を他に与えられておれば、シンナーを吸うことはおそらく必要なかったであろうと思われる。

ヨーロッパにおいて、近代的な自我が確立され、啓蒙主義の精神が強くなるにつれ、それまで人間がもっていた、多くの宗教的儀式や祭りなどが急速に失われてゆく。あるいは、単に形だけを残していても、それに本当にコミットすることができずに、まったく形骸化したものとなってしまった。このために、人間は失われた儀式や祭りを求めて、突発的に衝動的な行為にはしり、それが犯罪行為として認められるようなことが、あんがい多く起こっているように思われる。社会現象として騒がれる犯罪の場合、このように感じさせられることが多い。

以上見てきたように、宗教ということに関して、極めて多様で、混乱したとも言える全体的状況のなかで、どこか、宗教の必要性を強く感じさせられる。しかし、反面、そのマイナスの面も強く感じられ、それらの点について どう考え、どう対処してゆくかが、現在に生きる人間の課題として感じられるのである。

二　アイデンティティ

心理学の分野において、かつて「適応」ということがもてはやされたことがあった。たとえば、シンナー吸引におちこんでいる少年は、中学校の生活に「適応していない」。従って、その少年をどのように適応させるか、が大切な課題となる。と言っても、やみくもに適応させられるものではないので、要はそのような適応をなしてゆけるような、強い自我をつくりあげることが大切となってくる。他から自立し、自らの主体的判断力と行動力、統合性をもった自我が確立できているならば、環境が変化してもそれにふさわしい適応の方法を自ら考え出してゆけるはずである。このように考えると、自我の確立と強化ということが大切な課題となってくる。

ところが、人間が生きてゆくためには、それだけでは不十分であることがわかってきた。「適応」が完全に行われていても、そもそも「自分とは何か」、「なぜ生きているのか」などという疑問が生じてくると、人間は平静には生きておられない。このようなことについて、どう答えるかはいろいろと異なる表現があるだろうが、アメリカの精神分析家エリク・エリクソンは、アイデンティティということを考えた。「私が私であること」を、その独自性・一貫性・主体性などの感じとともに、自らしっかりと確信できることが、人間の生きていく上で必要である、と考えた。つまり、自我のアイデンティティの確立が必要なのである。

アイデンティティを確立するために、人間がまず考えることは、自分の仕事や人間関係を確実にすることであろう。職業アイデンティティとか、父親アイデンティティ、所属する集団の集団アイデンティティなどという用語があるように、職業が確立したり(そこには人間関係がいろいろと存在する)、父親としてアイデンティティを確立したり、趣味のクラブの一員としてのアイデンティティを確立したり。要するに、他の人々との関連において、くもの巣の中心にいるくものように、はりめぐらした糸のなかで、自分の位置を確保するのである。しかし、考えてみると、それらの一本一本の糸はいつ切れるかわからないものである。それらを「はかない」と感じはじめると、せっかく確立したと思ったアイデンティティも、にわかに底の浅いものと感じられてくる。

若くて元気なときはよい。しかし、年老いて何もできなくなって、無為に寝ているときの自分を考えてみるとよくわかると思うが、そのとき、自分のアイデンティティは何によって定位されているのだろうか。このように考えると、アイデンティティの問題は、死との関連を抜きにしては語れなくなってくる。自分のアイデンティティが何らかの意味で、永遠の相のなかに定位されている人は、強い人である。

　自我の確立とか強化とか言っていても、死ねばおしまいである。一生かかってしたことも死とともに消え失せる。このようなとき、もしその人がクリスチャンとして、復活と最後の審判を信じていたならば、彼の自我は永遠の相のなかに定位されており、死を迎えようが、老いがせまって来ようが落ちついていられることであろう。それにもし、同じように、復活を信じる人たちと常に仲間として接していれば、彼のアイデンティティはますます強化されるだろう。

　アイデンティティを死との連関で考えて、永遠性の相のなかに自分を位置づけようとする努力が、多くの宗教を生み出してきたとも言うことができる。たとえば、キリスト教の場合、一回限りの復活があり、そのときに神の裁きを受けるとするならば、その人が生きている間に自我の確立に向け努力することに大きい意味を見出すことができるであろう。それにしても、復活などは信じ難い、聖書に語られるキリストの死はあまりに非合理で信じられない、と言う人もあるだろう。しかし、考えてみると、あらゆる宗教のなかで、その教義、神話のなかに非合理な点を含まないものはあるだろうか。「非合理なるがゆえに、われ信ず」というテルトゥリアヌスの言葉は、あまりにも有名ではあるが。

　この点について、ユングは明確に「宗教上のあらゆる表現は、論理的矛盾や原則的に不可能な主張を含んでいる」[4]と言い切っている。それはどうしてであろうか。これに関して、谷泰は次のように述べている[5]。

自己のアイデンティティを失う危機感におそわれている人にとって、一般的真理といったたちの、普遍的な命題は、なんの慰めにもならない。なんらかの社会的なスティグマ(傷痕)をもっているため悩んでいる者にとって、自己の悩みの原因についての学問的見地からの説明はもちろんのこと、おまえは他の人びとと同じく社会的に等しい基本的人権をあたえられているのだといった憲章のうたい文句のような一般的説明は、空念仏にすぎない。……われわれは自己の固有性そのものを、まるごと支える論理こそを必要とするのだ。アイデンティティというものは、自己自身によって、見出されねばならない。

アイデンティティの特徴は、自分独自のものでなくてはならないことと、自分という存在をまるごと支えてくれるものでないと困ることである。谷泰が言うように普遍的な命題から発する説法は、なるほどと思われるにしても、アイデンティティを支えてはくれない。たとえば、「全能であるはずの神の子」の死を受けいれること、そのことが自分のアイデンティティを深いところで支えてくれる。そこに存在する背理性が、自分の深い傷を癒すはたらきをもっているのである。ここで谷が「なんらかの社会的なスティグマ」と表現しているところを、「人間である限り、この世に生まれ出るときに受けた、何らかのスティグマ」と読みかえると、すべての人間にとってのことになり、特に社会的なスティグマを問題としなくてもいいことになるだろう。

ここにひとつの例をあげよう。二十歳近い対人恐怖症の男性の心理治療を行い、症状も軽快してゆき、そろそろ治療も終結に近づいてきた。治療が終るということは嬉しいことではあるが、一方、不安なことでもある。これまで頼りにしていた治療者から離れて一人でやってゆかねばならない。そのような状態のなかで、その男性が見た夢を次に示す。

夢　窓のそばの庭に菩薩像が横たわっている。僕は窓からのぞき込んで、家のなかにいる母や兄たちと何か話している。実は僕はこれから、一人として気の許すことのできない家の外の世界に、一人で出かけなければならない。心細くて仕方ないのやけど、これはどうしてもやらねばならない冒険なのや。ふと見ると、菩薩像の目が動き、やがて起きあがった。これは生きているのや。最初に見つけたときから警戒心を抱いていた菩薩像が生きた存在やというのがわかると、かえって少しホッとした。……家の外の世界では日本語が通じない。朝鮮語なら少し話せるので、それで何とかしのいでいこうと思っている。暗黙のうちに、この菩薩像が僕に同行してくれるのがわかった。母や兄もすすめるし、また自分一人では心もとなさすぎるので、できるだけ信頼して一緒に行くしかない。出発前に菩薩が朝鮮語の発音を教えてくれる。なかなか面白い発音なので習い、いよいよ出発することにする。

この夢は夢を見た人にも、治療者である筆者にも深い感動をもたらすものであったし、治療の終結を納得させるものでもあった。対人恐怖のために外出できなかった人が、治療の経過とともにそれを克服し、一人立ちしてゆこうとする。しかし、「外の世界に一人で出かけなければならない。心細くて仕方ない」感じは強かったであろう。そのときに、菩薩像が生気を帯び、一緒について行ってくれると言う。「同行二人《どうぎょうににん》」というのは、仏教でよく言われることだ。彼が外出するとき、一人のようで一人ではなく、いつも「同行二人」だとすると、それほど恐がる必要もないし、もう治療者の支えも必要ないことであろう。実際に、この夢を見てしばらくして、この治療は終結し、この人は社会へ出てゆくことができたのである。

この際、同行する菩薩というイメージが、一人の人の生きてゆくことを支えることになったが、治療者もこの人も別に仏教に詳しいわけでもないし、特に「信者」というわけでもない。考えてみると、菩薩像が生きてきて同行してくれるというのも非合理な話である。にもかかわらず、このようなイメージが、この人が一人立ちしてゆくための強い支えとなり、それとともに治療者を必要としなくなるということも、多くの人が納得してくれるであろう。この際、この人が「菩薩像が生きた存在」であることがわかり、「僕に同行してくれる」のがわかったときの体験を、われわれは宗教的体験と言ってよいのではなかろうか。自我の力を超えた存在についての認識が、その人をまるごと支えてくれることを体験したわけである。

三　宗教性と宗派性

先に示した対人恐怖症の例においては、本人の宗教的体験が、自立のために役立ったと述べたが、このことは別に、その人が今後、仏教に帰依することを意味しない。また、このような体験を彼は仏教の教えや儀式などを通じて知ったわけでもなく、彼自身の夢の体験を通じて知ったのである。

宗教という場合に、われわれはどうしても何らかの特定の宗教集団のことを考えてしまい、宗教が大切であるというとき、何らかの宗教教団に帰属しなくてはならないと思う。あるいは、宗教教団に属している人を称して「宗教的」な人と言ったりする。しかし、宗教教団に属することは、教団内の人間関係が世俗化するために、世俗的因子が多くはいりこんできて、本来の宗教的な面が弱くなったり、破壊されたりするような欠点も生じてくる。

アイデンティティという観点から言えば、それは極めて多層的なものであるから、宗教教団に属するとしても、教団の他の仲間たちと親しくすることや、時にはそのグループの世話役になったりすること、などなどが、その人のアイデンティティの支えになるかも知れぬが、それはむしろ表層的なものであり、それによって満足するとか、それに固執するとかのために、かえって深いアイデンティティの支えを探索することができなくなってしまうことにさえなる。宗教は教団をもつことによって発展することは事実であるが、そのことによって逆に宗教性を歪ませることさえあるのも事実である。

宗教集団への入信をはばむ、他の問題は、その教義に対する疑問ということがある。現在のように自然科学が進歩してくると、その知識とは相いれないような教義を信じることが非常に難しくなってくる。たとえば、死後の世界の地獄と極楽の存在を説かれても、自然科学によって知り得た、この宇宙のなかには、どう考えてもそれが存在するとは考えられない。確かに、何らかの「奇跡」が、ある宗教にとって大切であるにしても、そのような奇跡は科学的に可能と思われない。あるいは、自然科学的に説明不能である。自然科学の普遍的な正しさから考えて、そのような宗教を信じることはできない、というのである。

後にも取りあげるが、ここで自然科学のことについて少し触れておきたい。これから以後はどのようになってゆくかはともかく、自然科学は自と他とを明確に区別し、そのように区別された主体が客体を対象として観察し、その観察した現象間の因果関係を把握して、それを仮説として提示する。その仮説を実験によって検証することによって法則を見出してゆく方法をとっている。このようにして得た法則は、「自」と切離して生じてきたものであるだけに、普遍性をもっている。これは実に偉大なことである。自然科学の法則は、それを見出した人や場所と関係なく、正しいこととして適用できる。そして、人々はその正しさを実証もできるし、目に見ることもできる。

しかし、非常に大切なことは、それは「自」ということを切離して出来たものであるだけに、自分が自分のことを考える際、たとえば、自分のアイデンティティなどについて考える際、その法則を「適用」しようとするのは、明らかに適用範囲をこえている、と言わねばならない。自然科学の法則があまりに立派なので、その法則を、その適用範囲をこえて自分の生き方、世界観すべてに適用しようとする人は、科学教という新しい宗派に入信していることを自覚する必要がある。このことは別に行なってはならないことでもなんでもないが、自分の考えは「科学的」であるので正しく、他はすべてまちがっていると断定したり、科学的に説明できない事象は、まちがっているとか存在しないなどと主張するのはすべて、「科学」そのものではなく、科学教という宗派に属することなのだという自覚をもつべきである。

ところで、宗教にはいろいろの宗教の派があり、どれに属するかということになるが、宗教的である、ということは必ずしも何らかの教団に属することとは限らず、教団に属すると否とにかかわらず、宗教的であるかどうかを考えられるのではなかろうか。この際、「宗教的」をどのように定義するかは難しいことであるが、ユングが宗教とは、「ルドルフ・オットーがヌミノースムと呼んだものを慎重かつ良心的に観察することである[6]」と述べた考えは、なかなか有効なものと感じられる。

ルドルフ・オットーのヌミノースムとは、彼が宗教の本質について考え、そのなかにおける合理的な要素と、道徳的な要素を引き去ってもまだ残るものを呼んだ言葉である[7]。彼はヌミノースムの要素を追求して、それは、畏怖、ちから、魅力の感情を伴うものであると考えた。人間の自我の力をはるかに超えた圧倒感、抗し難い魅力、そして近より難い畏怖の感情を起こさせるようなものである。先に例としてあげた対人恐怖症の人の夢であれば、菩薩像が急に生気をもってくるのを知ったときの体験をヌミノースムの体験と言うことができるであろう。

ユングは従って、非合理な教義を無理に信じようとしたのではなく、自分のヌミノースム体験を、ともかく慎重かつ良心的に観察しようとしたのである。と言っても、この際はその体験をする者も、観察をする者もともに自分である、という点で自然科学とは異なっている。そのような観察結果をだんだんと集積してゆくと、それはまた古来から宗教、神話、伝説などとして語られていることと一致するのが多いことがわかってきた。

ヌミノースムの体験と言っても、それは必ずしも「異常」な体験とは限らない。極めて日常的なことでも受けとめ方によっては、ヌミノースムの体験となるとも言うことができる。鎌倉時代の高僧、明恵(一一七三―一二三二)は、生涯にわたって自分の夢を記録し、それを『夢記』として残したので有名である。彼が晩年に見た夢に次のようなのがある。

一、六月二日の夜、夢に云はく、何処よりぞ物(西?)へ行かむと思ふ。然るに、一条の大臣殿之御門に到りて、一疋の黒き犬有り。足に纏《まと》はれて親馴を作《な》す。心に思はく、余、年来此の犬を飼へり。然るに、今日出でし時見えず、此の御門に到りて待ちけり。いつ此処へは来たりけるやらむ、今は相朋《あひともな》ひて離るべからずと思ふ。其の犬、小さき馬の如く、わかき犬にて、毛色、光り鮮かにきらめきて、櫛を以てけづれるがごとしと云々。

これはどこか他家を訪ねてゆき、ふと見ると門の傍に一匹の黒犬がいた、というだけのまったく日常茶飯事ともいうべきことを夢に見たものである。しかし、華厳の教えをそのまま生きているような明恵にとっては、この夢は大きい「宗教的」意味をもっていた。もちろん、次のような解釈が生まれてくるためには、それまでの明恵の生き方——夢をも含んで——を知ることが必要であるが、それは既に他に詳しく論じた(8)ので割愛して、ここでは本論と関係のある点だけを強調したい。この夢のなかで、一匹の黒犬がじゃれついてくるのを見て、明恵は実はこの犬は自分が長年飼っていたものだが、家を出るときにいなかったのに、この門のところで自分を待っていたのだと直覚する。そして、「今は相朋《あひともな》ひて離るべからず」と決心する。このことが、極めて「宗教的」であると感じるのは、明恵の帰依する華厳の考えとの関連からである。後の論議ともかかわってくるので、ここでごく簡単に華厳の事事無礙《じじむげ》の考えを紹介しておく(9)。

華厳においては、事物を区別している境界を取りはずし、「限りなく細分化されていた存在の差別相が、一挙にして茫々たる無差別性の空間に転成する」、禅の呼ぶ「無」の境位である。従って、AをAたらしめ、AをBから区別している存在原理、つまり、仏教でいう「自性」が否定される。そのような世界が「理」の世界であるが、「無限の存在可能性である「理」は、一種の力動的、形而上的創造力として、永遠に、不断に、至るところ、無数の現象的形態に自己分節していく」。このような理の事への顕現を「挙体性起」と呼び、この世にわれわれが存在しているとする一切の事物は、「そのひとつ一つが「理」をそっくりそのまま体現している」のである。

華厳のこのような教えは、塵のなかにも三千の仏が存在するとか、地獄にも仏は存在する、というような表現で示されることがある。どのような小さい、あるいは、劣って見えるものも、理の挙体性起なのである。

このような華厳の教えを知った上で、明恵の夢を考えると、その意味がよくわかってくる。「私」という人間は、自分ではまったく測り知れない「理」の顕現としてこの世にある。その点を具象的に言えば、自分のまったくあずかり知らぬところで、「黒犬を飼って」いたりするのだ。すべての人はその心のなかに、黒犬のみならず蛇だの狸だのゴキブリだのたくさんのものを養っているのだが、それに気づく人と気づかない人とがいるだけである。明恵はふとある日、今まで無自覚に飼ってきた黒犬の存在を知り、「今は相朋《あひともな》ひて離るべからず」と決心するのだ。この決心を「宗教的」と呼ぶのは当然のことではなかろうか。

突然に出現した黒犬の姿は、明恵にとってヌミノースムの体験をなさしめるものであった。ユングが「慎重にして良心的な観察」と表現したことを、明恵は「相朋《あひともな》ひて離るべからず」と表現したのである。

夢でなくとも、われわれは日常生活において、多くの黒犬や白犬などに会っている。われわれにそれらを「理の挙体性起」として受けとめる姿勢があれば、日常の生活は即、極めて宗教的となってくる。

ある非行少年は非行を繰返し、なかなか収まるところがなかった。母親は息子の更生に必死の努力をするが成功せず、ついに宗教の世界に入り、写経三昧の生活をし、彼女の心境を綴った文章は、あちこちの「宗教欄」に掲載され、おそらく多数の人々の宗教心を高めることに役立ったと思われる。それでも、少年の非行は止まなかった。

この親子は筆者に多くのことを考えさせてくれた。まず思ったことは、この母親にとって、子どもが帰ってきたとき、「おかえり」と暖かい言葉をかけ、暖かい食物を用意し、黙ってそこに坐っているよりは、宗教の修行をし、そこから得たことを文章にすることの方が容易である、ということであった。そこで、うっかり、母親を非難しそうになったり、「写経をするのと食事をつくるのと、どちらが宗教的ですか」などと説教のひとつもしたくなったりしたが、そのような説教をしたがっている自分が、既に偽宗教家に陥っていることに気がついた。下手な説教などするより、筆者が「黙ってそこに坐っている」ことの方が、よほどいいだろう。

人にはそれぞれの道があって、簡単に善し悪しは断定できない。この母親は一応、既成の宗派に属し、彼女が日常生活と考えることを軽視する方法によって、宗教性を追求しようとし、息子は非行を重ねることによって、母親の宗教心を深めることに協力している。少し残念なことに、親子ともに自分たちのしていることの意味がわからないので、無用の反省や自責の念に悩まされていることである。しかし、ここでわれわれが少し自覚すると、道はそれぞれ異なるにしろ、現代人は特定の宗教教団に属すると否とにかかわらず、極めて宗教的な生き方をしているし、また必要性も高いことがわかるであろう。

四　一神教と多神教

人にはそれぞれの道があると述べた。それは当然のことのように思われるが、宗教の世界における一神教という問題は、これに大いにかかわってくる。一神教を信じる人々も、「人それぞれの道」を容認するが、それは、「唯一の神の下で」という大前提の下に言えることである。「人それぞれ」というとき、それぞれの人は「それぞれの神」を選ぶ自由をもつのだろうか。

このようなことにこだわるのは、宗教的なことのみでなく、人間の生き方全般に、一神教か多神教かの問題が深くかかわってくると思うからである。キリスト教の神学者である、デービッド・ミラーは『新しい多神教』という書物のなかで、このことを詳細に論じている。彼は次のように述べている。(10)

「自由な民主主義の中には、潜在的な多神論が在る(それを無意識的な多神論と呼ぼう)。逆に、あらゆる権威主義的な制度には、偽装した一神論の宗教が感じられる。奇妙なのは、一神論的な論理のもたらす影響である。つまり、異教徒は、いったんキリスト教徒になると、不寛容に傾く。専制君主の影で栄えるくらいなら、気のいい神々の大群もろとも沈没するほうがましなのに！　宗教的な闘争ではなく、イデオロギーの闘争に立ち合う時代にわれわれに提起される疑問とは、実に、消えていく古代につきまとって離れなかったものである。すなわち、どうやってあれほど多くの神々を、たった一つの神のために諦めるのか？　ということである。」

このようなことを、キリスト教の神学者が発言していることに感心させられるが、ここでまず注目すべきことは、宗教上の一神教か多神教かの問題が、政治的なイデオロギーや政治形態などの在り様に背後から影響を与えている、ということである。

そもそも自然科学にしても、十七、八世紀に自然科学が飛躍的に発展したときも、多くの科学者は「神の摂理」によってこの世ができあがっているから、それを見出そうとして努力したのであった。従って、その理論は決して矛盾してはならないし、常に真理は唯一でなければならなかった。そして、実際このような考えに従って科学はますます発展したのである。この考えを、そのまま人間に対して適用してくると、人間の世界も唯一で絶対に正しい原理によって運営されねばならなくなる。そこで、各人が矛盾のない絶対に正しい原理を見出して、それを〜イズムとイデオロギーとして主張する。そこで、論戦がくり返されるが、それは真理はひとつであり、いずれは決着がついて正しいものが残ると考えるからである。

ところが、ベトナム戦争以後、現実的には、そのような絶対的真とか、絶対に正しいイデオロギーなどというものが、この世に存在しないことを、世界の人々は経験的に納得しはじめた。冷たい戦争は終りとなった。対立から共存への道が、あらゆるところで探索されつつある。最初にあげたゴルバチョフのローマ法王訪問など、その典型的な例である。しかし、もし一神教が正しいとするならば、これはおかしいのではなかろうか。

一神教のイメージが極めて強いときは、宗教にも発達段階があるように説かれていた。すなわち、アニミズム、トーテミズムなどの原始宗教から、呪物崇拝、多神教などを経て一神教に至る、という考えである。この考えは、ヨーロッパ中心、キリスト教中心の立場に立つ限り正しいだろうが、現在の状況は、このような単純な「発達段階理論」で説明できるものではない。

このような直線的な発達段階モデルは、人間の心の問題を考える際にも強い役割を演じ過ぎてきたように思われる。近代の特徴は、何かにつけ、「進歩」、「発展」が魅力ある言葉としてもてはやされ、人間は何らかの意味において、進歩し発展することを目指そうとしてきた。このことは確かに意味深いことである。しかし、そのような直線的な発達段階のモデルにのみ縛られているために、われわれは実に多くの人生の多様な姿を見逃してきたのではなかろうか。

既に述べたアイデンティティということにしても、どこかの時点でアイデンティティが「確立する」と考え、アイデンティティ確立に至る段階的モデルを設定したりすることは、われわれ心理学者の行なってきたことであるが、これにとらわれすぎると、人間に対する見方が単調になってしまう。よく考えてみると、アイデンティティが「確立した」などと完了形で言えるはずがなく、一生続くプロセスであるし、それは決して段階的に進歩するのみのものでもないことがわかるであろう。子どもが老賢者の知恵を表わすときもあるし、壮年の男子が、児戯に等しいことをするときもある。

「異教徒は、いったんキリスト教徒になると、不寛容に傾く」とデービッド・ミラーは言っているが、わが国でこれを痛切に感じさせられるのは、日本人でいったん、科学教の教徒となった人の不寛容さである。その一神教的排他性や権威主義には困ってしまうが、彼らが自分たちの行為に潜む宗教性について無自覚なので、余計に対処が難しくなるのである。

現代の青年の多くがオカルトに強い関心をもつのは、前述した傾向に対する無意識的反発と考えるとよく理解できる。自然科学は既に論じたような意味において普遍性をもっている。しかし、その普遍性故に、それを一神教的な強さをもって、「私」という個人に適用されてくると、まったくたまったものではない。「あなたは、未だ発達していない」とか、「次の発達段階として、次のようなことをなさねばならない」とか言われると、なるほどそうかと思わされるし、それに従って生きているうちに、「自己実現」などというはずのものが、ただ他者の提示するモデルに従って生きているだけのことになってくる。あるいは、科学教の駆使するコンピューターという武器がこれに関係してくると、「私」という個人が、一般的な数字によってからめとられて、完全に管理されてしまうことになってしまう。

これに対する反発として、若者たちはオカルト好きになったり、占星術にこったりする。なかには、その戦いを強力にすすめようとして、オカルトなどの現象の正しさを科学的に立証しようと努力したりして、知らず知らずに敵の軍門に降っていることに気がつかない者もいる。

筆者はこのように言って、発達段階的な考えが悪いとか、駄目だとか言っているのではない。それは場合によって有効かつ便利である。しかし、それを唯一のものと思わないようにしたい、と主張しているのである。それは多くの神々のなかの一神であって、唯一の神ではないのである。

一神教ではなく多神教となるとどうなるだろうか。神々が無数にいると、確かに多様になるかも知れない。しかし、それは大混乱のもとにならないだろうか。それぞれの人がそれぞれの神を持ち、異なる御託宣を受けて動き出すとどうなるか。あるいは、人間は都合のよいように好きな神を選んで、身勝手なことをするのではないか。あるいは、一人の人間のなかにたくさんの神がいるとすると、神々の間に議論が起こったりした場合、人間は身動きが取れなくなるのではなかろうか。これらの危惧は確かにもっともであり、これらを回避するものとして一神教の優位が説かれてきたのである。

しかし、既に示したように、人間の現実の生き方を見てみると、一神教的モデルは通用しないことは明らかである。デービッド・ミラーの『新しい多神教』は、この問題に正面から挑戦したものであるが、欧米社会における一神教の伝統の強さを考えると、これを書くのには大変な勇気が必要だったろうと思われる。キリスト教の伝統と対決してゆくために、彼は極めて周到な議論を展開してゆくのであるが、そこは割愛して、先に述べたような多神教に対する危惧を、どのようにして消してゆくかを、デービッド・ミラーを参考にしつつ述べてみたい。

既に述べた危惧は思弁的には存在するが、実際的にはあまり生じるものではない。人間がそれぞれ身勝手なことをするようになる、と言うが、背後に神の存在をもつ限り――それがいかなる神であれ――それほど勝手なことを、人間はできるものではない。自分で勝手なことをしていると思っても、よく考えてみると、背後に存在する神によってやらされていることが多い。ただ大切なことは、神は唯一ではないので、他人が自分とは異なる神によって動かされていることを認識していなくてはならないことである。それでは神々が争うとどうなるか、ということになるが、神々もそういつも争っているばかりではない(唯一の神をともに戴いていても、人間はお互いに争うのだから、神々の争いばかりに神経質になることはない)。

むしろ、われわれは多くの神のそれぞれの特性をよく知ることによって、他の神によって動かされている人を、理解したり、あるいは理解はできないにしても協力し合ったり、何とか共存できたりするのではなかろうか。それに、背後にある神は常に同一とは限らない。それは変ることもあるので、ある時点において、「相容れない」と感じる相手に対しても、しばらく待って、理解し合う時があるかも知れない、とするような余裕も生じてくるであろう。

それに、神々は時に争い、時に共に楽しむとしても、神々全体としての調和というものが自ずとあるのではなかろうか。それは、あくまで調和であって、一者による統合であると考えないところに多神教の特徴がある。このように考えることによって、人間の生き方は多様性をもってくるし、より豊かになるであろう。

五　宗教と科学

いま、宗教のことを考える上において、科学との関連を不問にすることはできない。中村雄二郎は現代における文化の問題を考える上で重要なこととして、宗教と科学のことを取りあげている。[11]「近代社会においては、科学と宗教とは相容れず、対立するものと考えられることが多かった」ことを指摘し、「しかし今日、科学や技術の人間化が科学や技術の内部から叫ばれるようになり、また、科学や技術が存在の神秘に触れることで宗教の領域に近づくようになってきた」と述べ、「近代的なパラダイムのうちで引き離され、対立させられたものが、根元において結びついていることに気が付くようになったのである」としめくくっている。

ここに中村雄二郎は「根元において結びついている」という表現を用いているが、根元において統合されているとは言っていないことに注目したい。確かに、これまで対立的であった科学と宗教とが接近してきていることは事実であるが、そこに統合を焦ると、再び一神教的弊害をもちこんでくるように思われる。西洋が駄目だから東洋、とか、ニューサイエンスと称する考えのなかには、このような単純な一神教の乗りかえ的な安易さが認められる。この点に関しては、われわれは注意深くあらねばならない。

宗教と科学の問題をとく、重要な鍵として変性意識の現象がある。そもそも「変性」などと名づけること自体、ひとつの偏見から出発しているのであり、むしろ、意識の多様性とでも言うべきであろう。要は、人間の意識の状態は一種類ではなく、いろいろあり(多神教!)、そのどれもが意味をもっている、ということである。

近代科学を生み出した意識の在り方は、強力なものであるので、それを「唯一の正しい」ものと見なし、その意識が把握した現実を「正しい現実」などと考えていたが、今や、それ以外の意識の状態があり、それによって把握された現実もあることが認められるようになった。東洋における諸宗教は、修行によって、ある種の意識状態になり、それによって把握した「現実」を描写した。たとえば、先にあげた華厳の事事無礙の世界なども、そうしたものなのである。

ユングが宗教性について語った言葉に、「観察」という語があった。宗教というのを、ある種の意識による現実の把握と考えると、そのなかのごく特殊な意識(西洋近代の自我)による現実把握が、今日、自然科学と呼ばれているものになってくる。こうなると、自然科学も宗教のなかのひとつに含まれてくることになるが、これは、まったく逆に、現代の宗教をも含めて科学を定義しようとすると、できないこともないわけで、含む含まれるにこだわる必要はなく、宗教と科学は中村の言うように、思いのほかに「根元でつながっている」のである。

ここで、実際に一人の人間が生きている状態を考えると、彼にとって大切なことは、自然科学とかイデオロギーとか、何かひとつのものをよりどころにするのではなく、自分という存在を含めたコスモロジーを構築することではなかろうか。まず自分を除外して、自分抜きの「現実」を正しく認識し、そこから得た正しい結論を適用する、というような、一神教の神になぞらった方法をとるのではなく、自分を最初から含めた世界像をもつ。自分、つまり「私」というのは実に多様であり、矛盾に満ちている。そのコスモロジーのなかに、いわゆる科学もいわゆる宗教も含まれるであろう。しかし、そこに、万人に通用するモデルを見出すことは不可能であろう。これまで述べてきたことからわかるように、そのようなものは存在しない。ただ、その人にとって、そのときに、正しいと思われるモデルは見出されるであろうし、そのために、われわれは努力しなくてはならない。

一人一人が自分のふさわしいコスモロジーの探索を行わねばならぬ、という意味において、二十一世紀は「宗教の時代」になるだろう。しかし、そのことは既存のいずれかの宗派の繁栄に直結するものではない。個人の宗教性の探索が、既存の宗教教団のそれと一致して、その人が何らかの特定の宗派に入信することも、もちろんあるだろう。しかし、宗教性の追求が特定集団への帰属を嫌う場合だってあり得るだろう。

自然科学は今後ますます発展するであろう。そして、いわゆるニューサイエンスなどのように、先に示した華厳の世界観などを取り入れ、それは宗教と科学とを統合したものだなどと主張しはじめるかも知れない。その際、それの強調する「普遍性」というものに惹かれて、うっかりそれに頼ろうとし始めると、自分の「個性」というものが奪われる。

アメリカの児童文学者、カニグズバーグは、そのようなアメリカ人の「普遍的に正しい」ことを愛好する態度から、どれもこれも同じで「クローン人間」が生じてくることを巧みに描いている[12]。自由主義を謳歌する国において、皆が同じことをする。神を否定し、神から自由になったはずの共産圏で長い間一党支配の状態が続いたことは、人間というものが、いかに誤った一神教に支配されやすいかを示している。幸いにも後者の方は今や急激に改変されつつあるのは、周知のとおりである。

このようななかで、あくまで個性的に生きてゆくためには、「私」という存在が生ぜしめるヌミノースムの体験に対して、われわれが開かれており、それを通じて得られる、もうひとつの普遍性の追求、すなわち、宗教性ということを失ってはならないのではなかろうか。このことは、二十一世紀に人間が豊かに生きてゆくための最後の砦のように思われる。

最後に、多神教について一言。日本人はもともと多神教なので、ここに展開してきたようなことについては、「前から知っていた」と言われそうな危惧を感じる。一神教の国で、その伝統のなかから苦しみつつデービッド・ミラーのように多神教に対する評価が生み出されてきた経過をわれわれはよく認識しなくてはならない。彼はかつて筆者とエラノス会議で共に語り合ったとき、「われわれキリスト教徒は、いま命をかけて多神教の意味を知ろうと努めている。日本人にとっては、命をかけて一神教の意味を知ろうとすることが大切ではなかろうか」と言った。この言葉は重みをもって、いまもなお筆者の心のなかに存在している。

『岩波講座　転換期における人間9　宗教とは』で「一神教と多神教」について論じている門脇佳吉はかつて、「日本人の無構造的宗教性を変革するためには、カトリシズムとの真剣な対決がもっとも有効な捷径であるように思われる」[13]と述べている。これら筆者らと同じ考えの上に立っていると思われる。もし、このことを怠ると、日本人の多神教は容易に多人教に堕してしまうと思われるからである。

注

(1)　ヤン・スィンゲドー「世俗社会日本に見る宗教」、聖心女子大学キリスト教文化研究所編『現代世界の宗教性』春秋社、一九八四年、所収。この論文はユング派分析家ヒルマンの考えを基に、日本人の多神教を論じていて興味深い。
(2)　柳川啓一「現代日本人と宗教」、聖心女子大学キリスト教文化研究所編『現代世界の宗教性』春秋社、一九八四年、所収。
(3)　立花隆『宇宙からの帰還』中央公論社、一九八三年。
(4)　C・G・ユング、池田紘一／鎌田道生訳『心理学と錬金術』人文書院、一九七六年。
(5)　谷泰『「聖書」世界の構成論理』岩波書店、一九八四年。
(6)　C. G. Jung, Psychology and Religion, The Collected Works of C. G. Jung, vol. 11, Pantheon Books, 1958.
(7)　Rudolf Otto, Das Heilige.（山谷省吾訳『聖なるもの』岩波書店、一九六八年）。
(8)　河合隼雄『明恵　夢を生きる』京都松柏社、一九八七年。〔本巻第Ⅰ部〕
(9)　華厳に関する説明は下記の論文による（引用は同論文より）。井筒俊彦「事事無礙・理理無礙——存在解体のあと——」、『コスモスとアンチコスモス』岩波書店、一九八九年、所収。

(10) D・ミラー、桑原知子／高石恭子訳『甦る神々』春秋社、一九九一年。
(11) 中村雄二郎「いま「文化」とは」、『岩波講座 転換期における人間10 文化とは』岩波書店、一九八九年、所収。
(12) カニグズバーグの作品に関する、このような観点からの論議は、下記を参考にされたい。河合隼雄「アイデンティティの多層性——カニグズバーグの作品から——」、『文学』五七巻九号、一九八九年。〔本著作集第六巻所収〕
(13) 門脇佳吉「日本人の宗教心と日本の将来」、門脇佳吉／鶴見和子編『日本人の宗教心』講談社、一九八三年、所収。

解　題

■明恵　夢を生きる

本書は、これを書くことによって私の興味と関心が一挙にひろがった画期的な役割をもっている。もともと仏教には無関心であったが、本書を契機に仏教に対して関心をもつようになったのみならず、日本の王朝物語にも興味がひろがり、『とりかへばや物語』について、後に一冊の書物を書くほどになった。

一九七四年、当時、湯川秀樹先生らの主宰しておられた『創造の世界』において、夢分析について発表させていただいた。そのときに出席しておられた、湯川秀樹先生、梅原猛さんから「明恵の『夢記』を研究するように」と強くすすめられたが、気にしながらも仏教に対する無関心から長らくそのままにしていた。十年以上も経てから『夢記』を読み、その素晴らしさに感激してしまった。これまで、自分の心の師と感じる人は、欧米人ばかりであったが、はじめて日本人の師を見出した、と思った。

いざ書物を書くとなると、夢については自信があったが、仏教や当時の歴史などについてはあらたに読書する必要があった。そのために執筆までに相当の準備期間を要した。しかし、それによって、明恵という僧が、夢と幻像《ヴィジョン》に導かれ自己実現の道を歩んでゆく姿が相当具体的に描かれた、と思っている。それと共に、私の日本文化に対する理解も一挙に広く、深くなった、と言っていいだろう。「明恵上人の導き」によって、自分の道がひらかれたという想いがする。

夢をここまで丹念に記録し、自己実現の糧とした人物は、近代になるまで考えると、世界で唯一と言っていいのではないかと思う。従って、明恵の生涯は世界的に見ても意義あるものと思っていたが、英訳されて、一九九二年にアメリカのラピス社(The Lapis Press)より出版され、欧米でも読まれるようになって嬉しく思っている。

■自己を描く

禅の悟りの境地を示すものとしての「牧牛図」には、随分と以前より関心があった。それを自己実現の過程を示すものとして考えてみると、いろいろと思い当るところがあるからである。「牧牛図」には禅の老師の体験と表現の差を反映し、これまでに多くの異なる図が描かれてきたが、ここに現代女性によるものに接して、関心を呼び起こされたので、それについてコメントしたのが本稿である。

これを描いた女性は、別に禅の「悟り」とは関係なく、自分の個性化の過程におのずから生じてきた図を描いたものである。これが、「さがしてごらんきみの牛」と題されて、読者のひとりひとりに「自分の牛」を探すように呼びかけているのが特徴的だと思った。

■親鸞の夢

明恵の夢にも大切な女性が登場するが、親鸞の六角堂の夢もまた、女性に関係するものである。当時の仏僧たちがややなしくずし的に破っていた戒に対して、同時代に生きた明恵と親鸞が正面から受けとめ、それぞれがその個性に応じた生き方を見出していったことは注目に値する。本稿は、親鸞の夢に対して、それまでの説話との関連などについて考察し、詳細に論じた。親鸞のこの夢は、日本人の宗教性を考える上において、極めて重要なものである。日本文化における母性の優位性を如実に示している。

■いま、宗教とは

一九九〇年、岩波講座「転換期における人間」の第九巻『宗教とは』に「序」として書いたものである。宗教を論じる巻に宗教家でも宗教学者でもない私のような者が「序」を書くということ自体、われわれが「転換期」に居ることを示している、と思った。

科学技術の進歩の目ざましかった今世紀において、宗教の地位は著しく後退したかのように見えたが、今あらたに宗教が大きい課題となってくることを論じた。そこで、宗派にこだわらない「宗教性」とも言うべきことが重要になってくると考え、それについてユングの考えを援用しつつ述べた。最後に触れている「一神教と多神教」の問題は、ここではその重要性を指摘したことにとどまっているが、その後これに関する考えは少しずつひろがってきて、その結果は本著作集第十一巻に示される。

初出一覧

序説　仏教と深層心理学　書下し。

Ⅰ

明恵　夢を生きる　一九八七年四月、京都松柏社刊。

Ⅱ

自己を描く　『仏教』第三号、一九八八年四月、法藏館。
親鸞の夢　『仏教』別冊第一号、一九八八年十一月、法藏館。
いま、宗教とは　『岩波講座　転換期における人間9　宗教とは』一九九〇年二月、岩波書店。

■岩波オンデマンドブックス■

河合隼雄著作集 9
仏教と夢

1994年 8月10日 第1刷発行
1998年 8月4日 第2刷発行
2015年11月10日 オンデマンド版発行

著 者 河合《かわい》隼雄《はやお》

発行者 岡本 厚

発行所 株式会社 岩波書店
〒101-8002 東京都千代田区一ツ橋 2-5-5
電話案内 03-5210-4000
http://www.iwanami.co.jp/

印刷／製本・法令印刷

ISBN 978-4-00-730318-0 Printed in Japan